VISUELLE
MAGIE

AF536316

Jan Fries

VISUELLE MAGIE

Ein Handbuch des Freistilschamanismus

Illustriert und ins Deutsche übertragen
von
Jan Fries

EDITION ANANAEL

Titel der englischen Originalausgabe:
VISUAL MAGICK
Erschienen bei:
Mandrake of Oxford
England

Umschlagbild:
Alte Birke am Ringwall im Taunus (Foto Jan Fries)

Die Deutsche Bibliothek - CIP-Einheitsaufnahme
Ein Titeldatensatz für diese Publikation ist bei Der Deutschen Bibliothek erhältlich.

4. Auflage 2021

ISBN 978-3-90113406-7

Copyright © 2011 by Edition Ananael.
Alle Rechte vorbehalten. Kein Teil dieses Werks darf in irgendeiner Form (durch aus zugsweisen Nachdruck, Fotokopie, elektronische Speicherung und Verarbeitung oder ein anderes Verfahren) ohne die schriftliche Genehmigung des Verlages reproduziert, vervielfältigt oder verbreitet werden.
Erschienen bei:
EDITION ANANAEL, Verlag Michael Zoe Dewitt, A-1070 Wien.
Gesamtherstellung: Buch Theiss GmbH, A-9431 St. Stefan.
Printed in Austria.

Inhalt

Ein Wort auf den Weg

Manche Bücher werden in einem Stück geschrieben. Andere durchlaufen eine komplizierte Evolution, eine kladokinetische Entwicklung, in deren Verlauf Kapitel aus Kapitel hervorgeht, wobei sich Inhalt und Bedeutung Schritt für Schritt verwandeln.

Das vorliegende Buch besteht aus zwei Teilen. Mitte der 80er Jahre wurden die Kapitel über Sigillen und Automatisches Zeichnen geschrieben, die innerhalb des internationalen Maat-Netzwerks im Umlauf gebracht wurden. Freunde aus London tippten den Text dann in ihren Computer, wobei Kapitel Vier als eine Art Nachwort hinzukam. Doch von einem Nachwort konnte keine Rede sein. Um 1990 erreichte eines der Exemplare Chris Morgan von »Mandrake of Oxford«, der das Ganze zu veröffentlichen anbot, wobei er mich allerdings bat, den Text etwas zu erweitern. Damals bestand schon der Titel »Visuelle Magie«, und ich fragte mich also, mit welchen visuellen und visionären Praktiken sich das Buch wohl erweitern ließe. Die Entwicklung der Imagination, der Vorstellungskraft, schien dabei am naheliegendsten. Da ich zu diesem Zeitpunkt gerade ein Buch über Runenmagie fertiggeschrieben hatte, und in kreativer Hinsicht etwas in der Luft lag, war es mir ein besonderes Vergnügen, in der Erweiterung von »Visuelle Magie« über solch allgemeine Themen wie Sinneswahrnehmung und Repräsentationssysteme zu schreiben, ohne dabei auf irgendeine bestimmte magische Richtung einzugehen. Dabei war es mir wichtig, dem Leser durch eine Vielzahl von praktischen Erfahrungen die Möglichkeit zu geben, die eigene magische Praxis zu verbessern, gleich um welche Art von Praxis es sich handelte. Schon bald zeigte sich, daß das Thema des Buches über das rein Visuelle hinausging und die anderen Sinneskanäle ebenfalls miteinbezogen werden wollten. Somit wurde die ursprünglich »visuelle« Magie zu einem »Fest der Sinne«, welches freilich nur dann Sinn ergibt, wenn der Leser bereit ist, sich auf Experimente und kreative Neuentwicklungen einzulassen. Dies ist kein Buch für Theoretiker. Es will gelesen und angewendet werden, und besonders freut es sich, wenn du es in den Wald mitnimmst. Dort draußen, wo die Winde wehen, sieht die Welt ganz anders aus.

In diesem Sinne wünsche ich dir, was du willst, und viel zu lachen.

Jan Fries

Herbsttagundnachtgleiche 1994 e.v.

Kapitel 1

Das Samenkorn

Ein Samenkorn ist eine Einheit von Bewußtsein, die Körper, Ladung und Intelligenz besitzt und dazu tendiert, sich unter den richtigen Umständen vom Potentiellen ins Tatsächliche zur verwandeln. Samenkörner werden geschaffen, übermittelt und geerdet, um Veränderungen herbeizuführen – Veränderungen in der Welt, im Leben und in der eigenen Identität. Samenkörner können viele Formen besitzen, entsprechend dem Willen und der Natur des Magiers. Sie können visuell sein wie Sigillen, oder akustisch wie Melodien, Chaoslieder oder Mantras. Sie können körperlich sein, so wie die zufälligen Objekte, die man in der Wildnis findet, wenn man sich auf schamanischen Reisen befindet, oder sie können ihren Ausdruck im Tanz finden, in Gesten, in Ritualen oder in den Ereignissen des täglichen Lebens.

In diesem Buch werden wir über die Entwicklung des Samenkorns sprechen und dafür die Sprache der Sigillenmagie verwenden. Bedenke, daß Sigillen nur eine Art von Samenkörnern sind und die grundlegenden Prinzipien auch leicht auf andere Medien angewendet werden können.

Wie werden Sigillen hergestellt?

Zuerst sollten wir uns überlegen, was wir wollen. In dieser Phase ist es nicht immer einfach festzustellen, ob unsere Bedürfnisse ein Aspekt unseres wahren Willens sind oder ob sie nur ein egoistisches Bedürfnis ausdrücken. Im letzteren Fall wird die Sigil nicht funktionieren. Im ersteren Fall wird sie sich mit einem unbewußten Kraftstrom in Verbindung setzen, mit dem universellen Willen vereinen, und die Manifestation ist dann nur noch eine

Zothyrianische Kladokinese

Frage der Zeit. Im großen und ganzen können Sigillen für alle Arten von Bedürfnissen hergestellt werden:

> Jeder Wunsch, ob nach Freude, Wissen oder Macht, der auf natürliche Weise keine Erfüllung finden kann, kann mit Hilfe von Sigillen und deren Formel durch das Unterbewußtsein Verwirklichung erfahren.[1]

Es gibt mehrere Methoden, Sigillen zu konstruieren. Die älteste von ihnen ist vermutlich die schamanische Methode. Ein Schamane könnte in die Wildnis gehen, um dort die Werkzeuge für einen spezifischen Akt der Zauberei zu finden. Zunächst würde er sich auf seine Absicht konzentrieren und Kraftlieder singen, einen Trancezustand hervorrufen und durch die Wildnis streifen, so wie die Geister ihn führen. Er würde dabei alle Objekte aufsammeln, die seine Aufmerksamkeit auf besondere Art und Weise erregen. Einige von diesen könnten aufgrund ihrer symbolischen Bedeutung benutzt werden, andere würden überhaupt keine Bedeutung besitzen, zumindest keine Bedeutung für das bewußte Ich.

Diese Objekte würden gesammelt, gesegnet, zusammengebunden und möglicherweise vergraben werden. Beispiele solcher Praktiken sind aus Seeland bekannt. In Maglehoi wurde ein Bronzegefäß gefunden, das die folgenden Gegenstände enthielt: Pferdezähne, Wieselknochen, die Kralle eines Luchses, die Wirbelsäule einer Schlange, die Luftröhre eines kleinen Vogels, diverse Knochensplitter, Überreste eines Ebereschenzweiges, Kiesel mit Schwefeleinschlüssen, Kohle und einige Stücke Bronze.

In Lyngby, Seeland, wurde ein Ledersack gefunden, der folgende Ingredienzen enthielt: einen Schlangenschwanz, die Kralle eines Falken, eine Muschel aus dem Mittelmeer, eine Pfeilspitze aus Feuerstein, ein Stück Bernstein, Steine, die in eine Blase eingewickelt waren, und einen kleinen Lederbeutel, der die Kieferknochen eines Eichhörnchens enthielt.

Beide Funde werden zwischen 1.000 und 800 v.Chr. datiert. Die keltischen Stämme Mitteleuropas besaßen ein ähnliches Brauchtum: In ihren Viereckschanzen gruben sie tiefe Ritualschächte in die Erde und füllten sie mit vielen Schichten aus Erde, Steinen, Knochen, Ritualobjekten, Leichen, Hirschhörnern, Opfergaben usw., bis keine Spur des ursprünglichen Loches übrigblieb. Die verschiedenen Ebenen dieser Schächte wurden nach einem bestimmten Muster gefüllt, dessen Bedeutung heute nur noch geraten werden kann.

[1] Austin Osman Spare, *Das Buch der Freude*, S. 169 (in: *Gesammelte Werke*, Edition Ananael Wien, 1990).

Die Sigil als visuelles Hilfsmittel kann bis in die paläolitische Periode der Steinzeit zurückverfolgt werden. Von unseren steinzeitlichen Vorfahren wurden viele komplizierte Sigillen geschaffen. Sigillen, die nicht interpretiert werden können, da sie für Symbole zu abstrakt und für Buchstaben zu kompliziert sind.

Mittelalterliche Sigillen sollten aus den verschiedensten Grimoires bekannt sein. Der Wunsch, in diesem Fall der Name eines Geistes oder einer Intelligenz, wurde in den Buchstaben des hebräischen Alphabets aufgeschrieben. Jeder Buchstabe wurde dann in eine Zahl verwandelt, und die ganze Serie von Zahlen wurde in einer kontinuierlichen Linie in eines der magischen Quadrate geschrieben. Details dieser Methode finden sich in Israel Regardies *How to make and use Talismans* oder in seinem Monumentalwerk *The complete Golden Dawn System of Magick.*

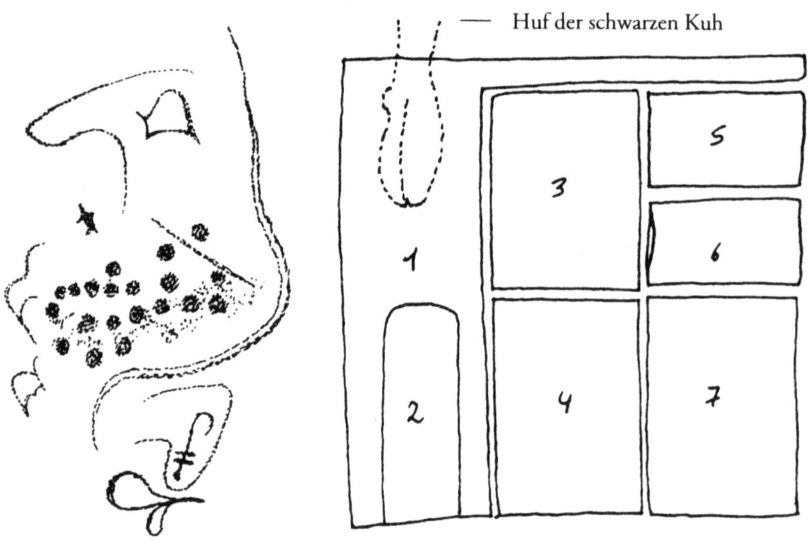

Links: Peche-Merle-Höhle in Frankreich. Sigillen in rotem Ocker an der Decke der Höhle. Rechts: Lascaux-Höhle. Eines der sonderbaren bunten Quadrate unter den Hufen der »schwarzen Kuh«. Soweit von drei Fotos geschlossen werden kann, ist die Färbung wie folgt: 1. Grünschwarz, 2. Braunschwarz, 3. leuchtend roter Ocker, 4. heller Ocker in Sandfarben, 5. dunkle Sandfarbe, 6. Grauschwarz, 7. dunkelroter Ocker. Die Linien zwischen den Feldern sind in weißer Kreide gemalt. (Ich hoffe, du magst Rätsel.)

Ein Beispiel: Die Sigil von Zazel, des Geistes von Saturn, wird auf das Saturnquadrat mit 3 x 3 Feldern gemalt. Zazel wird folgendermaßen buchstabiert: Z = 7, A = 1, Z = 7, E = 5, L = 30. Die 30 wird zu einer 3 reduziert, da das magische Quadrat für diese Zahl zu klein ist:

4	9	2
3	5	7
8	1	6

Runenmagier hatten ihre eigene Art zu sigillisieren. Eine ihrer Techniken wurde »Bindrunen« genannt und funktionierte ähnlich wie Austin Spares Methode. Ein Runenmagier würde sein Bedürfnis in Runenbuchstaben aufschreiben und diese zu einem einzigen Zeichen vereinen. Ein Beispiel: »Wodan« könnte folgendermaßen geschrieben werden:

ᚹᛟᛞᚨᚾ = oder

Eine andere Methode basiert auf den drei »Aettir« (was soviel wie »Familie« oder »Achtergruppe« bedeutet), in die die Runenalphabete aufgeteilt wurden. Die Position jeder Rune gibt dabei den Code an:

ᚠ F ᚢ U ᚦ TH ᚨ A ᚱ R ᚲ K ᚷ G ᚹ W

ᚺ H ᚾ N ᛁ I ᛃ J ᛈ P ᛇ SH ᛉ R/Z ᛊ S

ᛏ T ᛒ B ᛖ E ᛗ M ᛚ L ᛜ NG ᛞ D ᛟ O

Fehu ist die erste Rune des ersten Aett, Algiz die siebte des zweiten, Mannaz die vierte des dritten usw. Wenn du z.B. Kenaz schreiben möchtest, könntest du dies folgendermaßen tun: ı |||||| d.h. erster Aett (die kleine Rune), sechster Buchstabe, oder .

Ein weiterer Code benutze die Fichtenform, z.B. zweiter Aett, dritte Rune – Isa.

Es gab verschiedene Codes, die auf dieser Methode beruhten, wie z.B. der Fischcode, der Gesichtscode und verschiedene andere Varianten:

= ᛃ (2/4) = ᛈ (2/5) = ᚨ (1/4)

= ᛏ (3/1) = ᛃ (2/4)

In einigen Fällen konnte das ganze Wort wie ein Rad geformt werden. Das folgende Beispiel könnte als IDUN gelesen werden (Mehr über Runenmagie in meinem Buch *Helrunar.*)

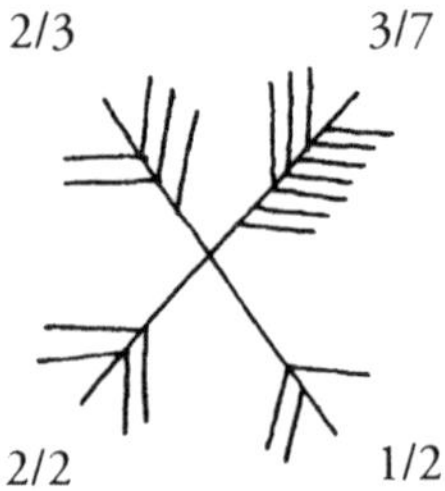

Die neue Ära der Sigillenmagie begann mit der Popularisierung von Austin Spares Methode[1]. Dieses System ist sehr einfach und kann für alle Zwecke verwendet werden. Wir beginnen damit, daß wir unser Bedürfnis in klarer und einfacher Form ausdrücken, sei es als Satz oder noch besser als einzelnes Wort. Wen wir z. B. »Ausdauer« wollen, würden wir zuerst alle doppelten Buchstaben entfernen. Das wäre ein A und ein U. Von »Ausdauer« bliebe dann AUSDER übrig. Diese Buchstaben werden kombiniert, um ein möglichst angenehmes und attraktives Zeichen zu schaffen, z.B.:

1 Siehe A. O. Spare, *Das Buch der Freude* (in: *Gesammelte Werke*, Edition Ananael 1990).

Du kannst diese Struktur vereinfachen oder weiter ausarbeiten, ganz wie du willst. Wir können dieses System noch verbessern, indem wir ein magisches Alphabet verwenden. Frage dein inneres Selbst nach einem System von Schriftzeichen, das für dich angemessen ist. Dann kombiniere die Buchstaben und verbinde sie zu einem passenden Zeichen:

I= P= S= U= S=

Eine einzigartige Methode ist von Frater Custor in seinem Magazin *Phoenix Rising* vorgestellt worden. Hier wird der Wunsch lebendig und klar imaginiert, bis der Magier davon erleuchtet wird. Dann, während er sich auf seinen Wunsch konzentriert, beginnt der Magier ein Blatt Papier mit wilden, spontanen (»automatischen«) Kritzeleien zu füllen. Details über diese Art von Kunst können in einem späteren Kapitel nachgelesen werden.

> Wenn du das Papier vollgekritzelt hast, schließe deine Augen und konzentriere dich stark auf dein Bedürfnis. Bleibe locker dabei. Nur wenn man völlig entspannt ist und nicht davor, sollte man das Papier hervornehmen und direkt auf das blicken, was man gekritzelt hat. Jener Teil, der dem Auge als erstes auffällt, sollte eingekreist werden, der Rest der Zeichnung wird weggeworfen. Nimm einen neuen Bogen Papier und reproduziere darauf den Teil des alten Bogens, den du eingekreist hast, dann wiederhole den Vorgang.[1]

Diese Prozedur wird wiederholt, immer und immer wieder, bis man zu einer Sigil gelangt, die intuitiv richtig ist. Der Prozeß des Findens einer passenden Sigil ist bereits ein Teil der Arbeit. Sei also nicht faul und mache einfach weiter, selbst wenn du mehrere Blätter Papier brauchst. Mit etwas Übung wird es dir leicht fallen, gewisse fundamentale Aspekte der Sigillenästhetik zu erkennen. Der Vorteil dieses Systems liegt darin, daß die

1 Frater Custor, *Sigilography* (in: *Phoenix Rising*, Vol. I, No. 2. Derby 1982).

Sigil nicht bewußt konstruiert, sondern vom inneren Selbst entwickelt wird, und zwar in einer Sprache, die es leicht versteht. Das Endresultat kann vereinfacht werden. Hier sind zwei Beispiele (ich weiß leider nicht mehr, zu welchem Zweck):

Es gibt eine erstaunliche Ähnlichkeit zwischen Sigillen, die mit dieser Methode entwickelt wurden, und den Sigillen, die im Taoismus der linken Hand verwendet werden, um die sechs Chia-Geister zu beschwören (siehe Abbildung oben rechts). Die hier gezeigte Sigil wird verwendet, um den *Chia-Tzu*-Geist namens *Huang-Chen* anzurufen. Die Sigil wird mit dem Pinsel auf Papier gemalt. (Diese Art der Linienführung ist sowohl mit einem Pinsel als auch mit einem Schwert in der Luft sehr schwierig auszuführen.) Alle Chia-Geister korrespondieren vermutlich mit den Chakras und können als deren negative oder qlippothische Reflektionen verstanden werden. Details über dieses magische System können in Michael Sasos *The Teachings of Taoist Master Chuang* nachgelesen werden.

Eine weitere Methode der Sigillenherstellung besteht darin, den Wunsch in einer kontinuierlichen Linie aufzuschreiben, aber nicht in der gewohnten linearen Art und Weise. Forme die Buchstaben wie sie kommen, übereinander und in jede Richtung, wie es dir gefällt. Das folgende Beispiel bedeutet »Power«. Du füllst einfach das Innere der Form aus, und das Resultat ist ein unentzifferbares, vielförmiges Ding:

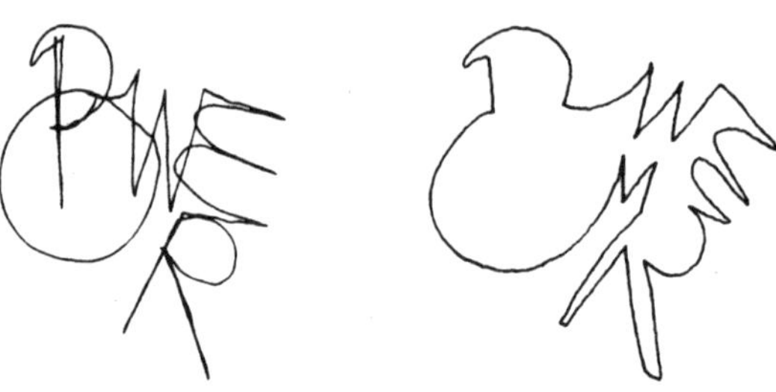

Dann gibt es noch eine weitere Art von Sigillen, die hier erwähnt werden sollte. Bis jetzt haben wir mit Sigillen gearbeitet, die bewußt für einen bestimmten Zweck geschaffen wurden. Manche Sigillen werden allerdings nicht entworfen sondern empfangen. Dies ist der Fall, wenn wir einem Geist, einem Gott oder einer astralen Wesenheit begegnen und diese um eine geeignete Sigil bitten, um sie zu bezeichnen oder zu beschwören. Solche Sigillen sind für unser bewußtes Ich oft völlig unverständlich. Wir empfangen sie und nehmen sie mit in den Bereich unserer manifestierten Realität, so daß die Identität, von der sie herrühren, einen leichteren Zugang zu dieser Ebene finden kann. In gewissem Sinn werden diese Sigillen zu einem manifestierten Aspekt einer unmanifestierten Intelligenz. Sie schaffen eine Verbindung zwischen den Ebenen und erlauben uns, die Energie zirkulieren zu lassen. Beispiele für diese Art von Sigillen sind die Qlippoth-Sigillen, die in Kenneth Grants *Nightside of Eden* und einigen meiner eigenen Zeichnungen zu sehen sind.

Das Bewußtsein hinter solchen Kontaktsigillen scheint unabhängig zu sein, aber ihre Ästhetik ist normalerweise auf die Persönlichkeit der empfangenden Personen zugeschnitten. Die besten dieser Sigillen enthalten eine Mischung aus bekannten und unbekannten Strukturen, halb offenbar und halb verborgen.

All diese Systeme der Sigillisierung haben eine Idee gemeinsam: Die Sigil sollte dich nicht an dein ursprüngliches Bedürfnis erinnern! Die Gründe dafür sind einfach: Deine Identität, d.h. diejenigen Teile des Selbst, die dir bewußt sind, ist eine Kreatur mit vielen Bedürfnissen und Ängsten. Das Ego ist eine Ansammlung von Gewohnheiten und Glaubensstrukturen, und viele davon stehen in Konflikt zueinander.

Nehmen wir an, du begehrst etwas. Dieses Begehren wird nicht von allen Teilen deiner Identität geteilt und viele deiner Persönlichkeiten könnten anderer Ansicht sein. Nehmen wir einmal an, daß du Geld willst und zu diesem Zweck eine Sigil herstellst. Manche Teile deines Bewußtseins würden durchaus für diese Operation sein, andere Teile hingegen würden Zweifel anmelden und wieder andere würden versuchen, die Umstände zu bestimmen, unter denen man Geld erhalten könnte. Dies bedeutet nicht einfach »Ich will Geld«, sondern »Ich will Geld unter diesen oder jenen Umständen«.

»Ich möchte nicht, daß ich Geld bekomme, wenn darunter eine andere Person leidet« – dies wäre etwas, das unsere moralischen Selbstteile sagen könnten. »Ich brauche nicht sehr viel« – das ist die Aussage eines der bescheideneren Selbstaspekte. »Je mehr, desto besser« – das sagen die gierigen Teile. »Ich möchte dafür arbeiten« – diese Selbstaspekte sehen eine gewisse Pflicht darin, für das, was man erhält, etwas zu tun. »Wenn ich es bekomme, dann werde ich es für gute Zwecke einsetzen« – ein idealistischer Teil der Identität. »Es wird doch nicht funktionieren« – da haben wir unsere zynische Natur. »Mach dich nicht zum Narren« – die skeptischen, zweifelnden Teile des Selbst. »Ich halte mein Urteil in der Schwebe« – eine wissenschaftliche Betrachtungsweise. »Mir ist es egal, wo es herkommt, Hauptsache es ist genug« – eine recht amoralische Einstellung. »Geld ist schlecht« – hier haben wir eine Idee, die aus einer vielleicht fehlgeleiteten Spiritualität resultiert. »Geld ist notwendig« – das ist eine eher realistische Betrachtungsweise. »Es ist angenehm« – hier spricht die materialistische Identität.

Und das ist erst der Anfang! Wie wird ein solches Bedürfnis erfüllt? Was sind die Möglichkeiten, die sich daraus ergeben? Das, was wir für ein einzelnes Wesen hielten, unsere ureigenste Identität, offenbart sich als Wirrwarr von vielen Persönlichkeiten und vielen Teilen des Selbst, von denen jeder sinnvolle Bedürfnisse hat und jeder auf der Suche nach Kontrolle über die Situation ist. Und dabei geht es doch nur um Geld. Ist Geld ein solch schwieriger Gedanke? Überlege doch einmal, wie viele Ansichten du und die Teile deiner Persönlichkeit zu Ideen wie magischer Kraft, Liebe, Hingabe, Veränderung der Identität usw. haben können, und du wirst sehen, welche Probleme daraus entstehen.

Es ist selten, daß wir eine einzige Meinung haben. Zwischen den vielen Teilen des Selbst kann es leicht zu Konflikten kommen. Alle Teile des Selbst haben auf ihre eigene Art recht und erfüllen eine wertvolle Funktion. Wie kommen wir also zu Entscheidungen, klaren Handlungen oder innerer Zusammenarbeit? Meistens braucht es eine stärkere Notwendigkeit (z. B. den Überlebenstrieb, Instinkte, die Erfüllung dringender Bedürfnisse oder des wahren Willens), die es uns ermöglicht, zu einer Entscheidung zu kommen und zu handeln. Zur Vermeidung solcher Konflikte verwenden wir Sigillen.

Eine Sigil ist eine neutrale Form. Wir können mit ihr magisch arbeiten, ohne uns die 333 inneren Pros und Kontras einschließlich aller Vetorechte überlegen zu müssen. Wir können uns auf die Form konzentrieren und dabei die ursprüngliche Bedeutung der Sigil vergessen. Wir können vergessen, was wir uns an Zweifeln, Hoffnungen, Bedürfnissen, Sorgen, Notwendigkeiten, Umständen der Erfüllung usw. in unserem Kopf zurechtgelegt haben.

Sigillen sind abstrakt, um Konflikte zu vermeiden und zu verhindern, daß sich das Ego zu sehr einmischt. Eine Sigil wird der Tiefe übergeben, dem Bereich des wahren Willens und des reinen Instinktes, und diese Teile des inneren Selbst entscheiden, wann und wie die Manifestation stattfindet.

Der Sigillenzauberer muß sich nicht unbedingt mit Fragen wie »Steht denn dieses Bedürfnis überhaupt in Einklang mit meinem Willen?« herumquälen. Eine solche Frage ist schwer zu entscheiden. Wir sollten vielleicht die Tatsache akzeptieren, daß wir nicht immer wissen, wie die Natur und die Richtung unseres Willens aussehen. In gewisser Hinsicht ist Sigillenmagie eine Art des Feedbacks. Ein Wunsch steigt aus der Tiefe auf, wird erkannt, sigillisiert, der Tiefe zurückgegeben, und findet aus der Tiefe heraus Erfüllung.

Während der Übermittlung der Sigil in die Tiefe sollten wir vermeiden, an das ursprüngliche Bedürfnis zu denken. Austin Spare schlug vor, gleich ganze Serien von Sigillen zu gestalten. Du sigillisierst einfach mehrere Wünsche, bewahrst die Sigillen gemeinsam auf und holst von Zeit zu Zeit eine von ihnen hervor, um mit ihr zu zaubern. Am besten ist es, wenn du nicht mehr weißt, wofür die Sigil geschaffen wurde. In dieser Form übermittelst du sie am einfachsten. Wenn du dich an die Bedeutung der Sigil erinnerst, dann ist es ein guter Trick, so zu tun, als ob du sie vergessen hättest. Tue einfach so, als wüßtest du nicht, wofür die Sigil, mit der du gerade arbeitest, gut ist. Dies mag die nötige Einstellung von freundlicher Indifferenz produzieren, die Austin Spare »Vereinigung durch Geistesabwesenheit« nannte. Alle Formen von Begierde, Notwendigkeit, Hoffnung, Sorge, Zweifel, Lust usw. stören die Handlung der Übermittlung, da sie die Sigil mit Emotionen assoziieren, die ihre freie Passage in die Tiefe behindern können.

In den Beispielen, die Austin Spare in seinem *Buch der Freude* gab, formulierte er seine Bedürfnisse in langen Sätzen wie »Dies ist mein Wunsch, die Kraft eines Tigers zu erlangen«. Ich halte das für unnötig kompliziert. »Dies ist mein Wunsch« kann weggelassen werden, denn wenn es nicht mein Wunsch wäre, würde ich es nicht sigillisieren. Dasselbe gilt für »zu erlangen«. Wenn wir das Ganze auf »Tigerkraft« reduzieren, bekommen wir eine einfachere Sigil mit weniger überflüssigem Material.

Es ist nicht notwendig, einer Akupunkturnadel zu sagen, was sie tun soll. Wenn man den richtigen Punkt in der richtigen Intensität stimuliert, wird das Unbewußte aufwachen und die Situation korrigieren, indem es das Gleichgewicht wiederherstellt. Natürlich wirkt es nicht so sicher, wenn wir statt »Ich will Geld« nur »Geld« sigillisieren, aber kann denn das Unbewußte unsere Absichten mißverstehen? Wenn die Sigil die Geldaspekte unseres Wesens berührt, dann wird der wahre Wille schon entscheiden, ob man mehr oder weniger braucht. In diesem Sinne ist Sigillenmagie auf Vertrauen aufgebaut. Resultate können unerwartet erscheinen, aber das bedeutet nicht, daß sie deshalb falsch wären. Eine Sigil ist kein Befehl, sondern eine Anfrage. Jene Teile des Selbst, die die Manifestation der Sigil bewirken, sind intelligent.

Der Körper der Sigil ist ein weiterer wichtiger Punkt. Die Botschaft der Sigil kann leichter übermittelt werden, wenn die Ästhetik stimmt. Chinesische Taoisten etwa schreiben ihre Sigillen in roter Tusche auf gelbes Papier. Dann wird das Papier mit dem heiligen Stempel geschmückt, die Hälfte des Blattes kann verbrannt werden, um in die Geisterwelt zu kommen, die andere Hälfte wird behalten.

Die Verwendung von farbigem Papier und farbiger Tusche ist durchaus hilfreich, vorausgesetzt, du hast einige direkte Erfahrungen, was Farben für dich bedeuten. Es ist ziemlich sinnlos, die Bedeutung und den Symbolismus von Farben in irgendeinem Buch nachzuschlagen. Dieses Wissen muß aus dem Leben kommen. Auch die Form des Papiers bietet Wahlmöglichkeiten. Ein rundes Stück Papier könnte die Rundheit der Saat symbolisieren, ein quadratisches die Festigkeit der Materie, ein Dreieck könnte Kraft andeuten. Es kommt ganz auf die Natur deines Wunsches an.

Papier ist nicht das einzige Material, das man als Körper für eine Sigil verwenden kann. Einige Magier verwenden z.B. ein Lehm- oder Tonpentakel, in das sie die Sigil einritzen. Dieses symbolisiert das Fleisch, die Erde, die Realität, was materielle Resultate erleichtern soll. Dauerhafte Materialien wie Stein, Metall oder Knochen suggerieren dauerhafte Effekte. Knochen sind für alle Angelegenheiten geeignet, die sich auf den Kern unseres Wesens beziehen, vorausgesetzt du assoziierst die richtigen Gedanken damit. Wenn Knochen für dich Alter oder Essenz bedeuten, dann wird es hervorragend funktionieren. Wenn Knochen jedoch Tod und Verdammnis suggerieren, dann solltest du dich vielleicht besser mit dem Material anfreunden, bevor du mit ihm zu arbeiten beginnst.

Holz ist für alles gut, was wächst. Runenmagier haben ihre Zeichen in Holz geritzt und danach etwas Asche oder Blut darübergestrichen, um die Inschrift leichter leserlich zu machen. Wenn du dein eigenes Blut benutzt, wird dies auf jeden Fall Ernsthaftigkeit und Hingabe suggerieren.

Metalle können entsprechend der planetaren Eigenschaften verwendet werden.

Mit einigen Sigillen wird nur in der Imagination gearbeitet. In den Texten der alten Fraternitas Saturni finden sich eine Reihe von hochkomplizierten Sigillen, die in klaren roten Linien in die Vollmondscheibe visualisiert werden mußten. Auch auf der Astralebene können Sigillen geweiht und übermittelt werden. Bei einfacheren Sigillen ist dies relativ leicht. Bei komplizierten Sigillen kann es jedoch sein, daß es zu viel Aufwand kostet, die Form der Sigil im Bewußtsein klar aufrechtzuerhalten. In diesem Fall könntest du versuchen, die Form der Sigil in ein Behältnis zu geben, z.B. in eine Schatzkiste, in einen Kelch, in ein Samenkorn oder in irgendein anders Gefäß, und dann mit diesem Gefäß deine Magie zu betreiben.

Manchmal ist ein provisorischer Körper geeigneter. Wenn du deine Traummagie beeinflussen willst, könntest du z.B. eine Sigil auf Papier malen, diese Sigil zu einem Papierboot falten und dann auf einem Fluß, See oder Teich aussetzen. Früher oder später sinkt das Papierboot und das Wasser empfängt die Idee. Du könntest die Sigil auch in Erdfarben auf deine Haut malen und tanzen, bis du sie abgeschwitzt hast. Oder du könntest sie in Beeren auf dem Waldboden formen, die dann von den Vögeln gefressen werden. Du könntest sie in die Erde ritzen und dem Regen überlassen. Oder auf Papier gezeichnet ins Feuer werfen. Du könntest dich sogar von ihr ernähren. Zeichne deine Sigil mit Lebensmittelfarbe auf Papier, wasche die Farbe mit Wasser ab und trinke das ganze. Andere Sigillen können als Kuchen oder Kekse gebacken werden. Wie Nema formulierte: »Essen ist eine gute Erdung.«

Es gibt so viele Möglichkeiten, entwickle deine eigenen!

Der Klang der Trommel

Kapitel 2

Das Ritual

Wir haben also unsere Saat geschaffen und bereiten uns nun vor, sie in einen angemessenen Grund zu pflanzen. Zu diesem Zweck können wir die Sigil als Botschaft betrachten, als Einheit von Form, Energie und Bewußtsein, die unsere Wünsche in die tieferen Bereiche des Bewußtseins transportiert. Einerseits ist die Sigil eine Botschaft, andererseits ist sie aber auch ein lebendes Wesen, genauso wie ein Samenkorn eine potentielle Pflanze ist. Ein drittes Modell würde die Sigil als Tür oder Durchgang betrachten, als Kanal, der bis zu einer entsprechenden Kraftzone reicht. Die Sigil ist dies alles und noch wesentlich mehr.

Um effektiv wirken zu können, sollte die Sigil dem Unbewußten mitgeteilt werden. Zunächst heißt das, daß wir uns an ihre Form gewöhnen. Wir sollten diese so gut kennen, daß wir sie aus dem Gedächtnis malen können. Dies ist einer der Gründe, warum eine Sigil einfach und unkompliziert sein sollte. Einige Autoren behaupten, daß eine Sigil so bekannt sein sollte, daß man sie leicht und lange imaginieren kann. Meiner Erfahrung nach ist dies nicht notwendig. Die Vertrautheit mit der Sigil ist normalerweise genug. Es ist ausreichend, mit der Sigil in seiner körperlichen Form, also aufgezeichnet auf Papier, zu arbeiten. Da wir der Form einen Körper gegeben haben, können wir auch unsere Augen benutzen und mit ihnen arbeiten. Eine klare und anhaltende Imagination der Sigil ist nur dann notwendig, wenn wir sie auf der Astralebene verwenden oder mit geschlossenen Augen übermitteln wollen. Zu diesem Zweck eignen sich am besten einfache Sigillen. Wenn du bereits mit ein paar Dutzend Sigillen Erfahrungen gesammelt hast, dann wirst du sicher wissen, welche du auf der körperlichen und welche du auf der astralen Ebene übermitteln kannst.

Nun wollen wir unsere Sigillenform in die tieferen Bereiche unseres Bewußtseins übermitteln. Bereiche, die nach anderen Gesetzen funktionieren, nach anderen Regeln und Systemen als die oberflächlichen Bereiche des Bewußtseins. Wie öffnen wir die Tore in die Tiefe? In Austin Spares Schriften wird zu diesem Zweck immer wieder auf den Nutzen von innerer Leere und Erschöpfung hingewiesen. Unter gewissen Bedingungen entstehen Sprünge, Risse und Löcher in der Panzerung aus Gewohnheit und Identität. Durch diese Löcher kann das Unbekannte erreicht werden. Wir können unsere bewußte Identität erschöpfen oder einfach in der Schwebe halten.

Zu diesem Zweck gibt es mehrere Strategien. Körperliche Erschöpfung ist sehr nützlich. Gute Übungen sind z.B. lange Spaziergänge in Wald und Feld, Tanzen, Singen, Sex, Kampfkunstübungen usw. – alles, was dafür sorgt, daß du deine zivilisierte Persönlichkeit vergißt, ordentlich schwitzt und einen intensiven Zugang zu deinem Körper findest.

Identität kann auch durch Krisen oder Probleme erschöpft und aufgelöst werden. Enttäuschungen, Schmerz, Zweifel, morbide Gedanken und Krankheiten tendieren dazu, Löcher im Gewebe unserer Persönlichkeit zu erzeugen, die Notwendigkeit von ihrer Bedeutung zu befreien und die Einschränkungen zu überwinden, die durch den stagnierenden Glauben entstanden sind. In gewissem Sinn ist die Krise eine Gelegenheit, nutzloses Geistesmaterial loszuwerden und die Welt neu zu sehen. Eine Zeit des Zweifels und der Sorgen kann eine wunderbare Gelegenheit sein, die tieferen Bereiche der Persönlichkeit zu entdecken. Aber wie nützlich Krisen auch sein mögen, wir müssen sie nicht bewußt herbeibeschwören. Obwohl Zweifel und Krisen nützliche Werkzeuge zur Auflösung von Identität und stagnierendem Glauben sind, heißt das nicht, daß sie die einzigen Mittel dazu sind. Vor allem sollten wir nicht annehmen, daß eine tiefere Krise gleichbedeutend mit mehr Inspiration ist. Wir müssen uns nicht zerreißen, um einen Durchgang zu schaffen, durch den die Sigil in die Tiefe dringen kann. Krisen sollten weder gesucht noch vermieden werden. Was wir in diesem Zusammenhang brauchen, ist einfach Ehrlichkeit.

Für unsere Sigillenmagie benötigen wir einen Spalt, einen Leerraum, eine Pause, durch die die Sigil übermittelt werden kann, ohne daß sich das Ego einmischt. Dieser Spalt kann durch eine Krise hervorgerufen werden, genausogut gibt es aber auch unzählige andere Wege. Wieviel Aufwand brauchst du, um dich zu öffnen, um einfach und leer zu werden?

Dieses Thema hat zu einer Menge Mißverständnisse geführt. Der wesentliche Punkt ist die Stärke und Zähigkeit deines Ego. Eine Person mit einem großen Ego wird wesentlich mehr Aufwand brauchen, um leer zu werden, als eine Person, die am Rande der Realität lebt und versucht, sich von Selbstüberschätzung und anderen Fallen fern zu halten. Viele Magier brauchen großen Aufwand, Fastenzeiten, heilige Eide, spezielle Disziplinen, Reinigungszeremonien, große magische Zurückgezogenheiten, teures Material, geheime Formeln, sexuelle Enthaltsamkeit, überwältigende Anrufungen, komplizierte Rituale, geheime Zeichen und was auch immer, um Resultate zu erreichen, die bei einfacheren Magiern fast von selbst geschehen. Die Frage dabei ist, wie wichtig du dich nimmst. Großer Aufwand bedeutet nicht, daß man auch großartige Resultate erzielt. Die »wichtigen« Magier, also solche Leute, die für sich göttlichen Segen, tiefe Weisheit, heilige Autorität usw. in Anspruch nehmen, sind normalerweise völlig außerstande, über sich selbst zu lachen, und brauchen solch drastische Maßnahmen, um überhaupt Effekte hervorzubringen.

Es ist möglich, das Ego auch durch Freude in der Schwebe zu halten, durch intensive Freude, Liebe und Begeisterung. All dies leert den Geist und öffnet die Tore zur Tiefe.

Mit Drogen hingegen ist dies meist schwieriger. Einige davon können dich öffnen, aber solange du sie nicht gut kennst und genau die richtige Dosis anwenden kannst, werden sie deine Konzentration eher behindern und dadurch die Übermittlung stören.

Andere Zeiten, in denen du offen bist, sind die Alphaphasen des Halbschlafes und der leichten Hypnose. In diesem Zustand, wie auch in jener seltsamen Bewußtheit, die als »magische Zeit« bekannt ist, sollte man Sigillen verwenden, die sich leicht imaginieren lassen. Die »magische Zeit« kann nicht durch Aufwand herbeigeführt werden. Sie ergibt sich von selbst, in einer Form, die durch das Individuum bestimmt wird. Sie ist ein Zustand des nicht-rationalen Funktionierens, eine Art Wachtraum mit aufgerissenen Augen und weit geöffnetem Geist, bei dem die Zeit stillzustehen scheint und das Bewußtsein die Umgebung mit intensiver Luzidität durchdringt. Moderne Anhänger des alten ägyptischen Maat-Kultes nennen dieses Ereignis *the vortex*, den »Wirbel«. Eine psychologische Erklärung hierfür wäre, daß in dieser Trance verschiedene Teile des Gehirns zu Bewußtheit gelangen, die uns normalerweise nicht bewußt sind. All diese Zustände halten das Ego in der Schwebe und sind für die Sigillenmagie geeignet.

Wenn wir ein gewisses Maß an innerer Leere erreicht haben, können wir die Sigil übermitteln. Die grundsätzliche Formel dafür ist sehr einfach: *Entleere dich, finde Kontakt mit der Tiefe, umarme die Sigil, erlaube ihr zu versinken, schließe den Durchgang und vergiß sie.*

Manche Magier scheinen die Öffnungsphase mit der Übermittlungsphase zu verwechseln. Ihrer Meinung nach sind Krisen, Erschöpfung, intensive sexuelle Erregung usw. Quellen von starker Energie, und diese Energie, so glauben sie, sollte in die Sigil hineingeladen werden, um sie dynamisch und stark zu machen. Diese Annahme ist weit verbreitet und liegt ziemlich daneben. Ich möchte hier hinzufügen, daß ich selbst lange Zeit an diese Art von Unsinn geglaubt habe. Bei dieser Methode werden Auflösung und Krise, egal ob angenehm oder schmerzhaft, verwendet, um die Sigil mit Kraft zu laden. Dazu kommt normalerweise die Annahme »mehr Kraft = bessere Resultate«. Wenn eine solche kraftgeladene Sigil nicht funktioniert, versuchen diese Magier meist die Kraft zu erhöhen, d.h. sie brauchen tiefere Krisen, intensivere Rituale, mehr Erschöpfung oder einen stärkeren Orgasmus – was auch immer, es macht keinen Unterschied. Das übliche Resultat davon ist Krampf und Frustration. Mehr über diese und andere Probleme im nächsten Kapitel. Wie Austin Spare hervorhob: »Es besteht kein Grund zur Quälerei.«[1]

Ich glaube, daß es in diesem Zusammenhang wichtig ist, auf den Unterschied zwischen Sigillen als Botschaften und Sigillen als Körper von Elementargeistern hinzuweisen. Wenn wir eine Sigil benutzen, um sie zum Körper eines Elementargeistes zu machen, dann können wir diesen Geist in sie hineinladen. Wenn wir aber eine Sigil verwenden, um eine Suggestion, eine Botschaft oder einen Wunsch an unser Unterbewußtsein zu übermitteln, dann brauchen wir diese Botschaft nicht zu laden. Das Unbewußte hat all die Energie und Willenskraft, die es braucht, um das gewünschte Resultat hervorzubringen.

Wie übermitteln wir die Sigil?

Wir öffnen einfach unseren Geist und erlauben der Form, unser gesamtes Bewußtsein zu erfüllen. Dies ist nicht jene Art von Konzentration, zu der man Anstrengung und Aufwand braucht: Unter gewissen Umständen geht das Bewußtsein ganz von selbst zu der Form hin, nährt sich von ihr, erfühlt

[1] Austin Osman Spare, *Das Buch der Freude* (in: *Gesammelte Werke*, S. 172).

sie und füllt sie mit Bewußtsein und Kraft. Wir fühlen uns still und sind zutiefst bewußt. Vielleicht brauchen wir eine gewisse Anstrengung, um die Tore zu öffnen. Es sollte aber keine Anstrengung nötig sein, um die Sigil zu übermitteln. Wir müssen leer sein, um zu empfangen. Vor allem sollten wir uns während der Übermittlung nicht mit Gefühlen des Schmerzes oder Zwangs belasten, die in Krisen leicht auftreten können.

Mache die Sigil zum Brennpunkt deines Bewußtseins. Fühle sie, das ist genug. Halte deinen Geist leer und deine Aufmerksamkeit auf die Sigil gerichtet. Kannst du deinem Geist erlauben, in die Linien zu strömen, die Formen auszufüllen und Bewußtsein in die Saat zu bringen? Während dieses Vorgangs können allerhand Effekte auftreten. Es könnte z.B. sein, daß sich die Linien bewegen, daß das Papier aufleuchtet oder sich verdunkelt, daß die Form scharf oder unscharf wird, daß du plötzlich doppelt siehst usw. Kümmere dich nicht darum, halte einfach deine Aufmerksamkeit auf die Sigil gerichtet, ruhig und gelöst, und vermeide jede Anstrengung. Diese Phänomene könnten darauf hinweisen, daß du die tieferen Ebenen erreichst. Dies an sich sollte aber nicht von großer Bedeutung für dich sein.

Es kann natürlich auch passieren, daß stärkere Effekte auftreten. Während die Sigil in die Tiefe eindringt, kann sie alle Arten von sonderbaren Wesenheiten oder Dingen aufrühren. Es kann zu starken Emotionen kommen oder zu Ablenkungen, die deine Aufmerksamkeit von der Sigil abzubringen versuchen. Es kann zu Muskelzuckungen kommen, zu unwillkürlichen Bewegungen, oder vielleicht hast du plötzlich das dringende Bedürfnis, dich zu kratzen oder auf die Toilette zu gehen. Sigillen nehmen sonderbare Wege, und auf ihren Wegen können sie bizarre Ausschußprodukte deines Bewußtseins aus ihrem zwielichtigem Schlaf erwecken. Vielleicht will sich auch dein Ego einmischen. Vielleicht will es dafür sorgen, daß du aufhörst und die Tore verschließt. Egal was passiert, mache dir keine Sorgen. Bleibe ruhig und gleichmütig. Erlaube dem, was zur Oberfläche steigt, durch dich zu ziehen und zu verschwinden. Halte es nicht fest, kämpfe nicht, widerstehe nicht. Halte einfach nur deine Aufmerksamkeit auf die Sigil gerichtet. Es kann auch passieren, daß du in einen tieferen Trancezustand gerätst. Du könntest deinen Zeitsinn verlieren oder feststellen, daß dein Körper zu zittern oder zu schwanken beginnt. Dies sind angenehme Nebeneffekte, die aber für unsere Arbeit nicht besonders wichtig sind. Halte einfach deine Aufmerksamkeit auf die Sigil gerichtet und vermeide Anspannungen.

Es kann auch vorkommen, daß du dich plötzlich an das ursprüngliche Bedürfnis erinnerst, für das du die Sigil geschaffen hast. Dies ist völlig nutzlos und birgt die Gefahr in sich, daß die Form der Sigil mit all den Befürchtungen, Ängsten und Hoffnungen verknüpft wird, die du eigentlich vermeiden wolltest. Kümmere dich nicht um das Bedürfnis, kümmere dich nur um die Form der Sigil und um nichts sonst. Du mußt deinem inneren Selbst nicht mitteilen, wozu die Sigil dient, und du mußt auch der Sigil nicht erklären, welchen Weg sie durch die Tiefe nehmen soll, denn die Saat weiß, wo sie hingehört.

Die Erfahrungen, die beim Übermitteln entstehen, sollten weder bekämpft noch gesucht werden. Du mußt auch nicht beurteilen, ob sie wichtig oder unwichtig sind. Austin Spare beschrieb den idealen Übermittlungszustand als »Vereinigung durch Geistesabwesenheit«. Oft genug kommt es während der Übermittlung zu verschiedenen Phasen, Phasen der Erregung und Phasen der Beruhigung. Erregungszustände wie Schwanken, schamanisches Zittern usw. lösen Spannungen und regulieren die Tiefe der Trance, während Ruhe und Gleichmut dafür sorgen, daß die Botschaft tief eindringt und gut verstanden wird. Krämpfe und Anspannungen sind gefährlich, da sie die Übermittlung blockieren und die Sigillenform mit unangenehmen Emotionen assoziieren.

Nach einer Weile wirst du finden, daß es genug ist. Du kannst ja ein anderes Mal weiterarbeiten. Es könnte z.B. nützlich sein, zu Neumond eine Sigil zu erschaffen, und dann bis zum Vollmond, wann immer du Lust hast, ein wenig damit zu arbeiten. Dies soll nicht heißen, daß die Arbeit mit Sigillen von den lunaren Phasen abhängig ist, sondern nur, daß diese zur Konfirmation, zur Bestätigung verwendet werden können.

Nach jeder Übermittlung sollte die Sigil vergessen und ignoriert werden. Das klingt sehr einfach, aber so einfach ist es leider nicht. Um gut zu übermitteln, brauchst du einen einfachen Bewußtseinszustand. Vielleicht ist eine Stimmung der freundlichen Indifferenz am besten geeignet. Austin Spare drückte dies mit den Worten »macht nichts, muß nicht sein« aus.

Ein Beispiel für ein Sigillenritual

1. Erschöpfung: Versuche es doch einmal mit einer langen Fußwanderung zu einem magischen Ort, z.B. auf einen Berggipfel, in einen heiligen Wald, zu einem See oder zu irgendeinem Ort in der Natur, der dir etwas bedeutet.

Sieh zu, daß du unterwegs nicht allzu sehr über alltägliche Themen und Probleme nachdenkst und daß du ausreichend schwitzt. Schwierige Umstände, wie Nacht, Kälte, Hitze, Sturm, Gefahr usw., können dir helfen, dein Ego aus dem Gleichgewicht zu bringen und die Tore zu öffnen. Auch Mantras können hierfür nützlich sein.

2. Übermittlung: Nachdem du angekommen bist, beginne mit einem einfachen Ritual und einer Reinigung. Rufe dann deine Götter, Geister, Totems und all die anderen Selbstaspekte an, mit denen du arbeiten willst. Dann gehe in eine Trance, z.B. durch Tanzen, Singen oder Musik. Lege die Sigil auf den Boden. Spiele auf einem einfachen Musikinstrument, während du auf die Sigil starrst. Versuche es mit abwechselnden Phasen von Musik und Stille. Wenn du Talent zu schamanischen Schüttelkrämpfen hast, ist es durchaus passend, wenn du dich dem Schütteln oder Pulsieren hingibst. Notwendig ist dies allerdings nicht. Gehe einfach mit der Strömung, kämpfe nicht gegen die Aufregung an, aber gib dich ihr auch nicht hin. Erlaube der Sigil während der stillen Phasen tief einzusinken. Dazu ist es nicht notwendig, daß du irgend etwas begehrst oder deine Ideen und Konzepte der Sigil aufbürdest. Empfinde sie einfach so tief du kannst, das ist genug.

3. Abschluss: Wenn du deine Sigil übermittelt hast, gib ihr einen Kuß und begrabe sie. Du könntest ein paar Blumen auf die Erde legen und vielleicht etwas Wein darüber schütten. Stehe oder tanze dabei, dann bedanke dich. Beende das Ritual und gehe.

Dies ist natürlich nur ein Beispiel für ein rituelles Grundmuster, das die Übermittlung erleichtert. Die Technik war dabei extrovertiert, d.h. wir haben Musik verwendet, Gesang, Wildniskontakt usw. Genausogut kann man Sigillen aber auch in einer introvertierten Trance übermitteln, z.B. auf der Astralebene oder in tiefer Selbsthypnose.

Irgendwo dazwischen liegt das Gebiet der sogenannten Sexualmagie. Es ist durchaus möglich, Sigillen zu übermitteln, indem man die Formen der Sexualmagie anwendet. Dabei sollte man jedoch bedenken, daß die Vereinigung Liebe braucht, um das Ego zu transzendieren oder in der Schwebe zu halten. Wenn das Gefühl der Liebe fehlt, wird die Identität nicht transzendiert und die Übermittlung funktioniert nur fehlerhaft. Liebe bedeutet, daß beide Partner einander vertrauen, und dies impliziert auch, daß du deine Sigillen oder Energien nicht einfach anderen Personen aufhalsen kannst, die womöglich gar nicht damit klar kommen. Crowleys Tagebücher

Rex de Arte Regia sind ein gutes Beispiel, wie sexuelle Magie nicht praktiziert werden sollte. Wenn du wie Crowley eine Prostituierte benutzt, die nicht einmal weiß, was geschieht, ist deine sogenannte magische Vereinigung nichts als Onanie, und, ehrlich gesagt, nicht einmal das.

Manche Magier behaupten, daß man mit einer Sigil arbeiten sollte, bis sich das Resultat manifestiert. Ich halte diese Einstellung für problematisch. Die Sigil wird sich manifestieren, wenn die Umstände für ihr Wachstum richtig sind. Wenn sie es nicht sind, wird auch kein Übermaß an Sturheit dafür sorgen, daß sich das gewünschte Ereignis einstellt. Statt dessen kann es geschehen, daß all der nutzlose Aufwand den Geist aus dem Gleichgewicht bringt. Die Manifestation von Sigillen läßt sich nicht erzwingen.

Ich möchte hier noch auf eine Form der Sigillenarbeit hinweisen, die mit starken emotionalen Spannungen und Gefühlsausbrüchen arbeitet. Dies ist der Fall, wenn du mit einem Gott, einem Tiergeist oder irgendeiner anderen Wesenheit arbeitest, und zwar in einem Zustand der direkten Besessenheit, wie sie für verschiedene Formen von asiatischem Schamanismus, afrikanischem Voodoo oder nordeuropäischem *Seidr* (was so viel wie »Sieden« oder »Sudkunst« bedeutet) typisch ist. Eine solche Trance kann eine ziemlich wilde Angelegenheit sein, was ganz auf die Natur deines Gastes ankommt, mit jeder Menge von Geschrei, körperlichem Schütteln, Konfusion usw. In solchen Fällen arbeitet der Gast direkt durch deinen Körper, und wenn ihm danach ist, dann kann es durchaus sein, daß er plötzlich nach einer Sigil greift und sie direkt übermittelt. Dies ist nicht dasselbe wie die bewußte Ladung einer Sigil, da die Anwesenheit deines Gastes bereits die Einmischung des Ego unterbunden hat. Es besteht auch kein Grund, den Geist zu entleeren. Die Entleerung dient nur dazu, das Ego in der Schwebe zu halten, was wir in diesem Fall nicht brauchen, und die Übermittlung in die Tiefe zu erleichtern, was ebenfalls unnötig ist, da es die Tiefe selbst ist, die zur Oberfläche aufgestiegen ist.

Unter der Oberfläche

Die Natur der Erde ist für die Entwicklung der Saat von entscheidender Bedeutung. Samenkörner keimen, wenn die Umstände für sie richtig sind. Deine Lebensumstände sind der Boden, auf dem die Sigil wächst und zur Blüte gelangt. Eine Sigil, die in den falschen Grund gepflanzt wird, kann sich nicht entwickeln. Sie weiß, daß die Umstände falsch sind, und bleibt latent im Ruhezustand. Die Sigil weiß, welche Umstände für ihre Manifestation erforderlich sind. Eine Sigil, die nicht im Einklang mit deinem gegenwärtigen Willen steht, wird nicht inkarnieren, sondern warten, ruhen und träumen. Bei der Wirksamkeit von Sigillen kommt es nicht auf den Aufwand des Magiers an, sondern auf die Umstände, die durch den wahren Willen bestimmt werden.

Sigillen werden verwendet, wenn sich das bewußte Wollen in einem Zustand der Frustration befindet und nicht weiterkommt. Wir verwenden Sigillen, um unangenehme Umstände zu vermeiden. Wir verwenden sie, um uns nicht von unserer eigenen Identität zensieren zu lassen. Wir verwenden sie, um unseren Willen zu verwirklichen – auf Wegen, die wir noch nicht einmal kennen.

Wer bei der Übermittlung bereits an Resultate denkt, der versucht seinen Geist zu binden und eine Lösung entlang von Kanälen zu finden, die doch nicht funktionieren. Oft genug ist das bewußte Selbst mit seinem Glauben und seinen Vorurteilen das größte Hindernis für die Manifestation einer Sigil.

In der Übermittlung einer Sigil ist das bewußte Ich von passiver Bedeutung. Das aktive Agens, das einer Sigil zu Kraft und Bedeutung verhilft, ist das unbewußte Selbst. Wir müssen eine Sigil nicht mit unserer Kraft »laden«. Die Kraft, die wir bewußt hervorbringen können, ist nichts im Vergleich zu der Kraft, die das Unbewußte mobilisieren kann. Wir müssen die Sigil auch nicht mit Energie versorgen. Wenn wir sie gut übermitteln, wird sie ihren Weg in die tiefen Strömungen des wahren Willens und dynamischen Instinktes finden und dort ihre Botschaft übermitteln. Eine solche Sigil ist unwiderstehlich.

Die Erfahrung lehrt, daß sich einige Sigillen ziemlich schnell manifestieren, während andere eine Menge Zeit brauchen oder überhaupt nicht inkarnieren. Ob eine Sigil zu Realität wird, kommt ganz auf deinen wahren Willen an. Wichtig ist auch die Frage, ob sie unter deinen gegenwärtigen Lebensumständen überhaupt zu Realität werden kann. Eine Sigil, die deinem wahren Willen oder dem irgendeiner anderen Person entgegensteht, wird nicht die nötige Kraft aufbringen und so latent in der Tiefe verbleiben. Solche Sigillen werden früher oder später als nutzloses Fremdmaterial betrachtet und aus dem System ausgeschieden. Dein Unbewußtes kann nutzlose Sigillen durch Konfrontation entsorgen, d.h. du bekommst die Gelegenheit, aus deinen Fehlern zu lernen, indem du die mögliche Realisierung der Sigil in einem Alptraum erlebst, in einer Krise, auf der Astralebene, oder vielleicht, wenn du durch die dunkleren Tunnel deines Geistes reist. Die dunklen Götter helfen bei der Reinigung der Seele. Du erhältst Gelegenheit zu begreifen, was du einst so närrisch begehrt hast; Gelegenheit, das Material zu verdauen und einem neuem Nutzen zuzuführen.

Manchmal kann eine Sigil auf völlig unerwartete Weise inkarnieren. Anstatt zu bekommen, was du erhofft hast, wirst du vielleicht feststellen, daß dein Bedürfnis durch irgendeine Erleuchtung oder Veränderung in deiner Persönlichkeit transzendiert worden ist. Oft genug weiß das Unbewußte wesentlich besser als das Bewußte, welche Sigillen dem Großen Werk förderlich sind. Das unbewußte Selbst ist kein dummes Tier, das einfach herumdirigiert werden kann, sondern ein hochintelligentes Wesen.

Dann gibt es noch Sigillen, die nicht sofort inkarnieren können, weil die Umstände nicht stimmen oder die Gelegenheit nicht günstig ist. Solche Sigillen ruhen starr in der Tiefe und warten auf die richtige Zeit ihres Wachstums. Ein Samenkorn weiß, wann der Winter vorbei ist und Leben wieder möglich ist.

Wenn sich mehrere Sigillen für dasselbe unerfüllbare Bedürfnis ansammeln, dann kann es passieren, daß sie den Geist aus dem Gleichgewicht bringen. In einigen Fällen können sie ihre Manifestation durch Wunschphantasien, Halluzinationen oder symbolische Handlungen finden, in anderen Fällen können sie aus der Tiefe eruptieren oder die begehrte Veränderung herbeiführen, indem sie alle Widerstände brechen. Im letzteren Fall erreichen wir das gewünschte Resultat, wenn auch auf dem anstrengenden Weg einer gewaltsamen inneren Veränderung.

Manchmal erhalten ruhende Sigillen die Gelegenheit zu inkarnieren, wenn sich unsere Gewohnheiten und Glaubensformen verändern, sei es durch Krisen, Krankheiten oder Änderungen in unserer Lebensweise. Der Zustand unserer Identität bestimmt die klimatischen Bedingungen, unter denen sich der Same entwickeln kann. Wir sind die Erdoberfläche und als solche wählen wir aus, welche Sigillen die Chance zum Wachstum erhalten.

Bedenke, daß eine Blume ganz bestimmte Bedingungen braucht. Die Erde muß fest genug sein, um die Wurzeln zu halten, weich genug, um es der Pflanze zu ermöglichen, durch sie zu wachsen. Sie muß Nährstoffe und die Wasser des Lebens enthalten. Es sollte Sonnenschein geben, frische Energie, die zirkulieren kann, sowie Kraft und Raum für die Pflanze, damit sie wachsen und gedeihen kann.

Einige Magier sind so gierig nach Resultaten, daß sie die Manifestation einer Sigil zu erzwingen versuchen, indem sie intensive Ladungen von Energie oder Kraft in die Sigil hineinprojizieren. Wenn dies nicht funktioniert, verstärken sie einfach die Ladung oder versuchen das Tor größer zu machen, was nichts weiter bedeutet als eine tiefere Krise herbeizuführen. Sie verwenden kompliziertere Formeln der Kraft oder suchen nach geheimen Ritualen oder überwältigenden sexuellen Zaubereien. In seltenen Fällen kann das gewünschte Resultat auf diese Art erreicht werden, aber normalerweise ist das nicht der Fall. Ein Magier, der jetzt weiter Resultate zu erzwingen versucht, wird über kurz oder lang von Not und Notwendigkeit gefangengenommen und muß gegen Versagensängste ankämpfen. Wenige Magier sind so vernünftig, zu diesem Zeitpunkt aufzuhören und die Situation sich selbst zu überlassen. Statt dessen kämpfen sie weiter und laden ihre Sigillen mit immer stärkeren Dosen an Energie, Gefühl und Zwang, bis das Unbewußte den Kanal voll hat und dicht macht.

Es gibt viele Wege, mit Hindernissen umzugehen. Wir müssen nicht mit dem Kopf gegen die Wand rennen, bis entweder das eine oder das andere nachgibt. Sture Verbissenheit ist oft mit einer egoistischen Motivation verbunden, also dem fehlgeleiteten Glauben »Ich kenne meinen Willen und lasse ihn geschehen.« In einem solchen Rahmen wird Versagen als Bedrohung für das Ich wahrgenommen, dasselbe Ich, das so gerne vorgibt, es hätte göttliche Kraft und Autorität. So kommt es, daß sich manche Magier nicht helfen können. Sie müssen gegen Zwänge ankämpfen, egal wie schmerzhaft dies ist. In solchen Fällen wird eine einfache Sigillenübermittlung plötzlich zu einer »Herausforderung« oder »Prüfung«, was immer noch attraktiver zu sein scheint als einfach zuzugeben, daß man sich vielleicht doch geirrt haben könnte.

Samenkörner sollten behutsam gepflanzt werden. Unter den richtigen Umständen braucht eine Sigil nur sehr wenig Anstrengung. Auf ihren eigenen subtilen Wegen tritt sie mit dem universellen Willen in Kontakt und entwickelt sich von da an mit mehr Energie, Kraft und Intelligenz, als wir uns auch nur vorstellen können. Eine unserer Aufgaben besteht darin, die richtigen Umstände zu schaffen. Es ist z.B. leicht, durch eine Sigil die Inspiration für ein Bild zu empfangen, wenn man bereits das nötige Zeichen- und Maltalent entwickelt hat. Hat man dieses Talent noch nicht entwickelt, dann muß die Kraft der Sigil erst dafür sorgen, daß man an das eigene Zeichentalent zu glauben beginnt, oder sie wählt einen anderen

Weg und sorgt dafür, daß man einfach so vor sich hinkritzelt, wenn man gerade keine Hemmungen hat.

Deine Glaubenssätze sind eines der größten Hindernisse auf dem Weg der Sigil von der Idee zur materiellen Realität. Dies ist der Grund, warum Austin Spare eine periodische Glaubensauflösung durch Trancen wie die »Todesstellung« vorgeschlagen hat, in denen der Adept zu allem stirbt, was er geglaubt und gewußt hat. Regelmäßige Glaubensauflösung macht das Selbst flexibel und öffnet den Geist für neue Möglichkeiten. Spares »Todesstellung« löst alle Überzeugungen und Glaubenshaltungen auf, derer wir uns bewußt werden. Dabei ist es wichtig, gründlich vorzugehen und nicht einfach ein wenig hier und da aufzulösen, so nach der falschen Annahme: »Ich werde diesen Glauben hier bewahren, denn in Wirklichkeit ist er ja eine Wahrheit, aber die anderen Glaubensformen, die brauche ich nicht.« In der Trance der Todesstellung wird jeder Glaubensinhalt aufgelöst, sobald er ins Bewußtsein gelangt. Wird dies gründlich genug durchgeführt, erhält die Persönlichkeit die Gelegenheit, sich aus einem Vakuum heraus neu zu formulieren. Ich möchte hier darauf hinweisen, daß echte Wahrheiten durch die Glaubensauflösung nicht behindert oder zerstört werden. Nach der Reinigung erscheinen sie so gut wie neu und wirken besser als je zuvor. Regelmäßige Glaubens- und Identitätsauflösungen halten dich flexibel, so daß du willentliche Veränderung leicht durchführen kannst. Dies ist der Grund, warum Austin Spare weniger Rituale und mehr ehrliches Leben praktizierte. Der taoistische Bewußtseinszustand *Wu Wei* (Tun ohne Aufwand und Anstrengung) ist dafür eine gute Metapher.

Das Vergessen ist ein weiterer wichtiger Punkt. Wenn du die Sigil vergißt, dann mußt du dir keine Sorgen machen, wann und wo sie inkarniert. Einige Wünsche können nicht zu Realität werden, weil man sich zu viele Sorgen über sie macht oder den Resultaten entgegenfiebert. Dies ist besonders dann der Fall, wenn deine Wünsche intensive psychologische Veränderungen beinhalten. Das, was wir als bewußtes Ich bezeichnen, besitzt die natürliche Tendenz sich einzumischen, wann immer es kann. Dein Ego könnte versuchen, den Sigillenprozeß zu kontrollieren, zu zensieren oder gar zu beschleunigen. Nun, Pflanzen wachsen nicht schneller, wenn man an ihnen zerrt. Dies ist der Grund, warum wir den sigillisierten Wunsch vergessen, nachdem die Sigil gezeichnet worden ist. Wir wollen nicht, daß sich das Ego einmischt, weder bei der Übermittlung noch danach. Natürlich ist es nicht gerade leicht, ein Bedürfnis zu vergessen, daß dir besonders wichtig, vielleicht sogar lebensnotwendig erscheint, aber möglich ist es schon. Du beginnst einfach eine gewisse Indifferenz zu kultivieren, eine Grundeinstellung des »macht nichts, muß nicht sein«, wie Austin Spare es ausdrückte. Man kann lernen, Dinge zu vergessen. Genauso wie es möglich ist, etwas zu imaginieren, kann man es auch »wegimaginieren«. Dies passiert den ganzen Tag lang, immer und immer wieder[1].

Beginne damit, daß du dir vorstellst, du wüßtest gar nicht, wofür die Sigil gemacht wurde. Jedesmal, wenn dir die Erinnerung an das Bedürfnis aufsteigt, sagst du dir ganz einfach, daß diese Erinnerung sehr wahrscheinlich falsch ist, in jedem Fall aber unwichtig, und man es doch nicht so genau wissen könne. Dies schafft einen Zustand der Indifferenz. Tue einfach so, als ob du es nicht so genau wüßtest. Schon bald wird dein »So-Tun-als-ob« dafür sorgen, daß du die Bedeutung der Sigil wirklich vergißt.

In dieser Hinsicht baut die Sigillenmagie auf Vertrauen auf. Nur im nachhinein wirst du bemerken, daß die Technik funktioniert. Was aus einer Sigil geworden ist, merkst du erst, wenn dieses Neue da ist, oder wenn du in die Vergangenheit zurückblickst und dir über deine Illusionen klar wirst. Eine Grundannahme der Sigillenmagie geht davon aus, daß du deinen unbewußten Selbstanteilen vertrauen kannst, da diese dafür sorgen, daß die Sigil zur Realität wird.

Austin Spares Philosophie von Zos Kia ist eng mit dem Taoismus verwandt. Zos Kia kultiviert eine spezielle offengeistige Ehrlichkeit, eine hochentwickelte Naivität, die sich durch feste Überzeugung eingeschränkt fühlt und Paradoxa für ganz natürlich hält. Das Leben wird dabei als etwas verstanden, das jenseits der Dualität von Sein und Leere existiert. Dasselbe gilt für das Selbst und alles andere. Diese Qualität wird durch Selbsterforschung kultiviert. Etwas, das ist und nicht ist, jenseits unserer Schwierigkeiten es zu definieren, ein Tanz des Lebens und des Todes, der Bedeutung und Gleichgewicht im Gehen findet. Ein Sigillenzauberer ist sich nie ganz sicher, aber oft überrascht. Sigillen werden durch absoluten Glauben, durch feste Überzeugungen, Notwendigkeiten, Gewohnheiten, konditionierte Reflexe, Routineverhalten usw. behindert und eingeschränkt und dasselbe gilt auch für dich.

Hier ist Freude wesentlich wichtiger als verfeinerte Technik. Die Wesen der Tiefe werden sich um das kümmern, was in ihren Bereich gegeben wird, und die Saat kennt die Zeit für ihr Wachstum selbst.

1 z.B. wenn du etwas suchst, das sich direkt vor deiner Nase befindet.

Vogeltänzer

Kapitel 3

Automatisches Zeichnen

Automatisches Zeichnen ist nicht automatisch. Kunst ist niemals völlig automatisch und auch du bist kein Automat. Dieser Ausdruck ist ziemlich irreführend. Normalerweise bedeutet Automatisches Zeichnen, daß die Bilder wie von selbst entstehen, daß sie sich natürlich entfalten, ohne viel Aufwand, Absicht oder Zielsetzung. Die Technik des Automatischen Zeichnens ist von verschiedenen Bewegungen, wie z.B. den Theosophen, den Spiritisten und den Surrealisten, bekanntgemacht worden.

Ein spiritistisches Medium würde sich z.B. in irgendeinen Trancezustand begeben und darin unter allerlei absurden Konditionen Zeichnungen produzieren. Nach der Sitzung würde es behaupten, daß die Zeichnungen von einer fremden Wesenheit, von den Geistern Verstorbener oder was auch immer, geschaffen worden wären. »Die Geister haben mich als Medium benutzt«, heißt es dann, »denn ich kann überhaupt nicht zeichnen.« Viele Medien bestehen darauf, daß ihre Zeichnungen »automatisch« entstanden sind, da sie es nicht wagen, sich selbst dafür verantwortlich zu fühlen. Viel leichter fällt da die Behauptung: »Ich kann nicht zeichnen, aber manchmal kommt der Geist von Leonardo über mich«, als hätte dieser nichts Besseres zu tun. Ich habe einige Zeichnungen gesehen, die angeblich von den Geistern großer Künstler geschaffen worden waren, und im großen und ganzen möchte ich behaupten, daß Kinder bessere Zeichnungen hervorbringen. Es ist in jedem Fall leichter, irgendeine spirituelle Entität verantwortlich zu machen, als selbst die Verantwortung für die Entwicklung der eigenen Talente zu übernehmen. Ist denn eine Zeichnung besser, wenn sie von einer geistigen Wesenheit geschaffen wurde? Dies ist der Grund, warum ich den Begriff »automatisch« nicht gerne verwende. Er hat den Geschmack von Selbsttäuschung. Alle wahre Kunst ist in gewisser Hinsicht automatisch, da sie auf natürliche Weise ins Bewußtsein und aufs Papier kommt, was aber nicht heißen soll, daß du einen Anfall mit darauffolgendem Gedächtnisverlust erleiden mußt. Die »Es-kam-einfach-über-mich«-Ausrede des traditionellen Mediums bedeutet nur, daß die Person ein derart starkes Ego besitzt, daß dramatische Effekte gebraucht werden, um überhaupt etwas durchdringen zu lassen. Solche Leute sind oft außerordentlich stolz und sowohl von den Talenten ihrer Geister als auch von ihrer eigenen Unfähigkeit überzeugt. Ihr Glaube, nicht malen zu können, ist so stark, daß extreme Maßnahmen gebraucht werden, damit das Malen überhaupt stattfinden kann. Solche Maßnahmen sind nicht für Thelemiten nötig, die das kreative Potential in sich selbst und in allen menschlichen Wesen erkennen.

Es kommt nicht darauf an, ob wir die Quelle unserer Zeichnungen bei Geistern, Göttern, Dämonen, dem inneren Genius, dem unbewußten Selbst oder sonstwo suchen. Solange wir damit kooperieren, gibt es keinen Grund zu vollständiger Besessenheit und »automatischer« Aktivität. Vor allem aber sollten wir uns von der Annahme befreien, daß automatische Kunst etwas Sonderbares, Dramatisches oder Mysteriöses ist. In ihrer idealen Form ist die Handlung einfach und natürlich. Die Frage »Mache ich das oder jemand anderer?« ist völlig unwichtig. Wichtig ist nur, daß das übermittelte Bild Leben in sich hat.

Alle Kunst bewegt sich zwischen zwei Extremen. Auf der einen Seite gibt es das bewußte Selbst, das zeichnen lernt, indem es beobachtet, sieht und übt. Dieser Teil des Künstlers wird in der Kunstschule ausgebildet, mit Übungen in Perspektive, Landschaft, Porträt, Akt usw., die darauf abzielen, die Fähigkeit des Sehens, des Zeichnens und des Wiedergebens von Formen zu entwickeln. Auf der anderen Seite haben wir das unbewußte Selbst, das sich in dynamischen Formen ausdrückt, in Ausbrüchen, die nicht durch Konventionen und Kontrolle eingeschränkt werden. Dieser Aspekt des Künstlers wird durch Träume entwickelt, durch ein wildes Leben und durch das Überwinden von Beschränkungen.

In einem guten Kunstwerk gleichen sich diese beiden Aspekte aus. Das unbewußte Selbst liefert Kraft und Leben, das bewußte Selbst gibt dem Ganzen eine Form, die dem Beobachter verständlich ist. Das unbewußte Selbst muß übrigens nicht geschult oder trainiert, sondern vielmehr befreit und enthemmt werden. Kinder besitzen oft ein großes Talent zum Automatischen (d.h. spontanen) Zeichnen. Diese Fähigkeit verlieren sie, wenn sie alt genug sind, um Konventionen und Techniken zu erlernen. Wenn ich hier von einem unbewußten Selbst spreche, dann soll das nicht heißen, daß wir während des Zeichnens nicht bewußt sind. Alle Kunst ist in gewisser Hinsicht bewußt. Es ist nur so, daß die Idee vom Ich, die Idee von Identität und Kontrolle, manchmal in der Intensität des Zeichnens vergessen wird. In diesem Fall vergessen wir, wer wir sind, und beobachten uns selbst bei der Arbeit.

Es gibt also einen bewußten und einen unbewußten Einfluß in unseren Zeichnungen. Die Unterschiede zwischen ihnen sind sehr fließend und oft genug kommt es vor, daß man, während man eine einziges Bild zeichnet, vom einen in den anderen Modus gerät. Denke an deine Kindheit: Es gab eine Zeit, in der Automatisches Zeichnen für dich ganz natürlich war. Wenn du Gelegenheit dazu hast, beobachte Kinder in verschiedenen Altersstufen beim Zeichnen. Wenn du das Automatische Zeichnen für dich neu entdecken willst, wirst du dieselben Schritte und Stadien durchlaufen, durch die auch diese Kinder gehen. Viele Erwachsene haben so lange an ihre eigene Unfähigkeit zu zeichnen geglaubt, daß sie ihre Hand nicht mehr frei bewegen können. Daher ist es unsere erste Aufgabe, diese Einschränkung loszuwerden. Unsere hauptsächlichen Probleme sind dabei Aufwand, Absicht, Resultatorientiertheit und Anspannung. Anfänger fürchten sich oft davor, ihre eigenen Fähigkeiten zu akzeptieren. Manche Menschen haben sich ihr ganzes Leben hinter dem Glauben »Ich kann nicht zeichnen« versteckt, so lange, daß sie in eine Krise verfallen, wenn man ihnen zeigt, daß sie es doch können. Andere fühlen sich verängstigt, wenn sie entdecken, was aus ihrem Unbewußten aufsteigen kann. Die Versuchung, Talente und Fähigkeiten zu leugnen und das Ganze aufzugeben, kann sehr groß sein. Traust du dich, dir selbst zu trauen?

Einige einfache Übungen

Besorge dir jede Menge großes Papier, am besten im Format A3 und möglichst fest und billig. Tapeten und braunes Packpapier, also Makulatur, sind für diesen Zweck bestens geeignet. Es ist wichtig, daß du in großem Format beginnst und keine Hemmungen hast, jede Menge Papier zu verbrauchen. Verwende verschiedene Arten von Stiften. Für den Anfang würde ich einen weichen Bleistift empfehlen, der von vornherein in dicken Linien zeichnet. Auf diese Art vermeidest du Zweifel und Zögern. Dünne Linien, wie sie bei einem harten Bleistift entstehen, sind nützlich, wenn du sie später, z.B. wenn das Bild mit Tusche überarbeitet wird, ausradieren willst.

Für den Anfang brauchen wir dicke Linien, die stark und dynamisch sind und das zum Ausdruck bringen, was sie ausdrücken sollen. Unsere Grundübungen beziehen sich auf Energie und Bewegung. Kleine niedliche Bilder in vorsichtigen und zögernden Strichen sollten für den Anfang vermieden werden. Nimm dir also einen Bogen Papier, einen Stift, und fange an zu kritzeln. Beginne mit einfachen Kreisen und Spiralen. Fülle mehrere Seiten mit dieser Art von Kreisen, kontinuierlichen Linien, Wirbeln und Rotationen. Versuche es mit Variationen. Beobachte, wie sich deine Hand bewegt. Gewöhne dich an den Rhythmus und an das Fließen.

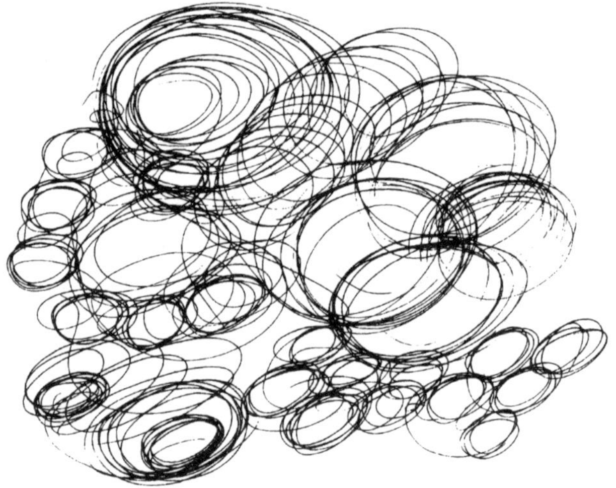

Am wichtigsten ist dabei das Gefühl von Schwung und Intensität. Versuche auch, die Haltung des Stiftes zu verändern. Halte den Stift vorne, so knapp an der Spitze wie möglich, oder halte ihn ganz hinten. Was verändert sich dabei in deiner Dynamik und deinen Bewegungen? Solche Übungen scheinen einfach zu sein, doch ist das kein Grund, sie zu übergehen. Während du Seiten mit Kreisen und Spiralen füllst, kannst du dich daran gewöhnen, deine Hand schnell zu bewegen ohne darüber nachzudenken.

Du solltest Dutzende von Seiten auf diese Art und Weise füllen, auch wenn es dir ein bißchen langweilig erscheint. Versuche es auch mit geschlossenen Augen. Laß dir Variationen einfallen. Variiere auch die

Geschwindigkeit und den Druck auf den Stift. Als nächstes könntest du mit ein paar anderen Formen experimentieren, die wenig Denken verlangen und eine Menge Spaß machen:

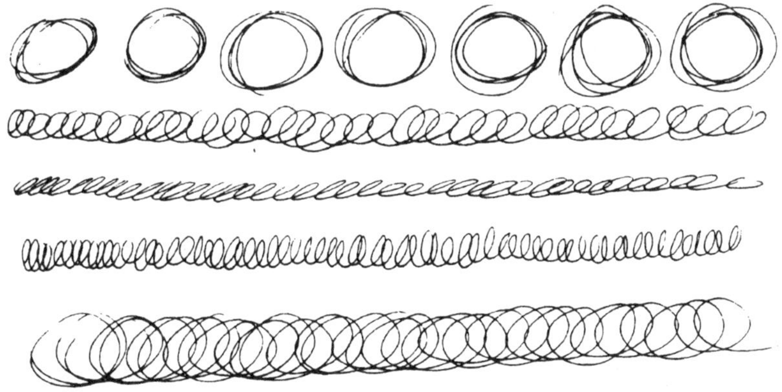

Bedecke mindestens zwei Seiten mit jeder dieser Formen. Das Muster selbst ist nicht so wichtig wie der Umstand, daß du dich daran gewöhnst, den Stift mit Geschwindigkeit und Kraft zu bewegen.

Ein Wort zu Schwierigkeiten: Unser Hauptproblem liegt darin, daß viele Anfänger ihre Bilder zu bewerten versuchen und dann zu dem Urteil kommen, daß sie doch nichts taugen. Dieses Gefühl des Versagens behindert die freie Bewegung der Hand. Solche Einschränkungen zeigen sich in verschiedenen Symptomen. Da ich jetzt nicht bei dir bin, um dich mit dummen Witzen aufzumuntern, werde ich ein paar einfache Merkmale aufzählen, an denen du solche Einschränkungen der Bewegung deines Stiftes erkennen kannst. Beim Automatischen Zeichnen gibt es drei Formen von Anfangsschwierigkeiten. Wir können diese nach den alchimistischen Prinzipien klassifizieren:

Symptome für Salzprobleme sind langsame, grobe Linien, eine schwerfällige Hand, ein verkrampftes Handgelenk und steife, mühsame Symmetrien. Wenn du Anzeichen dafür in deinen Zeichnungen findest, solltest du deine Kraft und Beweglichkeit entwickeln.

Schwefelprobleme äußern sich in unregelmäßigen Kraftausbrüchen, die normalerweise von starken Emotionen begleitet werden. Augenblicke der Schwäche werden von plötzlichen Gefühlsausbrüchen gefolgt. Oft hastet der Künstler zu sehr, hat zu wenig Geduld oder tendiert dazu, den Stift abzubrechen oder das Papier zu zerreißen. Wenn dies auf dich zutrifft, versuche dein Temperament etwas zu zügeln und laß die Kraft kontinuierlich aus dir fließen.

Quecksilberprobleme zeigen sich in Unsicherheit. Hier sind die Linien so dünn und wackelig, daß man meinen könnte, der Künstler wagt es kaum, das Papier zu berühren. Schwache zerbrechliche Linien können den Eindruck vermitteln, der Künstler stehe nicht ganz zu seinem Werk. Dann gibt es noch die gefährliche Tendenz, zu sehr zu zweifeln. Wer beim Zeichnen zu sehr zweifelt und zu beurteilen versucht, kann all seine Energie verlieren und seine Zeit mit Ausbesserungen verbringen. Wer stark zu Ausbesserungsarbeiten neigt, sollte zunächst einmal auf den Radiergummi völlig verzichten. Wähle für deine Bilder ein großes Format und bewege den Stift mit Elan!

Die meisten Anfänger haben Schwierigkeiten. Laß dich davon nicht entmutigen. Am besten ist es, wenn du anfangs nicht versuchst, deine Bilder zu beurteilen. Die Fähigkeit des Automatischen Zeichnens muß sich erst entwickeln. Während du das Automatische Zeichnen erlernst, schaffst du einen Durchgang, durch den sich die Tiefe manifestieren kann. Es ist möglich, daß dein Ego von dieser Möglichkeit nicht gerade begeistert ist und dich davon zu überzeugen versucht, daß deine Anstrengungen sinnlos sind, deine Resultate nichts taugen und deine wahren Talente anderswo liegen. Es bringt nur sehr wenig, deine ersten Skizzen mit den Werken berühmter Künstler zu vergleichen, denn diese großen Künstler hatten dieselben Probleme wie du. Aus diesem Grund tue ich, wenn ich andere unterrichte, immer so, als sei das Ganze nur ein Spiel. Dies hilft die Resultatorientiertheit unter Kontrolle zu halten. Nimm die Übung nicht so ernst. Wenn du spielst, gibt es viel zu gewinnen!

Hier sind einige Muster zur Entwicklung von Rhythmus und Zeichenfluß. Beobachte dein Tempo und dein Timing. Fülle mindestens zwei Blätter mit jedem dieser Muster und laß dir ein paar Variationen einfallen:

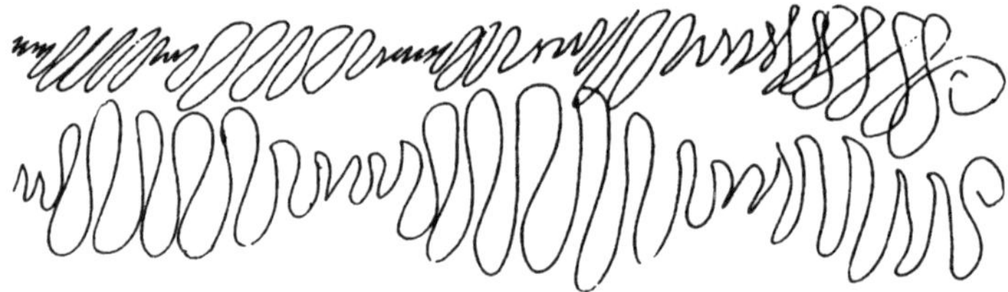

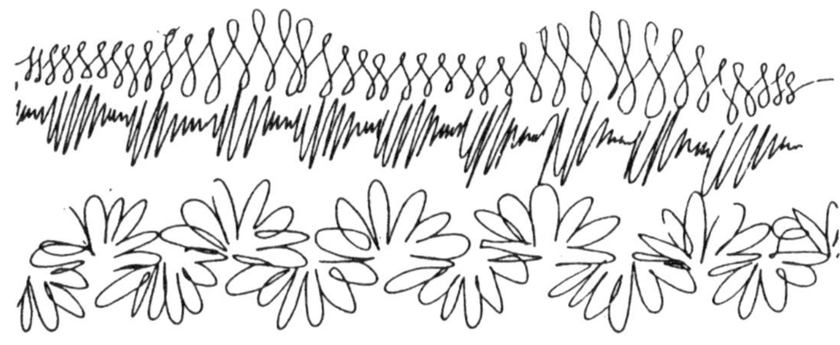

Die folgende Übung entwickelt die Fähigkeit, Einheiten von Linien schnell und spontan zu zeichnen. Sie kann dir helfen, etwas über Raum, Linienfluß und Unterbrechung zu lernen:

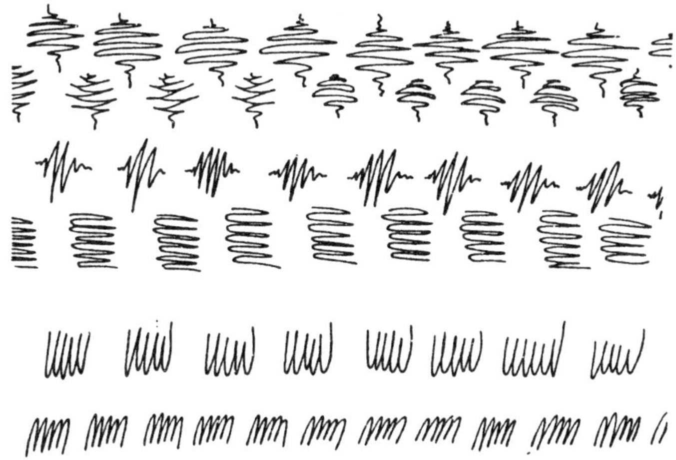

Probiere es in verschiedenen Größen und laß dir Variationen einfallen. Am wichtigsten ist, daß sich die Hand frei bewegt. Manche Anfänger bemalen ihre ersten Seiten bis sie fast völlig schwarz sind. Dies hat den Sinn der Katharsis oder emotionalen Entladung. Wir können es als die Art der Hand betrachten, laut zu schreien. Keine Hemmung, tu es einfach!

Als nächstes wollen wir die Einschränkungen loswerden, die die Schule unserer Handschrift auferlegt hat. So wie gewisse Schamanen lernen, in Chaossprache zu singen und zu schreien, so lernt der Künstlermagier in Chaosbuchstaben und Chaosworten zu schreiben. Solche Worte müssen für den bewußten Verstand keinen Sinn ergeben. Man kann dies als

»tanzende Linie« bezeichnen. Du erlaubst ganz einfach deinem Stift, bedeutungslose Kurven in einer Geschwindigkeit zu zeichnen, die diese von der Kontrolle durch deinen bewußten Geist befreit.

Was du hier siehst, ist ein freundlicher Brief an dich, in Chaossprache geschrieben. Ich schlage vor, daß du mehrere eigene Briefe dieser Art schreibst und sie an verschiedene Leute schickst. Die wichtigste Qualität ist dabei die Impulsivität. Wenn du schreibst, als hättest du einen Anfall, dann machst du es genau richtig. Solche Übungen helfen Einschränkungen und die Kontrolle zu überwinden. Was hältst du davon, einen Brief in Chaossprache laut vorzulesen? Das Irrationale, das deine Hand befreit, kann auch deiner Stimme guttun. Wenn dir diese Übung leicht fällt, dann hast du übrigens schon begonnen, auf automatische Art und Weise zu zeichnen.

Wie wäre es, wenn wir den kontinuierlichen Fluß der Linie jetzt in Einheiten aufteilen? Was lernen wir von solchen unbewußten Ausbrüchen? Wir lernen, auf spontane Weise bedeutungsvolle Formen hervorzubringen und mit dem Zeichnen aufzuhören, bevor die Struktur zu kompliziert wird. Wenn du gelernt hast, diese und ähnliche Strukturen mühelos hervorzubringen, wirst du imstande sein, Seite um Seite mit ähnlichen Zeichen zu füllen, seien es einzelne Einheiten oder eine kontinuierliche, verwobene Linie.

Dies ist sehr nützlich, wenn man die Sigillentechnik von Frater Custor anwenden will. Du kannst natürlich auch mit solchen spontanen Sigillen herumexperimentieren. Vielleicht könnten sie in der Magie oder in der Divination nützlich sein. Eine gut gezeichnete spontane Sigil kann genauso interessant sein wie ein I-Ching-Hexagramm. Wenn du auf diese Art viele Sigillen hergestellt hast, wirst du bald feststellen, daß einige ihrer Strukturen immer wiederkehren. Diese Strukturen zeigen deine grundlegenden Besessenheiten an. Du könntest solche Strukturen aus dem allgemeinen Sigillengewirr extrahieren, ihre Form vereinfachen und mit ihnen arbeiten, genauso wie du mit einer normalen Sigil arbeiten würdest.

Es ist möglich, daß die heiligen Buchstaben von Austin Spare (sein *Alphabet of Desire*) auf genau diese Art und Weise entstanden sind. Spare wußte wahrscheinlich nicht, was diese heiligen Buchstaben für ihn bedeuteten. Auch du brauchst es nicht zu wissen, um damit Effekte zu erzielen. Es ist ein Charakteristikum solcher Strukturen, daß sie bedeutungsvolle Formen andeuten. Dies mag daran liegen, daß der Verstand die Tendenz besitzt, das Unbekannte mit Hilfe des Bekannten zu deuten, und sich sicherer fühlt, wenn es eine gewisse Ordnung im Chaos zu geben scheint.

Dasselbe Phänomen tritt auf, wenn wir auf eine Baumwurzel starren und uns überlegen, was daraus geschnitzt werden könnte. Ein offener leerer Geist ist sehr nützlich, um Bilder aufsteigen zu lassen.

Du könnest eine solche spontane Sigil als Grundstruktur verwenden und weiter ausbauen, um ein Bild daraus zu machen. Dies gibt dir auch die Gelegenheit, viele Ideen zu empfangen, die deinem Unbewußten entstammen. Weiters ist es ein gutes Training für deine Vorstellungskraft.

Natürlich sind Automatische Zeichnungen selten vollkommen oder perfekt, wenn sie aufs Papier kommen. Auch wenn sie ihre Botschaft gut übermitteln, werden sie doch jede Menge überflüssiges Material enthalten, unnötige Linien oder Stellen, an denen wichtige Linien fehlen. Wir können eine solche Automatische Zeichnung als Grundlage betrachten, auf der das spätere Bild aufgebaut wird[1]. Da wir mit Bleistift arbeiten, steht es uns frei, überflüssige Strukturen zu entfernen und wichtige Teile des Bildes hervorzuheben. Dies sollte freilich erst dann geschehen, wenn sich das Bild bereits vollständig manifestiert hat. Dieser Unterschied ist sehr wichtig. Während das Bild entsteht, sollten wir es weder beurteilen noch kontrollieren und uns keinesfalls in den Prozeß einmischen. Wir können dabei sein, wir können unsere Hand beobachten, wie sie sich von selbst bewegt. Oft ist der bewußte Verstand ein wenig langsamer als die Hand. In einem Artikel über Automatisches Zeichnen schrieb Austin Spare:

> Die Hand muß geübt werden, frei und ohne Kontrolle zu arbeiten. Durch Erfahrung im Schaffen von einfachen Formen, mit einer durchgehenden, in sich verschlungenen Linie und ohne Nachgedanken, d. h. die Absicht sollte dem Bewußtsein verborgen bleiben. Zeichnungen sollten hergestellt werden, indem man der Hand erlaubt, sich frei und mit so wenig Einschränkungen wie möglich zu bewegen. Im Lauf der Zeit entwickeln sich Umrisse. Diese deuten Konzepte an, Formen und ultimativ persönlichen oder individuellen Stil.[2]

Wenn ich unter Inspiration arbeite, entleere ich einfach meinen Geist. Ich muß vergessen, daß ich ein Künstler bin. Ich ignoriere meine kritischen Fähigkeiten und bringe einfach meine Gedanken auf die Leinwand. Wenn

[1] Austin Spare war hier anderer Meinung. Er äußerte in verschiedenen Interviews, daß die von ihm bewußt »verbesserten« Automatischen Zeichnungen mit Makeln behaftet wären, und bedauerte, daß solche »Verbesserungen« zuweilen nötig waren, um die Bilder verkaufen zu können.

[2] Austin Osman Spare, *Automatic Drawing* (in: *Form*, Vol. 1, April 1916).

ich mit einer solchen Arbeit beschäftigt bin, dann kommt es oft vor, daß ich nicht weiß, ob ich wache oder träume.[1]

Automatische Zeichnungen geben deinem inneren Selbst die Gelegenheit, verdrängtes Material an die Oberfläche zu bringen. Dies bedeutet, daß einige deiner Zeichnungen krank, abstoßend, übel oder widerwärtig erscheinen können. Es ist jedoch nicht wichtig, ob sie dir persönlich gefallen oder nicht. Sie sind da und wir sollten uns mit ihnen befassen. Kunst gibt dir die Gelegenheit, zu einem neuen Verständnis zu gelangen. Mach deine Augen auf und sieh dir die Dämonen an, die du beschworen hast! Kannst du lernen, sie zu betrachten, ohne Furcht oder Ekel zu empfinden? Künstler, die nur nach Schönheit und Harmonie streben, schränken sich mehr ein als sie wissen. Wenn du deinen Ängsten und deinem Schrecken eine Form verleihst, hast du die Gelegenheit, dich selbst zu heilen. Wenn du freilich so tust, als gäbe es keine Ängste und keinen Schrecken, wird dein gesamtes Wesen darunter leiden. Zensiere dich nicht selbst. Kunst muß nicht schön sein, solange sie lebendig ist. Wenn du auch nur einen Teil deiner Kunst einschränkst, dauert es nicht lange bis sie zur Gänze stagniert.

Vielleicht ist dir etwas aufgefallen: Wir haben uns mit dem Phänomen des Automatischen Zeichnens beschäftigt, ohne uns Gedanken zu machen, wer denn da eigentlich kreativ ist und zeichnet. Zu Beginn ist es am wichtigsten, daß überhaupt etwas passiert. Wer durch uns zeichnet und was gezeichnet wird, ist eine andere Frage. So ist es jedenfalls einfacher. Einige der herkömmlichen Medien versuchen, eine bestimmte Person, einen Engel oder einen Geist zu kontaktieren, die durch sie malen oder zeichnen sollen, und stellen dann fest, daß ihre Technik durch Fragen aller Art («Würde mein Schutzgeist so etwas malen?« usw.) eingeschränkt wird. Kurz gesagt, sie versuchen, die Vielfalt ihrer Möglichkeiten einzuschränken, bevor sie auch nur angefangen haben. Ich schlage deshalb vor, daß du dich zunächst nur damit beschäftigst, die Fähigkeit des Automatischen Zeichnens zu entwickeln, ohne dir den Kopf zu zerbrechen, ob diese Zeichnungen nun von Göttern, Geistern, Engeln oder unbewußten Teilen deiner Persönlichkeit stammen. Wenn du dich daran gewöhnt hast, kannst du gerne damit beginnen, alternative Persönlichkeiten, wie eben solche Götter und Geister, in dich hineinzurufen, um bestimmte Zeichnungen hervorzubringen. Vorher würde ich jedoch empfehlen, erst einige Erfahrungen in schamanischer Besessenheit zu sammeln.

[1] Austin Osman Spare in *Psychic News*, 1932. Dank an Gavin Semple.

Eine Spinnerin

Kapitel 4

Sigillen, Sex und Spinnenspiele

Seit Austin Spare die Effektivität seiner unorthodoxen Methoden der Sigillenmagie demonstriert hat, ist das Interesse an dieser Nu-Äon-Form von Zauberei beständig gewachsen. Sigillen sind bei einigen wilderen magischen Gruppierungen zu einer ausgesprochenen Mode geworden, wobei sie, ebenso wie die Formen der Sexualmagie und der Drogenerfahrung, von Resultathungrigen oft genug falsch angewendet worden sind. Viele Texte wurden zu diesen Themen geschrieben und nur wenige sind es wert, gelesen zu werden. Für den durchschnittlichen Magier bedeuten Sigillen ungefähr soviel wie ein unbegrenztes Bankkonto verbunden mit Einkauf per Post. Resultate sind dabei angeblich garantiert und alle Kunden zufrieden. Nichts könnte weiter von der Wahrheit entfernt sein! Es hat sich gezeigt, daß Austin Spares Texte und ihre Präsentation durch Kenneth Grant für das durchschnittliche Publikum viel zu kryptisch waren. Zahllose Individuen und Organisationen wurden von der grundsätzlichen Einfachheit der Methode vollkommen verwirrt.

Die lang gesuchte Medizin für alle Übel sollte nicht in den Techniken der Sigillenmagie gesucht werden, sondern im wahren Willen, der entscheidet, ob sich eine Sigil manifestiert oder nicht. Es ist eine sonderbare Tatsache, daß die meisten Autoren über Sigillenmagie dazu tendieren, die Tatsache zu übersehen, daß sich Sigillen gelegentlich auch nicht manifestieren. Ihrer Meinung nach ist Versagen etwas Schreckliches, das die Macht und die Kontrolle des Magiers zu beleidigen scheint, was natürlich dazu führt, daß mehr Kraft und kompliziertere Techniken angewendet werden. Dies gleicht der Suche nach der stärksten, besten und tödlichsten Waffe, durch die die moderne Politik charakterisiert ist: Wo eine einzelne

Akupunkturnadel nicht ausreicht, da kann man es ja einmal mit einer elektrischen Bohrmaschine versuchen. Diese Tendenz ist nicht neu.

In der Magie gibt Moden, so wie überall anders auch. Manchmal ist es das komplizierteste Ritual, manchmal ist es der geheimste Name der Kraft, manchmal sind es teure authentische Artefakte, exotische Drogen oder komplizierte sexuelle Stellungen. Zur Zeit scheint es die Chaosmagie zu sein, was, wie mir Yog-Sothoth bestätigte, nur ein schöner Name für organisierten Nonkonformismus ist. Immer der Drang nach mehr Kraft, besseren Resultaten, weniger Aufwand, stärkerer Magie, tieferer Befriedigung – niemals die Erkenntnis, daß die Lust nach Resultaten einen Krankheit des Ego ist und das ach so gefürchtete Versagen von Zeit zu Zeit durchaus im Einklang mit dem wahren Willen stehen kann. Wir müssen nicht so tun, als wären wir allmächtig, um verschiedene Dinge erledigen zu können. Manchmal erzielen absolute Anfänger, die noch nicht einmal so richtig an Sigillen glauben, die allerbesten Resultate, während pompöse Meistermagier mit ihrem verzweifelten Glauben »Ich will ..., so muß es sein ...« in einem fort gegen die Erkenntnis ankämpfen, daß auch sie Fehler machen können. Welchen Preis zahlen wir, wenn wir nach Erfolgen streben?

Ich schreibe diese Worte nicht als unschuldiger Beobachter. In mehr als einem Jahrzehnt der Sigillenmagie habe ich jede Menge Fehler gemacht und oft genug versucht, Erfolge mit mehr Aufwand und mehr Anspannung zu erzwingen, bis es zu Krämpfen kam. Krämpfe oder Anspannungen, seien sie nun mental oder körperlich, können ein Schutzmechanismus sein, um zu verhindern, daß unerwünschte Kräfte und Ideen, die mit unerfreulichen Empfindungen verbunden sind, in die Tiefe dringen. Sie sorgen dafür, daß die Sigil nicht weit kommt.

Spare sprach in diesem Zusammenhang von Selbstliebe, was einfach klingt, aber in der Praxis sehr schwierig sein kann. Wieviel Liebe für das Selbst kann es denn geben, wenn das Ego glaubt, daß seine Kontrolle bedroht ist? Wieviel Selbstliebe kann es geben, wenn wir das Gefühl haben, daß unsere wichtigsten Grundbedürfnisse nicht erfüllt werden? Wo es Zwänge gibt, dort gibt es auch Verzweiflung, und diese wird durch verbissenes Wollen nicht besser. Es hat mich mehrere Jahre gekostet, die falschen Vorstellungen los zu werden, die sich um meine Sigillentechnik angesammelt hatten. Dieser Text wurde geschrieben, um die Sigillenmagie als die ausgesprochen einfache und natürliche Sache darzustellen, die sie ist. Dasselbe gilt für das Kapitel über Automatisches Zeichnen. Die

Praktiken, die darin beschrieben werden, sind nicht exotisch, nicht spirituell, noch auf irgendeine Art und Weise heilig. Sie waren allerdings nützlich, um zu vermitteln, wie man einen Stift auf Papier setzen kann, und zwar so spontan und spielerisch, daß es Spaß macht.

Es sind eine Anzahl neuerer Methoden der Sigillenmagie entwickelt worden, die ich hier kurz anführen möchte: Von Nema kam der Vorschlag, daß man die Erdung einer Sigil erleichtern kann, indem man sie wie die *Vévés* des Voodoo unter Verwendung von Mehl, Getreide, Asche, Kalk oder Erdfarben auf den Boden zeichnet. Du könntest eine Weile um diese Form herumlaufen, während du deine normalen Anrufungs- und Gebetshandlungen vollführst, und dann auf der Sigil herumtanzen, bis sie in der Tiefe verschwindet. Dies verbindet die Sigillenform mit der Erde und mit einen Füßen: eine kraftvolle Suggestion, durch die dein Wunsch in lebendigem Fleisch und auf der Erde realisiert werden soll.

Eine weitere nützliche Übung ist es, einen Brief in die Welt der Geister zu schreiben. Du kannst diesen Brief an die Götter adressieren, an die Totems, an die Tiergeister oder an all die Selbstaspekte, die normalerweise als das Unbewußte bezeichnet werden. Ja sogar der Ausdruck »liebes unbewußtes Selbst« kann Wunder wirken. Ich möchte an dieser Stelle nicht versuchen, die Götter, die Geister oder das Unbewußte zu definieren, denn eine solche Definition ist für den Kontakt und die Kommunikation mit ihnen nicht notwendig. Wie immer du sie nennen magst, die tiefen Teile deines Geistes werden es verstehen, wenn du zu ihnen sprichst, und sie werden zuhören, was du ihnen zu sagen hast. Normalerweise schreibe ich meine Briefe in die Geisterwelt in Runenbuchstaben oder in irgendeinem anderen magischen Alphabet, das leicht zu schreiben, aber nicht ganz so leicht zu lesen ist. So kann ich den fertigen Brief ansehen, ohne daß sich mein Ego in die Übermittlung einmischt. Magische Alphabete gibt es in verschiedenen Formen. Einige gute Beispiele finden sich im »Schlüssel Salomons« und bei Agrippa von Nettesheim III, 30. Ich würde allerdings empfehlen, daß du für die Entwicklung deiner Magie ein eigenes magisches Alphabet entwirfst. Bitte dein Tiefenselbst, daß es dir ein Alphabet mitteilt, das für dich geeignet ist. Du könntest z.B. Buchstabe für Buchstabe laut singen oder imaginieren, bis du dazu passende Bilder empfängst, einfache Formen und Umrisse, die zu den Klängen oder Vorstellungen zu passen scheinen. Es mag ein Weilchen dauern, bis du ein vollständiges Alphabet entwickelt hast, aber du wirst feststellen, daß sich der Aufwand lohnt.

Noch einfacher wäre es, für die Entwicklung eines magischen Alphabets eine Sigil herzustellen. Dies würde bewirken, daß das geeignete Alphabet irgendwann ganz von selbst in deinem Bewußtsein aufsteigt. Du wirst feststellen, daß die Götter, die Geister oder die tieferen Selbstaspekte sehr daran interessiert sind, was du ihnen in deinen Briefen mitteilst. Wenn wir ein magisches Alphabet entwickeln, dann ist es am wichtigsten, daß die richtigen Zuordnungen nicht bewußt konstruiert, sondern aus der Tiefe empfangen werden. Dies ist eine der eher bizarren Ideen der Magie.

Viele Magier sprechen in Ausdrücken wie »ich tue dies und kontrolliere dadurch jenes«, was die Rolle ihres bewußten Selbst hervorhebt. Allerdings bringt es oft viel bessere Resultate, wenn man sich die Mühe macht, das Tiefenselbst um Rat und Hilfe zu bitten. Es ist schließlich das Tiefenselbst, das die Magie zum Funktionieren bringt, und das geht wesentlich besser, wenn wir es um Rat bitten und nicht einfach erwarten, daß es unseren bewußten Ansprüchen und Erwartungen gerecht wird.

Das Tiefenselbst weiß, was für dich am besten ist, und hilft dir deinen Willen zu verwirklichen, vorausgesetzt das bewußte Ich mischt sich nicht zu sehr ein und tut nicht so, als wüßte es alles besser. Es ist in der Tat einfach, die tiefen Aspekte des Selbst um Hilfe zu bitten, sofern man weise genug ist, es auch tatsächlich zu tun.

Die meisten Magier – und ich war da keine Ausnahme – besitzen die gefährliche Tendenz, alle Arten von traditionellen Formeln, gefolgt von endlosen Experimenten, anzuwenden, anstatt sich einfach an das tiefe Selbst zu wenden und es zu fragen, wie die Magie am besten funktioniert.

Und dann gibt es noch die Frage, wie man mit dem tiefen Selbst sprechen sollte. Die meisten traditionellen Magier neigen dazu, sich vor ihren Göttern zu demütigen, während sie sich gleichzeitig berechtigt fühlen, ihre Geister herumzukommandieren. Dieses Verhaltensmuster ist ziemlich infantil. Wir haben es mit Selbst zu tun. Götter, Geister, Engel und Dämonen, Tiertotems, Verbündete, das Unbewußte – all dies sind Worte, die bestimmte Aspekte eines einzigen Phänomens zu beschreiben versuchen, eines Phänomens, von dem das bewußte Selbst nur ein kleiner Aspekt ist. In unserer Magie kommunizieren wir von Selbst zu Selbst. Diese Art der Interaktion beruht auf Ehrlichkeit und Freude. Wenn wir mit den Göttern und Geistern so sprechen wie zu einem lieben Freund oder Geliebten, dann kommen wir viel besser zurecht.

Oder klingt das zu einfach? Findest zu komplizierte Rituale besser als einfache? Glaubst du, daß echte Magie immer schwierig sein muß und Veränderung viel Anstrengung erfordert? Ich schlage vor, daß du diesen Glauben veränderst! Magie kann ganz leicht angewendet werden, sofern man gelernt hat, an Unschuld, Einfachheit und direkte Inspiration zu glauben. Warum sollte man auswendig gelernte Anrufungen mit allerlei göttlichen Namen und Worten der Kraft verwenden, wenn man wesentlich bessere und buntere Resultate erzielt, indem man einfach aus dem Herzen spricht und das Ganze mit Freistil-Chaossprache würzt.

Manche Magier brauchen Stunden oder Tage intensiven Rituals inklusive Reinigungszeit, Tempelausrichtung, Bad, Roben, zeremoniellem Zubehör, Bannungen, Exorzismen, Anrufungen, dramatischen Gesten, Gebeten, Opferungen und was sonst noch alles, um in die richtige Stimmung zu kommen, eine einfache Sigil zu übermitteln. Solche Spielereien sind ganz amüsant, da sie eine Menge Ritualpraxis vermitteln, aber im großen und ganzen sind sie nichts weiter als der Versuch des bewußten Ich, eine angemessene Umgebung für eine Operation zu schaffen, die in erster Linie vom unbewußten Ich ausgeführt wird. Ich habe natürlich nicht die Absicht, dich von derlei Praktiken abzuhalten. Wer weiß, welche Funktion sie für dich haben mögen, und ich hoffe, daß sie dir Spaß machen!

Dennoch könnte es interessant sein, einmal etwas Neues auszuprobieren, um die freie Wahl zu haben, ob du deine Effekte mit oder ohne Theatralik erreichen willst. Versuche doch einmal das folgende: Schließe deine Augen und sprich zu deinem Tiefenselbst. Du könntest etwas sagen wie: »Hallo Unbewußtes, ich möchte dich um Hilfe bitten. Ich habe hier diese Sigil für etwas sehr Wichtiges, auch wenn ich vergessen habe, wofür. Und ich möchte dich fragen, ob du mir bei der Übermittlung helfen kannst. Würdest du mir helfen?« Jetzt ist der richtige Zeitpunkt, für alle Arten von Feedback sehr offen zu sein, denn dein Tiefenselbst wird dir ein Signal senden, ob es kooperieren will, ein Signal, das sich vielleicht in Form eines Bildes, als innere Stimme, in Worten oder Gefühlen äußert. Wenn das Signal klar ist, kannst du einfach weitermachen. Ist das Signal unklar, könntest du sagen: »Ich verstehe diese Botschaft nicht ganz. Würdest du das Signal stärker machen, wenn du mir helfen willst, und schwächer, wenn du es nicht willst?«

Wenn die Antwort darauf positiv ist, könntest du sagen: »Gut liebes Unbewußtes, ich werde jetzt meine Augen öffnen und intensiv auf die

Form dieser Sigil starren. Sie enthält eine Botschaft für dich, und ich möchte dich bitten, sie klar zu empfangen und in deine Tiefen aufzunehmen, bis sie die Strömungen des wahren Willens erreicht.« Diese Methode ist so einfach als ob du mit einem Freund sprechen würdest. Sie setzt voraus, daß du für Feedback offen bist. Dein Tiefenselbst wird dir antworten, aber du brauchst einen offenen Geist, um die Antwort wahrzunehmen.

Natürlich ist diese Technik nicht für alle Situationen geeignet, aber es kann Gelegenheiten geben, in denen sie wesentlich effektiver als das große Ritual ist. Durch diese Methode kann dir dein Unbewußtes mitteilen, wann du gut arbeitest, oder dir erklären, daß die Gelegenheit jetzt nicht günstig ist, um die Sigil zu übermitteln, was natürlich den »Kopf-durch-die-Wand-Effekt« auf ein respektables Minimum reduziert.

In rituellen Arbeiten scheint es oft am effektivsten, introvertierte Methoden (Leere, innere Stille) und extrovertierte Methoden (Tanz, Gesang, Musik) zu verbinden. Es ist weniger anstrengend, wenn sich stille Konzentration mit ekstatischen Ausbrüchen abwechselt. Wir müssen an einer Sigil schließlich nicht stundenlang herumarbeiten, da das Tiefenselbst erstaunlich schnell lernen kann, wenn es will. Ein Großteil der in der Werbung verwendeten Sigillen ist für eine Aufmerksamkeitszeit von weniger als einer halben Sekunde konzipiert und wirkt dennoch.

Sigillenmagie kann auch mit Sexualmagie verbunden werden. Diese Praxis ist in den letzten Jahren ziemlich in Mode gekommen, vor allem durch die Werke von Crowley, Spare und Grant, so daß ein paar Kommentare angebracht erscheinen.

Die Techniken der Sexualmagie wirken in erster Linie dadurch, daß du dich während des Orgasmus auf eine Sigil oder ein Wunschbild konzentrierst. Diese im großen und ganzen sehr einfache Methode wird durch gewisse kulturelle Konditionierungen erschwert, die wir schon in unserer Kindheit erlernt haben, und dies in solchem Maße, daß die meisten magischen Orden die Methoden der Sexualmagie nur den höheren Graden ihrer Hierarchien lehren.

Wenn wir uns während des Orgasmus auf eine abstrakte Form wie eine Sigil konzentrieren, verbinden wir diesen Willensakt mit mehreren sehr starken Instinkten, z.B. dem Willen zur Vereinigung und dem Fortpflanzungstrieb. Solche Triebe verleihen der sigillisierten Idee Durchsetzungsvermögen und Bedeutsamkeit. Du wirst vermutlich eine Menge Übung brauchen, um dich während des Orgasmus ausschließlich an deine Sigil oder dein Wunschbild zu erinnern, da sich jede andere Idee, die zu dieser Zeit in dein Bewußtsein tritt, ebenfalls mit der Sigil verbinden wird. Dies kann zu einigen komplizierten oder gefährlichen Assoziationen führen.

Wir haben also auf der einen Seite das Problem der Konzentration, die einen geschulten Geist voraussetzt. Auf der anderen Seite wollen wir unseren sexuellen Enthusiasmus nicht verlieren. Und zu guter Letzt ist da noch die Frage nach der sexuellen Identität. Die meisten von uns haben in ihrer Kindheit eine Menge dummes Zeug über Sex gelernt. Wir wurden darauf konditioniert, daß Sex etwas Schändliches ist, oder zumindest etwas, worüber man in der Öffentlichkeit nicht sprechen darf, und daß wir unsere Lüste und Begierden hinter einer Maske aus Höflichkeit und sozialer Konformität verbergen müssen. Wenn wir nun die Idee »schändlich, aber ganz nett« mit einer Sigil verbinden, dann wir diese Sigil nicht besonders weit kommen.

Es ist traurig, aber wahr, daß die meisten zivilisierten Menschen sexuell ziemlich verklemmt sind, sowohl in ihrer Einstellung als auch in ihrer energetischen Fähigkeit, loszulassen und den Orgasmusreflex zu genießen. Diese Einstellung kann mit Hilfe der Trancetherapie und verschiedener anderer Methoden verändert werden. Intellektuelle Toleranz allein reicht nicht aus, um die Charakterpanzerung aufzulösen, die sich in verschiedenen chronischen Muskelkrämpfen überall im Körper äußert. Näheres zu diesem Thema kann in Wilhelm Reich, *Die Funktion des Orgasmus*, gefunden werden, während Hatha Yoga, Pranayama, chinesisches Ch'i Kung und häufiges Tanzen, vor allem mit viel Hüftbewegungen, praktische Unterstützung bieten. Solche Übungen sind wunderbar, um chronische Spannungen aufzulösen, und dies wiederum erlaubt es der sexuellen Energie, sich zu entfalten und zu pulsieren.

Weiters gibt noch die Gefahr von zu viel Kontrolle. Einige der älteren esoterischen Orden sind blind genug, ihren Anhängern den Rat zu geben, während der Praxis der Sexualmagie weder Emotionen noch Liebe zu empfinden. Dies mag zwar nützlich sein, um die Imagination klar zu halten, doch verliert dabei die Handlung ihre Bedeutung. In meinen Augen ist die Praxis der Sexualmagie ziemlich verfehlt, wenn sie nicht als Handlung der Liebe und des Zusammenseins von gleichwertigen Partnern ausgeführt wird, die die Essenz ihres Wesens vereinen, um einem gemeinsamen Willensimpuls zum Leben zu verhelfen. Natürlich ist für manche Paare jedes Liebesspiel magisch und der Akt selbst sowohl Ritual als auch Sakrament:

Unter solchen Umständen können Sigillen in einer umfassenderen Vereinigung als unnötige Komplikationen erscheinen.

Ich persönlich vermute, daß die ganze Aufregung zum Thema Sexualmagie in erster Linie daher rührt, daß die meisten europäischen Magier und Hexen durch intellektuelle Spekulationen, durch das Lesen von Büchern oder durch Diskussionen in die Welt der Magie eindringen. Dieser intellektuelle Zugang beinhaltet die gefährliche Tendenz, den Körper zu beherrschen oder zu verleugnen, sich auf intellektuelle Spielereien zu beschränken und dabei zu vergessen, wieviel Freude in Tanz, Bewegung und Ausflügen in die Natur liegen kann. Wenn dann der Magier nach vielen Jahren der Denkarbeit endlich etwas Positives mit seinem Körper anstellen darf, wie z.B. Sexualmagie, dann kann dies einen Energierausch auslösen, der bis dahin ziemlich unbekannt gewesen ist. Dabei ist die sogenannte Sexualmagie nur einer von vielen Wegen zu Energie, Freude und Lust. Wenn du schamanische Besessenheitstrancen verwendest, kannst du vergleichbare Resultate erzielen und brauchst dir eine gute Gelegenheit zu Sex nicht dadurch zu verderben, daß du dich die ganze Zeit auf eine abstrakte Form konzentrieren mußt.

Es gibt ein weitere Form der Sigillenmagie, die sich als interessantes Experimentierfeld herausstellen könnte: Kinder spielen gerne das Fadenspiel, und vielleicht hast es auch du einst gespielt, als du noch jünger warst. Fadenspiele, so einfach sie auch scheinen mögen, können auf der ganzen Welt gefunden werden und stehen oft mit Zauberei in Verbindung. Besorge dir ein längeres Stück Faden, knote es zu einer Schlinge, führe deine Finger hindurch und beginne ein Netz zu bilden. Dies ist besonders in Trancezuständen sehr angenehm. Beobachte die Muster, wie sie entstehen, wie sie sich wandeln, wie sie vergehen und neuen Mustern Platz machen. Was können diese Zeichen bedeuten? Du mußt nicht bewußt verstehen, was diese zufälligen Sigillen bedeuten, damit sie wirken können. Ich habe oft erlebt, daß sich meine Probleme lösten, während ich scheinbar ziellos mit meinen Fingern Fadenmuster wob. Auch für kommunikative Zwecke kann dies nützlich sein. Wenn du mit einem Freund oder einer Freundin Streit hast und es schwer fällt, Worte auszutauschen, dann kann es viel bringen, gemeinsam Fadenspiele zu spielen. Nicht die herkömmlichen Fadenspiele, die Muster für Muster in derselben Art und Weise wiederholen, sondern indem du, von einer abstrakten Grundlage ausgehend, die Fadenschlinge unregelmäßig über deine Finger legst, so daß unregelmäßige Muster entstehen. Solche Muster sind oft verworren und unübersichtlich. Für zwei Personen kann es eine Herausforderung sein, die Schlinge von Hand zu Hand zu geben und dabei zu versuchen, das Muster allmählich symmetrischer und geordneter zu gestalten. Solche kleinen Spinnenspiele können sehr nützlich sein, wenn die normalen Kommunikationsformen einmal nicht mehr funktionieren. Auf einer tieferen symbolischen Ebene wird dabei aus der verworrenen Schlinge ein neuer Anfang. Ich hoffe, du hast ein cleveres Unbewußtes, das Freude daran findet, zu experimentieren und neue Methoden der Sigillenmagie zu entwickeln. Wenn dies der Fall ist, würde ich mich freuen, davon zu hören.

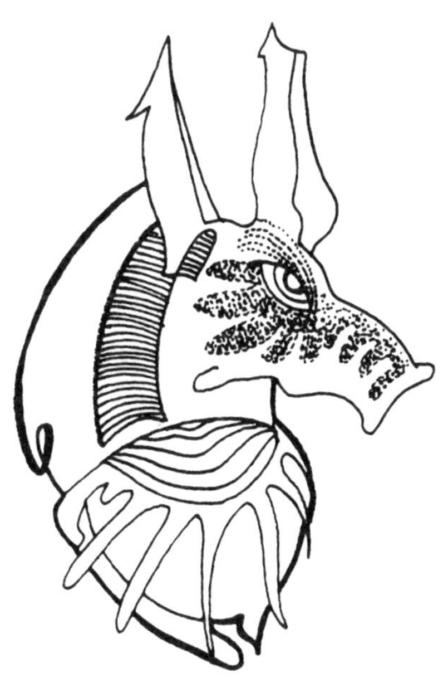

Zugang zum Baumbewußtsein

Kapitel 5

Visualisation

Visualisation, die Kunst sich etwas vorzustellen, ist eine einfache und natürliche Fähigkeit, die jedoch ein gewisses Maß an Übung verlangt. Die Magier des Altertums waren sich dieser Schwierigkeit durchaus bewußt. Ihrer Meinung nach war es möglich, schwierige Dinge zu imaginieren, wenn man erst einmal gelernt hatte, leichtere zu imaginieren. Zu diesem Zweck empfahlen sie eine Reihe von einfachen Ideen: Punkte, Linien, geometrische Formen, Farbfelder usw., mit denen der Novize üben sollte.

Ich habe selten etwas anderes als Flüche von jenen Leuten gehört, die mit diesen Methoden geübt haben. Die einfachsten Bilder können für unsere Zwecke die allerschwierigsten sein. Wenn wir z.B. einen Kreis zu imaginieren versuchen, und sei es auch nur für eine Minute, werden wir schon bald feststellen, daß dieses Bild zu einfach oder zu abstrakt erscheint, so daß es nicht lange dauert, bis sich unser Bewußtsein zu langweilen beginnt. Ohne daß wir es bemerken, beginnt sich der Kreis zu bewegen, zu verfärben, aufzulösen, zu quadrieren, seine Form zu verlieren, um schließlich zur Gänze unserem Bewußtsein zu entgleiten. Wie können wir unsere visuelle Imagination entwickeln, wenn selbst die einfachsten Praktiken so frustrierend erscheinen?

Wir fangen noch einfacher an: Wenn dies ein Kochbuch wäre, könnten wir damit beginnen, einen Topf oder eine Pfanne vorzubereiten. In diesem Fall brauchen wir uns allerdings keine Werkzeuge zu besorgen, denn wir haben bereits alles, was wir zum Imaginieren brauchen. Alles was benötigt wird, sind ein paar Sinne. Zum Glück haben wir mehrere davon. Eine Auswahl an Sinnen wird gratis inklusive Körper und Realität zum Zeitpunkt der Geburt geliefert.

Außerdem brauchen wir etwas Energie, die wir durch Enthusiasmus entwickeln, und eine Menge Geduld. Dazu kommt noch ein freundliches Unbewußtes, das so liebenswürdig ist, dir bei dieser Arbeit zu helfen.

Ich werde das Unbewußte in diesen Seiten des öfteren als »Tiefenselbst«[1] bezeichnen, nicht aufgrund irgendeiner meßbaren Tiefe, sondern um dich daran zu erinnern, daß dieses Bewußtsein, mit dem wir leben, nicht die schreckliche Kreatur ist, die Sigmund Freud und so viele seinen Anhänger beschrieben und zu ihrem Lebensunterhalt genutzt haben.

Da dich dein Tiefenselbst mit diesem Buch versorgt hat, können wir mit Sicherheit annehmen, daß es ein wahres Interesse daran hat, deine latenten Kräfte und Fähigkeiten zu entwickeln. Kreative Visualisation kann eine jener Fähigkeiten sein, die es dem Magier erlauben, das Tiefenselbst zu kontaktieren und mit ihm zu kommunizieren. Ich vertraue deinem Tiefenselbst, egal ob du es als deine Götter, deinen inneren Genius, deinen Verbündeten, deinen Geisthelfer, deinen Heiligen Schutzengel, dein Totemtier oder deinen Patendämon bezeichnest, daß es Sinn in diesen Worten findet. Einen einzigartigen Sinn, der dir und deinen Bedürfnissen entspricht, und ich bin sicher, daß alle deine Selbstanteile dazu imstande sind, neue und originelle Fähigkeiten zu entwickeln.

Die Erweckung der Sinne

> Du bist das, was du bevorzugst: der Sehende, das Instrument des Sehens oder das Gesehene.[2]

Einer der Schlüssel zur Magie ist die Nutzung der Imagination. Imagination ist ein plastisches Medium. Imagination gibt unserem Glauben Form, sie schafft, erhält und zerstört die Realitäten, an die wir glauben. Imagination ist eine Aktivität der inneren Sinne.

Was sind nun diese inneren Sinne? Was wir vom Universum wissen, ist ein Konglomerat aus Erfahrungen, die wir mit unseren Sinnen gemacht haben. Das Phänomen z.B., das wir »Baum« nennen, besteht aus verschiedenen Arten sinnlicher Information. Wie sieht der Baum aus? Bewegen sich seine Zweige? Welchen Farbschattierungen besitzen die Rinde, die

[1] Nach den Liedern des walisischen Barden Taliesin: »Das Wissen, von dem ich singe, kommt aus der Tiefe.«

[2] Austin Osman Spare, *Der Brennpunkt des Lebens* (*Gesammelte Werke*, S. 200).

Zweige und die Blätter? Wie hoch ist der Baum? Wie knorrig sind seine Wurzeln? Paßt der Baum in die Landschaft? Fragen wie diese können mit den Augen beantwortet werden. Unsere Ohren liefern einen anderen Informationsstrom: Kannst du die Bewegung der Blätter im Wind hören? Wie ist das Geräusch einer fallenden Eichel? Gibt es Vögel in den Zweigen? Wenn wir dann noch fühlen, erhalten wir zusätzliche Details: Wie fühlt sich die Rinde an? Wie fest ist das Holz? Wie elastisch ist ein Zweig? Wie weich oder spröde ist ein Blatt? Wie fest ist unser Baum? Wie feucht, wie warm? Wir können diese Antworten finden, indem wir sie erfühlen.

Dann gibt es noch den Geschmacks- und Geruchssinn: Kennst du den Geschmack von frischen grünen Buchenblättern? Wenn sie jung sind, können sie für Salate verwendet werden. Wie schmecken die Beeren und Früchte unseres Baumes? Kennst du das leicht bittere Aroma junger frischer Fichtenschößlinge? Kennst du den Geruch von Tannenharz? Das Aroma der Fäulnis in feuchten, verwesenden Blättern? Die frische Feuchtigkeit des Fichtenwaldes nach einem sanften Regen?

All diese Informationen kommen durch Sinneskanäle in unser Bewußtsein. Wie ein Puzzlespiel passen sie zusammen und erschaffen das, was wir für einen Baum halten.

Wenn du an einen Baum denkst – und ich möchte dich bitten, das jetzt zu tun – welche Art von Sinneswahrnehmung kommt in dein Bewußtsein? Siehst du die Form? Fühlst du das Holz? Hörst du das Laub? Wie steht es mit Geruch und Geschmack? Kommen Erinnerungen auf? Welche sinnlichen Information wurden gut repräsentiert und welche Sinne hast du vergessen?

Wenn du willst, denke jetzt bitte an die folgenden Phänomene. Welche Sinne sind dabei in deinem Geist präsent und welche sind abwesend? Achte darauf, ob du in deiner Erinnerung irgendeinen bestimmten Sinn bevorzugst. Denke also jetzt an das Meer, ... an einen Berg, ... an einen Wald, an den Ort, an dem du arbeitest, ... den Ort, an dem du aufgewachsen bist, ... deinen Tempel oder Ritualraum, ... deinen Geliebten...

Wie werden sie durch deine Sinne repräsentiert?

Wie detailliert deine Repräsentation auch ein mag, sie ist doch nicht vollkommen. Es gibt unzählige Aspekte eines Baumes, die wir nie wahrnehmen werden, weil wir einfach keine Sinnesorgane dafür haben. Die ultraviolette Strahlung der Sonne ist für unser Auge unsichtbar; Bienen sehen sie jedoch und benutzen sie, um ihren Weg zu finden.

Ein Hund könnte wohl in Gerüchen denken. Wie repräsentiert die Fledermaus ihre Umgebung? Wie finden Zugvögel und wandernde Schmetterlinge, Lachse oder Wale ihren Weg? Was ist mit unserem guten Freund *Palolo viridis* (ein Wurm aus dem Pazifik, der nur einmal im Jahr an einem ganz bestimmten Neumond ausschwärmt)? Es scheint ein paar Sinne zu geben, die wir uns noch nicht einmal vorstellen können, obwohl es durchaus lohnenswert wäre, dies zu versuchen.

In jedem Augenblick dringt eine immense Menge an Sinnesinformationen in unsere Gehirne, wesentlich mehr, als wir bewußt verarbeiten können. Einige Teile unseres Tiefenselbst haben gelernt, eine Auswahl zu treffen. Sie folgen einem System von Prioritäten, nach denen sie entscheiden, was für unser bewußtes Ich wichtig ist, und dementsprechend versorgen sie uns mit einer Repräsentation unserer sinnlichen Erfahrung. Diese Repräsentation ist, so dürftig sie auch sein mag, der phantastische Traum, den die meisten Menschen für Realität halten.

Eine der wissenschaftlichen Fabeln der letzten Jahrhunderte ist der Glaube, daß die Menschen eine gemeinsame objektive Realität erleben. Wenn dann tatsächlich die Sinneserfahrungen verschiedener Menschen untersucht werden, stellt sich bald heraus, daß jeder von ihnen in einer einzigartigen Realität lebt, die er oder sie für sich selbst erschafft.

Gelegentlich mag es vorkommen, daß verschiedene Menschen dieselbe sinnliche Information empfangen, doch viel weiter geht die gemeinsame Erfahrung nicht. Ihre persönliche Geschichte ist unterschiedlich, ebenso ihre Natur, ihre Arbeit, ihr Wille und die Prioritäten ihres Lebens. Demzufolge wird jeder von uns zu einer besonderen Selektion kommen, zu einer Repräsentation, die maßgeschneidert ist.

Dieser Prozeß ist für uns so natürlich, daß er völlig automatisch abzulaufen scheint. Unser Tiefenselbst hat gelernt, auf ganz bestimmte Informationen zu reagieren, und diese in ganz bestimmter Art und Weise zu repräsentieren. Ein gutes Beispiel hierfür sind all jene Leute, die am Wochenende durch die Natur ziehen, ohne auch nur im geringsten das Leben um sie herum wahrzunehmen, da es ihnen einfach nicht wichtig genug erscheint. Umgeben vom schönsten Wald sind sie imstande, von denselben Problemen zu reden, die sie tagtäglich erleben.

Ein Arachnologe (oder Spinnenforscher) ist durchaus imstande, ein Dutzend Spinnen zu sehen, wo du kaum eine erkennst. Leute mit Arachnophobie beherrschen denselben Trick, da auch ihnen Spinnen sehr wichtig sind. Ich vermute, daß dieser Selektionsmechanismus auf Gewohnheit beruht.

Im Laufe des Lebens erlernt das Tiefenselbst, welche sinnlichen Informationen für das bewußte Ich wichtig sind, und diese Informationen werden geliefert. Es ist kein Zufall, daß der durchschnittliche Marxist in einer schrecklichen Welt voll Klassenkampf und Unterdrückung, Armut und gescheiterten Revolutionen lebt, während sich der durchschnittliche Magier in einer Realität voll Gesten, Zeichen, Omen, Kraftzonen und ätherischen Strahlungen bewegt. Wir lehren unser Tiefenselbst, welche Erfahrungen für uns wichtig sind und wie sie hervorgehoben werden sollen.

Diese Weltsicht wird sehr schnell zur Gewohnheit, eine Gewohnheit die selten hinterfragt wird, da sie äußerst real und überzeugend erscheint. Es dauert nicht lange und wir vergessen, daß das, was wir empfinden, nicht alles ist, was man empfinden könnte, und daß wir in einer Selektion leben, nicht in der Ganzheit aller möglichen Realitäten. Wenn wir uns daran erinnern, daß wir unsere Realität auswählen, dann können wir uns auch daran erinnern, eine Realität auszuwählen, die es wirklich wert ist.

Während du diese Zeilen gelesen hast, war deine Aufmerksamkeit eng mit den Worten verbunden, mit deiner inneren Stimme, deinen inneren Bildern und Gefühlen, die durch diesen Text hervorgerufen wurden. Nun können wir unsere Aufmerksamkeit dem äußere Universum zuwenden. Wie wäre es mit etwas Praxis? Mach es dir gemütlich. Nimm ein paar tiefe Atemzüge. Welcher Empfindungen bist du dir bewußt? Fang einfach an, es laut auszusprechen. Sage, was du gerade jetzt mit deinen Sinnen wahrnimmst. Wenn du mit dem Sinn des Fühlens beginnst, könnte das so klingen: *Ich fühle das Buch in meiner Hand und wie meine Finger die Seiten halten. Ich fühle meinen Körper, wie er in einem Stuhl sitzt. Meine Beine sind überkreuzt. Einer meiner Füße berührt den Boden. Ich fühle meinen Bauch, er bewegt sich mit dem Fließen meines Atems, und ich spüre die Bewegungen meines Mundes und das Gefühl von Luft auf meiner Haut. Mein Körper schwankt leicht usw.*

Gehe tief in diese Erfahrung hinein. Es gibt einen ungeheuren Reichtum an sinnlichen Erfahrungen für jene, denen es der Mühe wert ist, sie wahrzunehmen. Alle Erfahrungen, die eben erwähnt wurden, betrafen den Sinn des Fühlens. Gehe nun zu einem anderen Sinn und beschreibe, was du empfindest, z.B.: *Und während ich meinen Atem fließen spüre, kann ich die Worte hören, die ich spreche. Und ich höre die Stimmen der Kinder auf der Straße und das Lied der Vögel. Und ich höre meinen Atem fließen, ein und aus. Ein Auto fährt am Haus vorbei. Jetzt fängt der Kühlschrank an zu brummen. Nebenan spielt jemand Musik ...* Und wir machen weiter mit dem nächsten Sinn: *Ich sehe das Sonnenlicht. Helle Flecken bewegen sich auf den Wänden. Licht flutet durchs Fenster herein, es spiegelt sich in den Bildern. Ich sehe die Staubpartikel, wie sie tanzen, und das frische Grün der Pflanzen, wie es im Licht erstrahlt, die braunen Flecken dort am Rand des Blattes, seinen gebogenen Wuchs, und die dunkle Farbe der Erde. Ich sehe meinen Körper, meine ruhenden Hände, und wenn ich genau hinsehe, kann ich die feinen Linien auf meine Händen erkennen, die kleinen Haare usw...*

Übe dies eine Weile. Gehe von Sinneskanal zu Sinneskanal und empfinde jeden intensiv. Ich weiß, dies mag vielleicht primitiv erscheinen, aber solange du es nicht wirklich ausprobiert hast, wird vieles von dem, was in den nächsten Seiten geschieht, nutzlos an dir vorbeigehen.

Also, was ist geschehen? Die meisten Leute, die diese Übung ausprobiert haben, erzählen, daß viel von ihrer Aufmerksamkeit nach außen, in die Welt der äußeren Sinneswahrnehmungen, gegangen ist. Dies ist bereits eine nützliche Erfahrung. An wie viele Gelegenheiten kannst du dich erinnern, bei denen du so von deinen inneren Ängsten, Sorgen, Träumen usw. gefangengenommen warst, daß du vollständig den Kontakt zur Welt um dich verloren hast? Manchmal ist es alles andere als schön, wenn die Aufmerksamkeit ausschließlich dem inneren Erleben gilt. Wenn du das nächste Mal mit deiner Aufmerksamkeit von der inneren zur äußeren Welt wechseln willst – und das kann in Zeiten von Krisen und Depressionen durchaus schwierig sein – versuche es mit dieser Übung.

Ebenfalls von Vorteil ist die Fähigkeit, sich ausschließlich auf einen bestimmten Sinn zu konzentrieren. Wenn du mit einem einzelnen Sinn wahrnimmst und dabei sprichst, wirst du bemerken, daß dieser Sinn verstärkt wird und du viel intensiver wahrnimmst. Eine weitere nützliche Fähigkeit besteht darin, frei und ohne Einschränkungen oder Kontrollmechanismen zu sprechen. Dies ist vor allem für einige spätere Übungen von Bedeutung. Ich würde dir empfehlen, das Experiment mehrmals in verschiedenen Umgebungen durchzuführen. Schon bald wirst du bemerken, daß es Umgebungen gibt, die du sehr gerne intensiv erlebst, und andere, in denen du zufriedener bist, wenn deine Wahrnehmungen oberflächlich bleiben[1].

[1] z.B. Kaufhäuser, Behörden und öffentliche Toiletten.

Nun können wir das Experiment ein wenig variieren. Als erstes könntest du versuchen, deine Stimme zu verändern.

1. Ändere deine Stimme so, daß sie sehr freundlich klingt. Mache sie zu der Art von Stimme, die du gerne hören würdest. Wie verändert sich deine Erfahrung?

2. Versuche, schnell zu sprechen. Sprich mit lauter, aufgeregter Stimme und werde mit jeder Erfahrung, die du beschreibst, lauter und aufgeregter. Was passiert dabei mit deinem Bewußtsein?

3. Probiere es einmal mit der Stimme des zeremoniellen Magiers. Diese Stimme wird für Anrufungen, Rituale und Bannungen verwendet. Sie klingt in erster Linie eindrucksvoll. Versuche ernst und getragen zu sprechen und vibriere die Worte auf bebende Weise. Versuche besonders imposant zu klingen, so als könnte jedes deiner Worte die ganze Welt erschüttern.

4. Sprich langsam und werde immer langsamer. Laß dir viel Zeit dabei. Sprich sehr langsam, mit einer sanften Stimme, ruhig und friedlich ... *und wenn du ... nur ein oder zwei Worte ... mit jedem Atemzug sprichst ... wirst du bemerken, ... daß dein Geist ... und dein Wesen ... immer ruhiger ... und zufriedener ... und gelassener ... aus sich selbst heraus ... agieren und wirken ... und deine Erfahrungen ... in all der Ruhe ... und Freude ... immer intensiver ... und klarer ... und deutlicher werden ... und du loslassen ... und es zulassen kannst ... daß die Erfahrung ... dich sanft ... und leicht ... in einen angenehmen ... und ruhigen ... natürlichen ... Trancezustand ... führt ... und vielleicht ... wenn du dir ... viel Zeit und Geduld ... nimmst ... kann es geschehen, ... daß du merkst ... wie jeder Sinn ... dich trägt ... und dich erfreut ... und du frei wirst ... dich zu bewegen ... wie du willst ... von Sinn ... zu Sinn ... von Gedanke ... zu Gedanke ... von Wort ... zu Wort ...fließend und sanft ... und du spürst ... wieviel Erfahrung ... dir möglich ist.*

5. Wenn du mit diesen Methoden verschiedene interessante Bewußtseinsveränderungen herbeiführen kannst, verwandle deine laute Stimme in deine innere Stimme. Sprich zunächst einmal leise. Mache aus der Stimme ein Flüstern, ein sanftes, kaum hörbares Flüstern. Wenn dieses so gut wie verstummt ist, mache in deiner inneren Stimme weiter.

Wie klingt eigentlich deine innere Stimme? Ist sie eine freundliche Stimme? Hörst du sie gerne? Es gibt erstaunlich viele Menschen, die unangenehme innere Stimmen besitzen, Stimmen, die die ganze Zeit meckern und sich beschweren. So etwas muß nicht sein. Wir können lernen, eine innere Stimme zu haben, die uns wirklich guttut. Es ist viel angenehmer, einer inneren Stimme zuzuhören, die sich auch angenehm anhört. Wenn die innere Stimme will, daß ihr zugehört wird, sollte sie daran interessiert sein, so freundlich zu klingen, daß ihr der bewußte Verstand gerne zuhört. Wir können unserer inneren Stimme sagen, wie wir sie gerne hören würden, und sie so abstimmen, daß sie zu einer inneren Stimme wird, die uns wirklich weiterbringt.

Vermutlich wirst du als erstes bemerken, daß die Veränderung der Stimmlage und der Sprechgeschwindigkeit deine Wahrnehmung verändert. Dies ist schon immer so gewesen, dein ganzes Leben lang. Du hast es nur noch nicht gemerkt.

Mit aufgeregter Stimme zu sprechen ist eine wunderbare Art, sich in Aufregung zu versetzen. Dies kann nützlich sein, wenn wir müde und desinteressiert sind. Denke doch einmal daran, was die Sportreporter im Radio leisten. Irgendwie bringen es diese professionellen Schwatzköpfe fertig, Sportereignisse so schnell und aufgeregt zu kommentieren, daß die Zuhörer dieselben Ereignisse ebenso schnell und aufgeregt imaginieren und dabei durchaus echte Gefühle wie Anspannung, Erleichterung, Freude, Stolz usw. empfinden. Mit einer aufgeregten und schnellen Stimme kannst du die Sinneserfahrung eines schönen Tages im Wald zu einem Ereignis machen, das so berauschend wie Champagner ist.

Wenn du statt dessen eine langsame und sanfte Stimme benutzt, kannst du dich beruhigen und dir erlauben, in eine sanfte Halbschlaftrance zu gleiten. Viele Trancezustände beinhalten einen Wechsel der Aufmerksamkeit von außen nach innen. Wenn du die langsame Methode anwendest – und ich kann nicht oft genug hervorheben, wie wichtig diese Praxis ist – dann wirst du feststellen, daß du irgendwann deine Augen schließen und leiser sprechen willst, so daß deine innere Stimme zu einem Flüstern wird, das bald nur noch innerlich zu vernehmen ist. Dies ist in Ordnung so, lasse es zu.

Auch ohne lautes Sprechen kann die innere Stimme sanft und beruhigend wirken. Wenn die Augen geschlossen sind, kann man immer noch mit ihnen sehen und sowohl die Dunkelheit als auch die Bewegungen des Lichts auf den Augenlidern beschreiben. Wenn deine Aufmerksamkeit von den äußeren zu den inneren Sinnen übergeht, kannst du immer noch beschreiben, was du sinnlich wahrnimmst und es auf diese Weise verstärken. Ob du es glaubst oder nicht, es gibt innere Visionen, auch wenn die Augen geschlossen sind. Doch erwarte nicht zu viel.

Wie stellst du dir innere Visionen vor? Kannst du tagträumen? Kannst du dich an das Haus erinnern, in dem du aufgewachsen bist? Kannst du dir vorstellen, was Leute sehen, die die Kunst beherrschen, innere Visionen zu empfangen? Was siehst du in deinen Träumen? Was ist deine Lieblingsfarbe? Wie wirst du aussehen, wenn du diese Übungen gemeistert hast? Welche Farben haben die Kleidungsstücke, die du gerade trägst? Wie würdest du aussehen, wenn du Pelz und Erdfarben tragen würdest? Bist du dir ganz sicher, daß du keine Bilder vor deinem inneren Auge siehst? Diese Fähigkeit kann verbessert werden.

Es gibt Leute, die es schwierig finden, sich ihrer inneren Sinne bewußt zu werden. Wenn sie ihre Augen schließen, dann sehen sie Dunkelheit, und da sie weiterhin ihre körperlichen Augen benutzten, ist und bleibt die Dunkelheit wie sie ist. Innere Visionen werden nicht mit den körperlichen Augen gesehen, sondern mit dem Geist imaginiert.

Erinnere dich an den Baum, mit dem wir angefangen haben. Denke jetzt an diesen Baum. Ich sage »denke«, aber was heißt das genau? Dein Denken kann in Form von Gefühlen auftreten, als innere Stimme oder als bildliche Vision. Wenn ich dich frage, wie die Form eines bestimmten Zweiges aussieht, wirst du ein inneres Bild brauchen, um diese Frage beantworten zu können. Dasselbe gilt für die anderen Fragen, die ich dir gestellt habe. Um sie zu beantworten, mußt du dir ein inneres Bild machen, ob dir dies nun bewußt ist oder nicht. Wir alle machen sehr viel mit unseren inneren Sinnen, und die meisten von uns merken es nicht einmal.

Wann immer du dich erinnerst oder dir vorstellst, wie irgend etwas aussieht, nutzt du deine innere Vision. Dies ist so natürlich für dich, daß du es tun kannst, ohne daran zu denken. Solche inneren Visionen, inneren Stimmen und inneren Gefühle können so schnell ablaufen, daß unser Bewußtsein nur sehr wenig davon mitbekommt. Wir sagen dann: »Ich dachte an den Baum«, aber wie genau wir an den Baum gedacht haben, bleibt dabei unbewußt. Schon ein einfacher Denkprozeß, wie z.B. »ich sehe dies, verspüre das Gefühl und denke mir dieses oder jenes« kann weniger als eine Sekunde dauern. Wir sind in solchen Denkprozessen sehr geübt, so daß alles, was unser bewußter Verstand wahrnimmt, nur das Endergebnis »Nun ich dachte...« ist, ohne sich bewußt zu sein, daß dieses Denken eine ganze Menge komplizierter Einzelschritte umfaßte.

Einer der wichtigsten Punkte in der Magie ist die Tatsache, daß Menschen ihre Sinne auf unterschiedliche Art und Weise verwenden.

Manche Menschen haben eine wunderbare akustische Imagination. Sie können die Stimmen ihrer Freunde imaginieren, das Geräusch des Regens an der Fensterscheibe oder das Quietschen von Autoreifen. Oft haben sie sehr ausgeprägte innere Stimmen, mit denen sie lange Gespräche führen können.

Andere haben ihre innere Vision entwickelt. Kannst du dir vorstellen, wie du in zwanzig Jahren aussiehst? Wie sahen deine Eltern aus, als du noch klein warst? Kennst du die Form von Eichen-, Ebereschen- oder Birkenlaub? Wie würde eine lila Fichte aussehen? Oder eine pinkfarbene Buche? Wenn du solche Fragen beantworten kannst, hast du vermutlich eine gut ausgeprägte visuelle Imagination.

Dann gibt noch die, die sehr intensiv fühlen. Kannst du dir das Gefühl einer kalten Dusche vorstellen? Den eisigen Schauer des Wassers auf deiner Haut? Kennst du die Wärme von Glühwein und wie sie sich im Körper ausbreitet? Kannst du das Gefühl von Härte oder Weichheit imaginieren? Das Gefühl von Gewicht oder Strömung, von Ausbruch oder Expansion? Kannst du dir vorstellen, wie es sich anfühlt, in Liebe berührt zu werden?

Bei näherer Betrachtung kommen die meisten Menschen dahinter, daß sie bestimmte Lieblingssinne haben, in denen sie besonders gerne denken. Dies soll aber nicht heißen, daß sie nur diese Sinne benutzen.

Es ist wahrscheinlich, daß wir alle unsere Sinne zu jeder Zeit gebrauchen, und zwar auf der unbewußten Ebene. Auf der bewußten Ebene hingegen spezialisieren sich die Menschen auf ihre Lieblingssinne, in denen sie besonders intensiv wahrnehmen und denken können. Eine solche Spezialisierung kann Vor- und Nachteile mit sich bringen. Wenn du jetzt zu der Einsicht kommst, daß du dieser oder jener Typ bist, dann kann ich dich beruhigen, du bist es nicht. Als vollständiges menschliches Wesen kannst du lernen, all deine Sinne bewußt zu verwenden. Alle Sinne sind bereits vorhanden. Jeder Sinn bietet dir einen reichen Schatz an möglichen Erfahrungen. Wenn irgendeiner deiner Sinne besonders gut entwickelt ist, nun, dann entwickle doch die anderen genauso gut!

Magische Praxis erfordert eine gute Imagination. Um eine Gottform zu imaginieren kann es durchaus nützlich sein, mit den Lieblingssinnen zu beginnen. Einige Leute können sich z.B. hören, wie sie die Namen ihrer Gottheit anrufen. Andere verspüren ein Gefühl des Wunders und der Heiligkeit, und wieder andere sehen die Gottheit in voller Gestalt, mit passender Landschaft und entsprechendem Symbolismus. Das alles ist ganz schön, aber nicht genug. Um einen wirklich intensiven Kontakt herstellen zu können, wirst du alle deine Sinne benutzen müssen. Was du brauchst, ist Vision, Klang, Gefühl und alle anderen Sinne in Kooperation. Du willst gleichzeitig fühlen, sehen und hören, so daß jeder Sinneskanal die anderen unterstützt und du eine Repräsentation erhältst, die für dich so real ist, wie sie es nur sein kann.

Mittlerweile hast du vermutlich auch gemerkt, daß die Art des Sprechens, also Tempo, Modulation, Energie, Tonfall usw., viel mit dem zu tun hat, wie du das wahrnimmst, was du gerade beschreibst. Du wirst feststellen, daß eine langsame, eine schnelle, eine freundliche, eine aufgeregte, eine langweilige, eine laute, eine flüsternde oder eine sexy Stimme die verschiedensten Wirkungen auf dein Bewußtsein ausübt, die im Grunde nur sehr wenig mit den Informationen zu tun haben, die mitgeteilt werden.

Vielleicht hast du bemerkt, daß die Praxis, das zu benennen, was du wahrnimmst, eine Methode ist, deine Wahrnehmung zu intensivieren. Dies ist natürlich keine neue Erkenntnis. Auf unbewußter Ebene tun dies die meisten Menschen. Wenn du eine Demonstration dieser Technik erleben willst, dann frage doch einmal jemanden, den du nicht magst, wie er oder sie sich gefühlt hat, als er oder sie richtig krank war. Nimm dir Zeit. Frage nach vielen Details und beobachte genau, wie deine Testperson in die Erfahrung hineingeht, die sie gerade beschreibt. Je lebendiger und detaillierter die Beschreibung ist, desto besser sind die Chancen, daß sich die Testperson in ihre schreckliche Erfahrung zurückbegibt, Zugang zu all den Schmerzen und Sorgen findet und diese Erinnerung durch den Prozeß des Beschreibens und gleichzeitigen Erlebens auch noch verstärkt.

Du liebe Güte, welch grausames Experiment! Ist es unmoralisch, jemand anderen zu fragen, wie sich eine wirklich unangenehme Erfahrung angefühlt hat? Eine solche Frage könnte schließlich nur vollständig beantwortet werden, indem man einen guten Zugang zu der Erinnerung findet und sich so richtig in die Erinnerung hineinbegibt. Sollten wir solche Sachen mit anderen tun? Nun ja, wie oft hast du schon so etwas getan, mit Menschen, die du wirklich gerne hattest, aufgrund irgendwelcher sonderbarer Ideen über Mitgefühl und menschliches Interesse? Wenn Menschen von ihren Probleme erzählen, geht es ihnen dadurch nicht unbedingt besser.

Oder willst du das Gegenteil lernen? Was passiert, wenn du um eine gute Beschreibung bittest, wie es war, als sich deine Testperson besonders glücklich, gesund, kraftvoll, dynamisch oder inspiriert gefühlt hat? Was passiert mit Leuten, die von ihren guten Zeiten erzählen? Kannst du beobachten, wie sich ihre Haltung verändert, ihre Atmung, ihr Muskeltonus, ihre Hautfarbe, der Rhythmus ihrer Stimme usw.? Schon durch die einfache Handlung des Stellens und Beantwortens von Fragen kann sich das Bewußtsein intensiv verändern.

Im nächsten Experiment kannst du lernen, wieviel du wahrnehmen kannst, wenn du es willst. Versuche es mit einem Baum oder einer Pflanze, da diese Lebewesen komplizierte Formen besitzen, die nur von wenigen Menschen wirklich wahrgenommen werden. Zunächst solltest du einen geeigneten Baum finden. Gehe um den Baum herum. Sieh ihn dir von weitem an. Horche, welche Geräusche der Baum von sich gibt. Laß deine Finger über die Rinde gleiten. Rieche den Baum und schmecke ihn. Wie viele Details kannst du wahrnehmen? Und wieviel von deiner Wahrnehmung kannst du jetzt in Worte kleiden? Wie zuvor möchte ich dich bitten, diese Übung mit lautem Sprechen zu verbinden. Nimm dir viel Zeit und rede einfach dahin. Findest du dies etwas schwierig? Manche Anfänger versuchen, in ihren Beschreibungen perfekt zu sein, präzise oder vielleicht sogar poetisch. Wenn ihnen dann die Worte ausgehen oder sich die Sätze ineinander verkeilen, beginnen sie sich Sorgen zu machen und halten an den Worten fest, an Worten, die von der Baumerfahrung, um die es ursprünglich gegangen ist, weit entfernt sind.

Natürlich wirst du ein gewisses Maß an Übung brauchen, um wirklich flüssig sprechen zu können. Anfänger kommen oft aus dem Rhythmus, vergessen Worte, stocken, pausieren, geraten in den falschen Satz und wiederholen sich oft. All dies ist typisch und völlig normal. Perfektion ist am Anfang nicht erforderlich.

Sage einfach, was dir in den Sinn kommt. Hier gibt es kein Richtig und kein Falsch. Wichtige ist nur, daß du sprichst und immer weitersprichst. Wenn sich deine Worte dabei winden und kringeln, ist das ihre eigene Sache. Wiederholungen sind sehr nützlich. Wenn dir nichts Neues einfällt, dann sage doch einfach, was du vorher schon gesagt hast, solange bis dir etwas Neues einfällt. Du mußt nicht originell sein. Sprich einfach auf natürliche Weise und beschreibe, was du wahrnimmst. Selbst wenn du dich Dutzende Male wiederholst, sprich einfach weiter und beschreibe, was du wahrnimmst. Das mag zwar nicht besonders originell sein, aber es wird das intensivieren, was du wahrnimmst und beschreibst.

Pausen können ebenso nützlich sein. Ein Augenblick intensiver Stille kann die Sinne für die nächste Wahrnehmung schärfen. Wenn du die langsame, hypnotische Sprechweise verwendest, wirst du bemerken, daß Wiederholungen und Pausen die Trance verstärken. Du hast Zeit. Auf lange Sicht wird dir die Praxis des freien Sprechens und des freien Gebets helfen, das Vertrauen zu stärken, daß dein Tiefenselbst von sich aus die richtigen Worte findet.

Wenn du schon Erfahrungen mit Trancen, verschiedenen Methoden der Selbsthypnose oder der Meditation gemacht hast, dann wirst du vermutlich gewöhnt sein, in deiner Trance eine bequeme und entspannte Haltung einzunehmen. Dem liegt die Idee zugrunde, daß, wenn sich der Körper in Ruhestellung befindet, der Geist frei ist, die inneren Welten zu bereisen. Einige von euch (besonders die Hypnotherapeuten und Schamanen sowie die Anhänger des Voodoo und der Chaosmagie) werden wissen, daß eine Trance keinen passiven oder entspannten Körper voraussetzt. Tatsächlich ist es so, daß die meisten Trancen nicht durch bewußte Anstrengung oder traditionelle Techniken herbeigeführt werden, sondern den ganzen Tag über von selbst entstehen. Die meisten Menschen befinden oftmals täglich in Trance, in vielen verschiedenen Trancen, ohne es auch nur zu bemerken.

Vielleicht sind diese natürlichen Trancen nicht ganz so intensiv wie das Erleben einer gewollten Trance, doch ist dies nur ein gradueller Unterschied.

Erinnerst du dich an deine Schulzeit? Oder an die Universität? Kannst du dich daran erinnern, wie es war, als dich etwas wirklich interessierte? Einige Lehrer und Themen fesselten deine Aufmerksamkeit besonders, du warst interessiert, enthusiastisch, und du wolltest mehr wissen, immer mehr, bis irgendwann, ganz plötzlich, die Glocke läutete und die Stunde viel zu schnell vorüber war...

Wie ist es mit dem anderen Extrem? Einige Lehrer waren richtig furchtbar. Sie sprachen in einer gelangweilten und müden Stimme von sonderbaren und unverständlichen, fremden Themen, so daß ihre Worte leer klangen und in einem monotonen Singsang verblaßten. Du fühltest dich gelangweilt und genervt. Deine Aufmerksamkeit begann zu den anderen in der Klasse zu wandern, zum Fenster, zu den Kratzern auf deinem Tisch, zu den Rissen im Verputz, zu den vielen Dingen, die du nach der Stunde machen wolltest, zur Erinnerung an das Wochenende, zu allem möglichen, bis endlich die Glocke erklang, um dich aufzuwecken...

Ich würde diese beiden Situationen als Trancezustände bezeichnen. In der ersten Situation war deine Aufmerksamkeit so eng mit der Wahrnehmung der Außenwelt, d.h. dem Thema, das dich interessierte, verbunden, daß dein inneres Bewußtsein (z.B. »Mag ich dies? Was mache ich danach? Bin ich hungrig?«) größtenteils vergessen wurde.

Viele Leute erleben solche Trancen, wenn sie arbeiten. Sie arbeiten und arbeiten und vergessen sich selbst und ihre eigenen Bedürfnisse stundenlang. Ich entwickle solche Trancezustände, wenn ich male. Stundenlang bin ich völlig besessen von Farben und Formen, Aufteilung, Anordnung und allem, was sonst noch dazugehört, und vergesse dabei zu essen, zu trinken oder mich auszuruhen. Und wenn das Bild schließlich fertig ist, dann erinnere ich mich wieder an meinen Körper und fühle mich total erschöpft.

In der zweiten Trance war das Erleben der Außenwelt, d.h. die Schule, der Lehrer, der Unterricht usw., so langweilig und unattraktiv, daß dein Bewußtsein das Interesse verlor und die Themen, an denen es nicht interessiert war, dissoziierte, um statt dessen mit Ideen und Dingen zu assoziieren, die mehr Interesse und Vergnügen versprachen. In unserem Beispiel wurde die Wahrnehmung der Außenwelt so uninteressant, daß sich die Aufmerksamkeit nach innen richtete. Diese innere Erfahrung wurde so intensiv, daß die Außenwelterfahrung vergessen wurde.

Man könnte dies als Tagtraum oder Halluzination bezeichnen, je nachdem, ob man es für natürlich oder pathologisch hält. Solche Alltagstrancen treten immer dann auf, wenn Leute langweilige, stupide oder automatische Arbeiten ausführen oder irgendein innerer Prozeß (z.B. die Lösung eines Problems oder Wunschdenken) so wichtig wird, daß die Wahrnehmung der Außenwelt in den Hintergrund tritt. Tief depressive Menschen oder frisch verliebte Menschen bemerken nur sehr wenig von der Welt, die sie umgibt. Dies erinnert an Milton Ericksons Definition, daß die Trance die Aufmerksamkeit enger, aber auch intensiver macht. Solange wir die Außenwelt intensiv erleben und beschreiben, wird auch unsere Aufmerksamkeit der Außenwelt verhaftet bleiben und diese wesentlich intensiver als sonst repräsentieren.

Wenn wir dann unsere Aufmerksamkeit nach innen wenden und beginnen, unsere inneren Visionen, Worte, Gefühle, Klänge usw. zu beschreiben, werden uns diese wesentlich intensiver als sonst erscheinen.

In einigen Schulen der Psychotherapie werden die Patienten aufgefordert: »Gehe nach innen und beschreibe, was du wahrnimmst.« Durch solche Praktiken wird die innere Wahrnehmung stärker und intensiver. Nepalesische Schamanen praktizieren eine Art von Astralprojektion, die keinen entspannten oder ruhenden Körper voraussetzt. Diese Schamanen singen und trommeln sich in einen Trancezustand. Dann fangen sie an zu beschreiben, wie sie ihren Körper und den Ort des Rituals verlassen, und wie sie mit ihren Schutztieren davonfliegen, über die Dörfer, über die Flüsse, über die Bergpässe, bis in die unsichtbaren Welten hinein, ins Land der Geister, ins Reich der Toten und der Ungeborenen. Diese Reise wird in Liedform beschrieben und viele Teile des Liedes wiederholen sich immer wieder. Denn das Lied ist das Ergebnis vieler Reisen. Solche spontane Beschreibungen von Bewegungen und inneren Erfahrung machen die Tranceerfahrung für den Schamanen intensiver und erlauben es auch anderen Schamanen und dem Publikum, an der Reise teilzuhaben.

Dann gibt es noch jene Leute, die keinen klaren Gedanken fassen können, solange sie nicht Frieden, Ruhe und Entspannung verspüren. Es gibt jedoch auch andere Möglichkeiten, um diese Effekte zu erreichen. Ich würde dir z.B. einen langen Spaziergang empfehlen, draußen auf dem Land, wo du ganz alleine bist. Wenn du eine Weile vor dich hinmarschierst, wirst du feststellen, daß die rhythmische Bewegung deines Körpers den Geist in einen angenehmen Halbschlaf- oder Trancezustand versetzen kann. Schritt für Schritt finden deine Füße ihren Weg, und mit etwas Übung kannst du deine Schritte mit deinen Atemrhythmus koordinieren. Während du gehst, wiederhole die Übung von Seite 63:

Schritt für Schritt ... finden die Füße ... ihren Weg ... und der Geist ... wird befreit ... die Aufmerksamkeit ... in den Sinnen ... was du fühlst ... wie sich dein Körper bewegt ... und der Boden ... unter deinen Füßen ... wie du gehst ... und atmest ... und die Worte ... fließen wie von selbst ... ganz leicht ... nur ein oder zwei ... mit jedem Atemzug ... freie Bewegung ... und du hörst ... die Worte ... und den Atem ... wie er fließt ... und das Singen ... der Vögel ... und du siehst ... den leuchtenden ... den weiten Himmel ... und die Landschaft ... wie du dich bewegst ... fließt das Land ... an dir vorbei ... und du beschreibst ... was du empfindest ... wie du gehst ... rhythmisch ... fließt der Atem ... ein ... und aus .... und die Worte ... sie fließen ... und du bemerkst ... es gibt so viel ... so viel ... zu sehen ... so viele Klänge ... und viele Geräusche ... und viele Gefühle ... so wie du bist ... und wie du genießt ... denn dies ist eine gute Trance ... die du für dich selbst ... Schritt für Schritt ... auf deinem Weg ... gestaltest ...

Wie hat dir die Übung gefallen? Vielleicht war sie etwas schwierig. Gelegentlich erzählen mir Leute, daß sie es schwierig finden, ihren Atemrhythmus mit ihren Schritten zu koordinieren. Eine Möglichkeit, sich daran zu gewöhnen, ist Mantrapraxis. Du suchst dir einfach eine gute suggestive Phrase, z.B. »Schritt für Schritt lerne ich in Trance zu gehen.« Du könntest dann üben, dir bei jedem Schritt ein Wort dieses Satzes vorzusagen, weiter und immer weiter. Dies hilft, die verschiedenen Aktivitäten des Sprechens und Gehens miteinander zu verbinden. Wieder wirst du bemerken, daß Geschwindigkeit und Aussprache einen großen Unterschied machen.

Es kann leicht passieren, daß du dabei immer schneller zu gehen beginnst. Wenn du dies fortsetzt, wirst du eine aktive und kraftvolle Trance herbeiführen, die sehr nützlich ist, wenn du längere Zeit bergauf gehen mußt. Wenn du es andererseits zuläßt, daß sich die Worte langsam entfalten, und du gleichzeitig das Tempo deiner Bewegungen und die Geschwindigkeit deiner Aufmerksamkeit weiter verlangsamst, dann wirst du wie von selbst in eine ruhige und gemütliche Trance sinken. Aus dem Gehen wird dann ein Schlendern, und wenn das Schlendern langsamer wird, möchtest du vielleicht eine Pause einlegen, deine Augen schließen und deine Aufmerksamkeit nach innen wandern lassen. Wenn dieses Bedürfnis aufkommt, genieße es.

Was kannst du tun, wenn du einmal in Trance bist? Ich hoffe, du hast ein paar gute Antworten auf diese Frage. Wenn du keine Antwort weißt, würde ich dir vorschlagen, daß du dein Tiefenselbst befragst: »Hey, liebes Tiefenselbst, wofür möchtest du diese Trance benutzen?« Wie empfängst du die Antwort? Schließe deine Augen und bitte die kreativen Teile deines Selbst mindestens zehn mögliche Aktivitäten zu finden, die dir in Trance Spaß machen könnten. Diese Antworten müssen nicht perfekt sein. Sie können gut oder schlecht sein, sinnvoll, absurd oder völlig unmöglich, das macht nichts. Sammle zehn davon und bitte dann dein Tiefenselbst, eine auszuwählen und dir mitzuteilen.

Kreative Magier lassen den kreativen Teilen ihres Geistes eine Menge Freiheit, um sich neue Möglichkeiten und Verhaltensweisen einfallen zu lassen. Die kreativen Teile sind dazu da, kreativ zu sein. Wenn sie gut funktionieren, werden sie alles erfinden. Sie können allerdings nicht sehr gut beurteilen, welche ihrer Vorschläge effektiv sind, und das ist der Punkt, an dem andere Teile deines Geistes hinzukommen, um zu beurteilen, abzuschätzen und auszuwählen, welche der vielen Vorschläge in die Praxis umgesetzt werden können. Achte darauf, daß die kreativen Teile in diesem Prozeß nur unverbindlich Vorschläge machen, andere Teile erledigen dann die Auswahl.

Dieselbe Methode ist auch beim Malen nützlich, da die Teile, die den Pinsel bewegen, nicht dieselben Teile wie die sind, die nachher das Bild beurteilen. Eins folgt nach dem anderen. Würden die Teile, die bewerten und kritisieren, den Pinsel zu führen versuchen, würde das Bild nicht einmal begonnen werden. Dies ist der Grund, warum Kunstschulen von ihren Schülern verlangen, daß sie Zeichnen üben, ohne einen Radiergummi zu verwenden.

Die meisten Menschen scheinen leider nicht sehr kreativ zu sein. Wenn man sie bittet, Wahlmöglichkeiten oder alternative Vorschläge zu erfinden, dann wenden sie sich halbherzig nach innen, stürzen sich auf die erstbeste Idee, die ihnen in den Sinn kommt, beurteilen, analysieren und bewerten sie, bis sie in Fetzen liegt, um schließlich zu der Erkenntnis zu gelangen, daß ihnen doch nichts Vernünftiges einfällt.

Nun, wenn du der kreative Teil einer solchen Person wärst, würdest du wahrscheinlich auch nicht unter diesen Umständen arbeiten wollen. Die kreativen Teile des Selbst arbeiten am besten, wenn man ihnen viel Zeit und Freiraum läßt, ohne sich einzumischen, so daß sie sich eine Vielzahl von Möglichkeiten einfallen lassen können. Selbst die unmöglichsten Alternativen sind wertvoll. Wenn sie nicht gut funktionieren, kann man immer noch über sie lachen.

Der Weg, aus einer Trance herauszukommen, ist ziemlich ähnlich wie der Weg in die Trance. Sage dir einfach, daß du jetzt aufwachen wirst. Mache deine innere Stimme lebendig und aufgeregt, nimm ein paar tiefe Atemzüge. Strecke dich genüßlich und öffne dann, wenn du willst, langsam deine Augen. Nimm dir einen Augenblick Zeit, um deine Wahrnehmung von der Trance in den sogenannten Wachzustand übergehen zu lassen.

Wenn dir diese Praktiken gefallen haben und wenn du mehr über Sinneskanäle, hypnotische Wortmuster und andere Dinge lernen willst, empfehle ich dir, die Bücher von Richard Bandler, John Grinder und Milton H. Erickson zu lesen. Viel Vergnügen!

Loki, Gott des Feuers

Kapitel 6

Zugang zur Imagination

Unsere Imagination neigt dazu, jene Formen anzunehmen, die wir von der Außenwelt her kennen. Ich könnte z.B. sagen: »Denke jetzt an den Ozean«, und was du aus diesen Worten machst, das wird eine Form haben, sei es in Aussehen, Klang, Gefühl usw. In der Magie wird erwartet, daß wir vieles imaginieren können. Farben und Lichter werden visualisiert, wir imaginieren und projizieren Zeichen und Symbole, empfangen innere Botschaften, träumen von der Kommunikation mit Wesenheiten wie Göttern, Geistern, Elfen oder alten Wesen und schaffen manchmal ganze Traumwelten, um sie in Trancezuständen oder Astralreisen zu erforschen.

Oft genug müssen wir Energien, Emotionen, Wesenheiten, astrale Durchgänge, Zeichen der Kraft usw. imaginieren, nur um eine Vision oder magische Arbeit beginnen zu können. Diese Leistung ist keine geringe. Je nach unseren individuellen Anlagen fällt uns dabei die Imagination von manchen dieser Ideen leichter, während wir mit anderen so unsere Probleme haben.

Wie bereits im letzten Kapitel hervorgehoben, sind Menschen mehr oder weniger darauf spezialisiert, verschiedene Dinge in verschiedenen Sinneskanälen zu denken, so daß es z.B. ein Maler viel leichter finden wird, visuelle Informationen auszuwerten, während dies einem Musiker wesentlich schwerer fallen kann.

Wenn wir unsere Magie ausüben, dann wollen wir, daß unsere Imagination möglichst real und überzeugend ist. Woran erkennst du, daß etwas real ist? Muß Realität für dich richtig klingen oder klar aussehen? Wie muß sie sich anfühlen, um überzeugend zu wirken? Je mehr sinnliche Repräsentationen hinzukommen, desto realer erscheint eine Wahrnehmung in unserem Bewußtsein. Das heißt aber auch, daß wir jene Sinne entwickeln können, mit denen wir noch Schwierigkeiten haben, frei zu imaginieren.

In einigen Fällen müssen wir diese Sinne nicht nur aktivieren, sondern sogar erst entdecken. Dies gilt z.B. für jene Menschen, die sagen: »Ich denke niemals in Bildern«, weil sie es einfach nicht bemerken.

Vor einigen Jahren glaubte eine gute Freundin, genau dieses Problem zu haben. »Ich kann überhaupt nichts visualisieren«, sagte sie. Bei genauerer Untersuchung stellten wir fest, daß sie tatsächlich nichts visualisieren konnte, nicht einmal die allereinfachsten Objekte, wie sie von der heiligen Tradition vorgeschrieben werden, z.B. blaue Schweine am Strand[1].

Ich wußte allerdings etwas, das sie nicht wußte. Ausgangspunkt meiner Überlegung war die Annahme, daß Menschen, die über alle Sinne verfügen, diese auch innerlich zum Denken verwenden. So ging ich davon aus, daß ihr visueller Sinn durchaus aktiv und lebendig wäre, ob ihr bewußtes Ich dies nun bemerkte oder nicht. Es war ziemlich einfach, nach dieser Hypothese zu handeln, denn sie implizierte, daß alles, was wir brauchten, bereits vorhanden war. Das ursprünglich große Problem, nämlich einen völlig neuen Sinn zu entwickeln, verwandelte sich so in die wesentlich einfachere Aufgabe, einen bewußten Zugang zu einem Sinn zu finden, der bereits existierte.

Wenn ich sie z.B. fragte: »Kannst du dir einen Baum vorstellen?«, funktionierte dies nicht. Sie versuchte ein Bild zu konstruieren, und mußte feststellen, daß sie es nicht konnte, was schließlich zum Gefühl des Versagens und der Unfähigkeit führte.

Wenn ich jedoch andere Fragen stellte, die eine visuelle Erinnerung voraussetzten, z.B. »Wie sieht diese Pflanze aus?«, »Wo ist dieser oder jener Gegenstand in deiner Wohnung?«, »Wie würdest du fahren, um zur Arbeit zu kommen?«, dann zeigten ihre Antworten, daß irgendwo in ihrem Tiefenselbst visuelle Informationen gespeichert waren, an die sie sich je nach Bedarf erinnern konnte.

Unser ganzes Problem bestand also darin, ihr diese visuellen Informationen bewußt zu machen.

Ich bat sie also, die Augen zu schließen. Dann begann ich langsam zu sprechen, und ich ließ uns jede Menge Zeit:

1 Siehe Aleister Crowley, *Buch Vier: Magick, Bd. I, Meditation & Magie* (Edition Ananael 1995).

Jetzt ... würde ich dich ... gerne bitten ... daß du dir etwas vorstellst ... das Gefühl ... das du hast ... wenn sich deine Hände ... bewegen ... und die Rinde eines Baumes berühren ... deine Hände ... auf der Rinde ... die du fühlst ... die Hände bewegen sich ... über festes Holz ... deine Haut ... und der Baum ... ein ganz besonderes ... und starkes Gefühl ... wie sich deine Hände ... bewegen ... über die Oberfläche ... der Rinde ... das starke ... feste Holz ... direkt vor dir ... ein echter Baum ... mit tiefen Wurzeln ... die so tief ... in den Erdgrund hinab ... in die reife Erde dringen ... so tief ... und hoch oben ... gibt es Zweige ... die sich bewegen ... und Laub ... das flüstert ... in der Bewegung des Windes ... und vielleicht ... kannst du das Geräusch des Windes ... in den Zweigen hören ... in den Blättern ... wie er sie bewegt ... und wie er flüstert ... vielleicht sind dort ... auch Vögel am Singen ... du kannst den Wind ... hören und fühlen ... wie er den Baum bewegt ... ganz sanft ... und du bemerkst ... diesen Baum ... vor dir ... den ganzen Baum ... und vielleicht ... wird dir klar ... daß du schon begonnen hast ... zu visualisieren ... und den Baum ... vor deinem geistigen Auge ... zu sehen ...

Willkommen zu deinen Visionen!

Hast du das Suggestionsmuster erkannt? Wir wußten, daß die visuelle Imagination ganz für sich allein nicht funktionierte, also haben wir mit einem anderen Sinneskanal begonnen und Empfindungen des Tastsinns imaginiert. Als die Imagination des Tastsinns gut entwickelt war, wie ich von körperlichen Anzeichen, z.B. leichten Handbewegungen, Atemrhythmus, Muskeltonus und Körperhaltung, ablesen konnte, gingen wir zum Gehörsinn über. Sobald der akustische Sinn in das Erleben einbezogen war, erschien der noch fehlende Gesichtssinn von selbst im Bewußtsein. Dies geschah auf völlig natürliche Weise und einige Zeit bevor ich es erwähnte.

Natürlich könnte man jetzt behaupten, daß diese Art der Visualisation durch hypnotische Suggestion hervorgerufen worden sei, was für viele Menschen, die keine Ahnung davon haben, ein ziemlich dreckiges Wort ist . Natürlich verwendete ich Hypnose! Das tun alle Leute, die Geschichten erzählen, Ereignisse wiedergeben, Briefe, Bücher oder Gedichte schreiben. Was hast du erlebt, als du die Induktion gelesen hast? Imaginiertest du einen Baum in deinem Bewußtsein? Natürlich tatest du das, wie klar oder unklar auch immer, denn um meinen Worten Bedeutung zu verleihen, mußtest du dir einen Baum vorstellen. Ist dir eigentlich klar, daß das Lesen von Büchern ein Trancezustand ist? Beim Lesen verengt sich das

Bewußtsein, wird aber gleichzeitig auch intensiver. Was machst du eigentlich, wenn du liest? Dein Körper macht ziemlich wenig. Du bewegst deine Augen ein bißchen, dieselbe regelmäßige gleitende Bewegung, Zeile für Zeile über dieselben langweiligen Symbole. Von Zeit zu Zeit bewegt sich deine Hand, sie blättert um. Dies kann stundenlang so weitergehen, ohne daß es dir auffällt. Lesen wäre entsetzlich langweilig, wenn die Worte nicht durch all die Halluzinationen zum Leben erweckt würden. Worte, so wie du sie liest oder hörst, sind ziemlich leer. Du mußt dir vorstellen, was sie für dich bedeuten, um einen Sinn in ihnen zu finden. Durch die Imagination erwachen die Worte zum Leben. Sie können sogar so sehr zum Leben erwachen, daß du Stunden über einem Buch hängst, ohne zu bemerken, daß dein Körper schon ziemlich hungrig oder erschöpft ist. Wenn das kein Trancezustand ist, was dann? Jedesmal wenn du eine Geschichte erzählst, sind deine Zuhörer gezwungen, das zu imaginieren, worüber du sprichst. Da sie nicht erlebt haben, was du erlebt hast, versuchen sie die fehlende sinnliche Erfahrung dadurch zu ersetzen, daß sie die Bedeutung deiner Worte imaginieren. Wenn du gut erzählst, wird dein Publikum durch die Beschreibung bewegt. Dabei erlebt jeder Zuhörer etwas anderes. Jeder Zuhörer imaginiert seine eigene Bedeutung in deine Worte hinein.

Wenn du wirklich Interesse daran hast, deine Imagination zu verbessern, dann versuche es doch einmal mit der Methode, die wir benutzt haben, um die Baumvision herbeizuführen. Welche sinnliche Erfahrung kannst du am besten imaginieren? Wenn du z.B. einen Bach oder Fluß imaginierst, kannst du das Wasser hören? Kannst du seine kühle Frische spüren, seine Strömung und den feuchten Hauch der Luft? Kannst du das Wasser schmecken? Kannst du den Verfall und die Fäulnis der Pflanzen am Ufer riechen? Kannst du die Wellen sehen, die glitzernde Wasseroberfläche und den Schaum, der auf ihr treibt? Einige dieser Erfahrungen werden sehr leicht zu imaginieren sein. Gehe in sie hinein. Du kannst sie verstärken, indem du sie beschreibst. Baue dir eine vollständige Repräsentation auf.

Wenn du das einige Zeit übst, wird es ziemlich einfach werden. Noch etwas mehr Übung, und es wird dir ganz natürlich vorkommen, bis du es nach einer Weile völlig automatisch machst. Dies bedeutet, daß dein Tiefenselbst den Prozeß gelernt hat. Mit anderen Worten, dein bewußtes Ich ist jetzt frei, etwas Neues zu lernen.

Natürlich gibt es qualitative Unterschiede in der Imagination verschiedener Menschen. Manche beklagen sich, daß sie zwar in ihrer Imagination sehen können, aber daß die Vision blaß wirkt, flach oder diffus. Ein Beispiel, wie mit diesem Problem umgegangen werden kann, entstammt der Kunst der Astralprojektion. In der Astralprojektion reisen wir in einem imaginären Körper von menschlicher oder anderer Gestalt durch eine imaginierte Realität, eine Traumwelt, die durch das Tiefenselbst erschaffen und aufrecht erhalten wird. In gewissem Sinn könnte man sogar behaupten, daß der Astralreisende durch das eigene Tiefenselbst reist. Normalerweise beginnt dieser Prozeß damit, daß eine Tür oder ein Durchgang imaginiert wird, der den Ausgangspunkt der Reise darstellt. Diese Tür wird normalerweise in allen Details imaginiert. Wir imaginieren, wie sie aussieht, wie sie sich anfühlt, und wir verbringen eine Menge Zeit damit, sie so real wie möglich zu machen. Theoretisch ist der nächste Schritt ganz einfach. Wir stellen uns vor, daß wir vor der Tür stehen, wir öffnen die Tür und wir gehen durch sie in die Welt, die sich dahinter offenbart.

Was aber, wenn die Welt hinter der Tür blaß und wenig überzeugend erscheint? Zum Glück haben wir Zeit. Wenn wir durch die Tür gegangen sind, müssen wir uns nicht sofort mit dieser blassen Welt beschäftigen. Es reicht, wenn wir uns umdrehen, um den Türrahmen und die Tür von der anderen Seite zu betrachten. Der Türrahmen steht mit irgend etwas anderem in Verbindung und dasselbe gilt für den Boden, auf dem wir stehen. Wir können unsere Aufmerksamkeit vom Türrahmen ausgehend erweitern, und wenn wir uns Zeit nehmen, dann ist es möglich, eine vollständige Realität zu entdecken, eine Realität, die aus einer Vielzahl kleiner Details zusammengesetzt ist. Hinzu kommt noch, daß imaginäre Welten von selbst immer realer werden, wenn wir uns einige Zeit in ihnen bewegen. Das Reisen durch imaginäre Welten ist eine gute Methode, um sich mit jenen Teilen des Tiefenselbst in Einklang zu bringen, die durch diese Welten repräsentiert werden.

Ein anderer Weg des Zugangs zur Imagination ist die Erinnerung. Manche Menschen haben Probleme, Visionen zu konstruieren. Manchmal sind sie aber durchaus imstande, sich an verschiedene Eindrücke zu erinnern. Nehmen wir einmal an, du willst ein Symbol oder eine Sigil imaginieren, leuchtend und strahlend, vielleicht sogar mit einem Zauberstab in feurigen Linien in die Luft gezeichnet. Eine Möglichkeit, sich an dieses Symbol zu gewöhnen, besteht darin, es auf ein großes Stück Papier zu malen, so daß du es betrachten kannst, solange du willst. Wenn du das Symbol imaginieren willst, brauchst du das Bild nicht erst in deinem

Bewußtsein zusammenzusetzen, sondern es reicht völlig aus, wenn du dich an sein Aussehen erinnerst.

Diese Technik wird manchmal für die Annahme von Gottformen verwendet. Eine Gottform ist eine Vorstellung von einem Gott, mit dem du in Kontakt treten willst. In der traditionellen Golden-Dawn-Methode beginnt dieser Prozeß mit umfangreichen Studien. Zunächst recherchierst du über den Gott deiner Wahl. Du gehst in Bibliotheken, du liest alle Mythen und Legenden, die du dir beschaffen kannst, du machst dir Notizen, du zeichnest und malst Bilder der Gottheit und du findest heraus, welche Aspekte der Natur dieser Gottheit entsprechen und welche Energien und Bewußtseinszustände durch sie symbolisiert werden. Mache ruhig mehrere Skizzen, bis du ein gutes Bild der Gottheit geschaffen hast. Dieses Bild muß nicht perfekt sein. Es funktioniert als Kanal, der die Energien, die du in das Bild einbringst, in die Richtung der Gottheit lenkt. Als erstes meditierst du über die Form, die Farbe, die Haltung und die Attribute der Gottheit, indem du mit leerem Geist auf das Bild starrst, Gebete, Anrufungen oder Beschwörungen sprichst oder vor dem Bild Musik machst. Solche Praktiken befreien emotionale Energien. Diese konzentrieren und sammeln sich in dem Bild, das so zu einer Verbindung zwischen dir und der Gottheit wird.

Wenn wir das Bild wirklich gut kennen, gehen wir mit unserer Aufmerksamkeit vom manifestierten Bild zu dem Bild, das wir in unserem Geiste haben. Wir können uns daran erinnern, wie unser Bild aussieht.

Natürlich gibt es auch einige sonderbare Magier, die von sich behaupten, daß sie nicht malen können, und auch noch stolz darauf zu sein scheinen. Das macht nichts, tue es trotzdem!

Von vielen Gottheiten gibt es traditionelle Darstellungen wie Gemälde, Stelen, Statuen usw. Um selbst ein Bild herstellen zu können, wirst du die traditionellen Bildnisse ziemlich genau studieren müssen. Dies ist eine wunderbare Übung, da sie dafür sorgt, daß du die Form wirklich wahrnimmst, gleich welches seltsame Bild am Ende dabei herauskommt. In gewisser Hinsicht ist Zeichnen eine Schule des Sehens. Wenn du das Aussehen deines Gottes wirklich genau betrachtet hast, kannst du auch eine gute Repräsentation in deiner Einbildungskraft erschaffen.

Mit Hilfe von Gebeten und Anrufungen kannst du dann deine Gottheit beschwören, und wenn du dich mit ihrer Natur in Einklang gebracht hast, wirst du bemerken, daß eine gewisse Strömung fließt, daß das Bild lebendig wird und daß du durch dein Bild dem göttlichen Bewußtsein einen Körper gegeben hast, um sich darin zu manifestieren. Imaginiere deine Gottheit in allen Sinneskanälen so klar und intensiv du kannst. Irgendwann wirst du feststellen, daß es dir freisteht, dich mit dieser Gottheit zu vereinen.

Was als Imaginationsübung begann, wird dabei zur Besessenheit. Das menschliche Bewußtsein verwandelt sich in göttliches Bewußtsein und die Gottheit äußert sich durch den Menschen. Das Bild, das du gemalt hast, wie gut oder schlecht es auch sein mag, wird dabei zu einer Verbindung zwischen der traditionellen und der imaginierten Form, die ganz deinem eigenen Bewußtsein entspricht. Dieses Bild ist natürlich nicht die Gottheit selbst und wird auch nicht als Gottheit verehrt. Es ist nur eine Verbindung zu ihr, durch die es möglich ist, göttliche Bewußtseinszustände zu erreichen.

Dies läßt sich mit allen anthropomorphen Götterbildern bewerkstelligen. Ein Feuergott wie Loki ist in erster Linie Feuer und Flamme, aber wir wissen alle, daß es ziemlich schwierig ist, mit einem Feuer direkt zu kommunizieren. Wenn wir mit Loki sprechen oder uns mit ihm vereinen wollen, ist dies in einer anthropomorphen oder vermenschlichten Form wesentlich einfacher. Das Feuer ist dabei eine Kraft der Natur. Die vermenschlichte Form, so wie wir sie erschaffen und wahrnehmen, ist nichts als ein nützlicher Modus, um Identifikation und Vereinigung zu ermöglichen. Diese Form ist nur eine Maske. Wir sollten die Essenz der Gottheit nicht mit der Maske verwechseln. Der ganze Sinn dieser vermenschlichten Maske besteht darin, die Kommunikation und Vereinigung mit der Gottheit zu ermöglichen. Ich möchte in diesem Zusammenhang darauf hinweisen, daß eine gesunde magische Entwicklung den Umgang mit vielen verschiedenen Gottformen beinhaltet. Monotheismus bringt äußerst unausgeglichene Magier hervor. Wer sich auf nur einen Gott, einen Geist oder ein Tier beschränkt, der braucht sich nicht zu wundern, wenn das Ergebnis davon ein einseitiger Arbeitsstil und eine einseitige Weltsicht ist. In der Praxis ist es zum Glück eine große Versuchung, immer neue Götter kennenzulernen. Jeder neue Gott, den wir erleben, offenbart uns einen weiteren, bis dahin unbewußten Aspekt unseres Lebens. Je mehr Götter du in dein Leben integrierst, desto umfassender wird die Welt, die du erlebst.

Ein weiterer interessanter Punkt ist die Kongruenz oder Stimmigkeit. Ein guter Kontakt zu einer Gottheit setzt voraus, daß du mit dieser Gottheit stimmig bist. Nehmen wir an, du möchtest die aggressive Seite deines

Charakters entwickeln. Du könntest einen Kriegsgott anrufen, z.B. Horus, Mars, Ares, Tiu, Nergal oder Tezcatlipoca (die aztekische Kriegergottheit und der Gegenspieler von Quetzalcoatl). Die Anrufung soll dabei mit Kraft, Hingabe und Wildheit formuliert werden, da kriegerische Gottheiten wenig Verständnis für Magier haben, die sich hinknien, die betteln und jammern, sich entschuldigen oder vor der Gottheit erniedrigen. Wir müssen den Göttern, die wir anrufen wollen, ähnlich werden, um sie in uns selbst zu entdecken. Wenn du genügend aggressiv bist, um für Mars real zu sein, dann wirst du feststellen, daß dir deine martialischen Teile, mit denen du gerade in Kontakt getreten bist, viele Wege zeigen können, wie du noch aggressiver sein kannst, und das auf wesentlich gesündere Art und Weise.

Was haben astrale Türen und Gottformen gemeinsam?

In beiden Fällen schafft unser bewußtes Ich eine Vorstellung und wendet viel Zeit und Mühe dafür auf, diese Vorstellung möglichst detailliert, solide und überzeugend erscheinen zu lassen. Ich erinnere mich, wie ich Anfang der 80er Jahre meine erste Gottform erleben durfte. Dabei handelte es sich um Anubis, den Schakal, der die Türen und Durchgänge der Jenseitswelten durchreist und in seinem Bauch die Verstorbenen zur anderen Seite bringt. Zunächst habe ich eine Stele gemalt, die *Anpu* in seiner traditionellen ägyptischen Form zeigte, in sitzender Haltung und seitlicher Ansicht. Dann folgte eine Zeit der Anrufungen und Zeremonien, um das Bild mit Freude, Kraft und Hingabe zu erfüllen, der Energie, die die Magie zum Leben erweckt. Danach folgte eine Zeit der Imaginationsarbeit. Wann immer ich einen Augenblick Zeit hatte, erinnerte ich mich an das Bild auf der Stele und imaginierte es möglichst klar und deutlich. Es ist ziemlich leicht, ein imaginiertes Bild attraktiver als ein echtes Bild erscheinen zu lassen. Wir können das imaginäre Bild verändern, wir können es größer machen, wir können es näher an uns heranholen, wir können die Farben leuchtender erscheinen lassen usw. Was brauchst du für eine wirklich attraktive Vision? Bereiten dir Kontraste oder Leuchtkraft Freude? Ein Funkeln oder ein sanftes Glühen? Verändert sich deine Wahrnehmung, wenn du den Standpunkt wechselst und das Bild von der Seite betrachtest, von unten oder von oben? Wie kannst du das Bild für dich möglichst eindrucksvoll aussehen lassen? Wenn du noch ein Gefühl des Staunens und vielleicht eine innere

Stimme hinzufügst, die den Namen der Gottheit intoniert, dann wird deine Vorstellung schon bald vor Vitalität nur so strotzen. Eines Tages, als ich in einer Straßenbahn saß, ist es dann geschehen: Die Vorstellung wurde in meinem Geist immer lebendiger, und, da ich mich in einer Straßenbahn und nicht in meinem Tempel befand, kann man annehmen, daß ich ziemlich wenig Lust auf Resultate verspürte. Doch plötzlich und unerwartet brach die andere Seite durch: Anubis aus der Wüste drehte seinen dunklen Kopf und starrte mich an, mit Augen, die wie gefrorene Siriusfeuer glühten. Ein Schaudern fuhr durch meinen Körper und der Schweiß brach mir aus. Die Vorstellung war lebendig geworden.

Bei der Astralprojektion, der Annahme von Gott-, Tier- oder Baumformen, der Formverwandlung, dem Weben von Zaubersprüchen und verschiedenen Formen der Wahrsagung beginnen wir damit, daß wir eine Vorstellung erschaffen. Wenn wir gut arbeiten und diese Vorstellung mit der richtigen Energie und Bewußtheit erfüllen, wird diese Vorstellung zu einer Botschaft, die etwas Tiefes in uns berührt. Energiequellen sind in diesem Stadium Anrufungen, Gebete, tiefes Begehren, religiöser Glaube, Mantras, Lieder, Singsang, Sex, Tanz oder das Opfern von Blumen, Nahrung, Blut oder Körpersekreten. Wenn die Bedingungen stimmen, erwachen die entsprechenden Teile unseres Tiefenselbst und sorgen dafür, daß die Vorstellung lebendig wird. Hierbei ist es nützlich, sich daran zu erinnern, daß das bewußte Ich völlig außerstande ist vorherzusagen, was in der Tiefe geschieht. Es gibt einen großen Unterschied zwischen dem, was wir bewußt imaginieren, und dem, was unser Tiefenselbst vollbringen kann, wenn es eine solche Vorstellung als Kommunikationskanal verwendet.

Viele Leute glauben, daß Götter wesentlich mehr als nur Vorstellungen sind. Wenn du die Götter als Wesen ansiehst, die außerhalb und unabhängig von dir existieren, dann hast du in gewisser Hinsicht recht, denn sie existieren tatsächlich außerhalb und unabhängig von deinem bewußten Ich. Wenn du die Götter für abstrakte oder natürliche Kräfte hältst, dann hast du ebenfalls recht, da alle Formen, die wir für sie erfinden, nichts als Konventionen sind. Ein Sonnengott z.B. ist in erster Linie von solarer Energie und Bewußtheit erfüllt. Wenn wir eine solare Gottheit als männlich oder weiblich betrachten, so reflektiert dies nicht anderes als unseren kulturellen Glauben über die Art und Weise, wie sich Frauen und Männer angeblich zu verhalten haben. Die Sonne als solche hat kein Geschlecht und pflanzt sich auch nicht so fort, wie wir Säugetiere es nun einmal tun.

Es gibt auch Magier, die behaupten, daß wir all das sind, dessen wir uns bewußt werden, und die die Götter als Ausdruck verschiedener Teile unseres Unbewußten oder unseres Tiefenselbst verstehen, die normalerweise vom bewußten Ich nicht verstanden werden. Dies ist keine Überraschung, da unser bewußtes Ich ziemlich wenig versteht. Wenn sich die Götter manifestieren, dann tun sie es durch unsere Sinne, durch unser Gehirn und durch unser Nervensystem. Dies impliziert, daß das, was wir von ihnen wahrnehmen, durch unser eigenes System gegangen ist, so daß wir auch nicht beurteilen können, ob die Götter nun ein Teil dieses Systems sind oder ob wir sie nur durch dieses System erleben. Für praktische Zwecke kannst du diese Frage beantworten, wie es dir gerade paßt.

Letztendlich steht alles Selbst mit allem Selbst in Verbindung, und wir tun gut daran, die Götter, Geister, Dämonen, Engel, Totems usw. als nützliche Formen anzusehen, die es uns erlauben, mit verschiedenen Aspekten unserer selbst zu kommunizieren, was immer diese in Wirklichkeit sein mögen. Dennoch ist es nützlich, eine gewisse Vorsicht walten zu lassen und nicht alles Wunschdenken als Manifestation irgendeiner spirituellen Wesenheit anzusehen. Geister können und sollten getestet werden, wie Aleister Crowley immer wieder betonte. Wenn du wissen willst, ob irgendein Gott oder Tiergeist echt, d.h. durch eine Kraft und ein Bewußtsein jenseits deines Ego inspiriert ist, dann beobachte einfach, wie dein Ego, deine bewußte Identität, darauf reagiert. Wenn sich dein Ego mit Stolz, Größenwahn oder dem üblichen lauwarmen kosmischen Wissen aufbläht, dann kannst du ziemlich sicher sein, daß das Wesen, das du wahrnimmst, nur das Produkt deiner wunscherfüllten Einbildungskraft ist. Wenn sich allerdings deine Vorstellungen auf ungeahnte Weise verwandeln und dein Ego verunsichert ist, so ist dies ein interessantes und gutes Zeichen. Die Unsicherheit deiner bewußten Identität könnte darauf hinweisen, daß das Wesen, mit dem du in Kontakt getreten bist, um einiges stärker als dein Ego ist. Echte Götter, Geister oder Tierformen können das Ego verwandeln. Dies ist ein Teil ihrer Funktion und unserer Magie, und es ist nur natürlich, daß sich das Ego dabei nicht besonders wohlfühlt.

Weiters ist es ein gutes Zeichen, wenn du etwas Neues lernst, etwas Nützliches, das dich weiterbringt, oder wenn du Selbstaspekte entdeckst, die dir zuvor unbekannt oder fremd gewesen sind. Es gibt natürlich keine objektiven Beweise, ob ein Kontakt echt ist, aber in diesen Fällen kannst du dir zumindest sicher sein, daß etwas Gutes geschieht.

Wenn wir uns jetzt mit Visionen beschäftigen, die wir bewußt entworfen haben, befinden wir uns noch in relativ sicherem Wasser. Das ändert sich jedoch, wenn das Tiefenselbst die Tore öffnet und allerlei unbewußtes oder vergessenes Material aus der Tiefe emporsteigt. Alles kann aus der Tiefe kommen: Erhofftes und Verdrängtes, Triebhaftes und Verwandelndes, von dem vieles so überwältigend ist, daß das bewußte Ich nicht recht weiß, wie es damit umgehen soll. Wir brauchen also eine gute Methode, um mit dem Durcheinander zurechtkommen.

Die Magier des Altertums waren sich dieses Problems durchaus bewußt. Anstatt das schwierige Material zu integrieren oder zu verstehen, haben sie es einfach als »dämonisch« bezeichnet. Damit erschufen sie ein Modell der Realität, in der gute und böse Kräfte um die Herrschaft kämpfen, während das arme dumme Ego der einzige Richter zwischen ihnen ist.

Es ist eine relativ neue Entdeckung, daß schmerzhafte oder bedrohliche Visionen gelegentlich auch eine nützliche Funktion erfüllen können, und daß sogar der übelste Dämon aus der Tiefe versucht, sein Bestes für das System als Ganzes zu tun. Wenn dich dein Tiefenselbst mit schrecklichen Visionen konfrontiert, dann hast du die Gelegenheit, etwas über deine Visionen und die Selbstanteile, die sie repräsentieren, zu erfahren. Wir können auch Techniken erlernen, um mit solchem bedrohlichen Material umzugehen, ohne davon überwältigt zu werden.

In der zeremoniellen Magie gibt es eine Praxis, die Bannung genannt wird. Eine Bannung erlaubt es uns, problematisches Material loszuwerden oder zu kontrollieren. Weiters gibt es eine Praxis, die Anrufung genannt wird. Diese eröffnet den Zugang zu jener Art von Material, mit dem wir arbeiten wollen. Die Bannung und die Anrufung gehören zusammen.

Zeremonielle Rituale beginnen normalerweise mit einer Bannung. Wir verbannen unsere Alltagsprobleme, unsere Sorgen und alle Gedanken, die uns in unserer Ritualtrance stören könnten. Dann kommt die Anrufung. Wir rufen alle Kräfte und Bewußtseinszustände an und herbei, die unserem Willen entsprechen und die uns weiterbringen sollen.

In der Praxis der Astralprojektion bannen wir die Bewußtheit um unseren Körper und die Welt, die uns umgibt. Dann rufen wir die Traumwelt unserer Wahl an. Mit Gottformen bannen wir unsere menschliche Identität. Dann rufen wir das göttliche Bewußtsein an, das uns während der Arbeit erfüllen soll, um uns und unsere Umgebung von innen heraus zu heilen und zu verwandeln.

Derselbe Mechanismus von Bannung und Anrufung kann verwendet werden, um unsere Visionen leichter erlebbar zu machen. Was wir jetzt brauchen, sind einige angenehme und einige unangenehme Erinnerungen, um damit herumzuspielen.

Die folgende Übung stammt aus dem Neurolinguistischen Programmieren (NLP), einer therapeutischen Schule, die besonders für praktizierende Magier von Bedeutung ist. Wenn wir irgendeine Vision erleben (diese kann bewußt konstruiert oder eine Erinnerung sein), dann haben wir im großen und ganzen zwei Wahlmöglichkeiten: Eine Art das Ereignis wahrzunehmen besteht darin, in die Szene hineinzugehen und sie so zu empfinden, als würde man sie jetzt im Augenblick erleben. In dieser Art von Vision blickst du aus deinen eigenen Augen, fühlst mit deinem Körper, hörst mit deinen Ohren und bist voll im Geschehen drin. Im NLP wird diese Perspektive als »assoziiertes Bewußtsein« bezeichnet, da du vollständig in die Szene integriert bist. Die zweite Möglichkeit wird als »disassoziiertes« oder »dissoziiertes Bewußtsein« beschrieben, was in erster Linie bedeutet, daß du einen gewissen Abstand dazu hast. Dissoziierte Wahrnehmung geschieht dann, wenn du eine Szene so wahrnimmst, als würdest du außerhalb von ihr stehen und nur aus einer gewissen Distanz zusehen. Du kannst das Ereignis und dich selbst mitten darin erleben, so als würdest du dich aus einiger Entfernung selbst beobachten.

Nehmen wir an, du erinnerst dich an ein Ereignis aus diesem oder irgendeinem anderen Leben. Dabei kannst du dich so erinnern, als würde das Ereignis jetzt gerade stattfinden, wobei du aus deinen eigenen Augen siehst und mit deinem eigenen Körper agierst. Genausogut könntest du es aber auch so betrachten, wie es von außen ausgesehen hat. Dieser subtile Unterschied mag mehr Wirkung auf dein Erleben haben, als dir gegenwärtig bewußt ist. Man könnte natürlich auch behaupten, daß die assoziierte Wahrnehmung realer als die dissoziierte Erfahrung ist, da du ganz offensichtlich die ursprüngliche Situation in deinem Körper erlebst und dich dabei nicht von außen beobachtest. Leider ist dies ein äußerst fragwürdiges Argument. Alle Erinnerungen sind konstruiert. Nach neuesten Studien werden Erinnerungen nicht wie irgendwelche Dinge gelagert und gespeichert, sondern in erster Linie auf ihre Information reduziert. Im Augenblick des Erinnerns setzt unser Unbewußtes die Erinnerung in einer Form zusammen, die das bewußte Ich verstehen kann. Dabei sagt die Wahl der Perspektive eine Menge über die Qualität unseres Erlebens aus.

Suche dir jetzt bitte eine unerfreuliche Erinnerung. Damit meine ich nichts Traumatisches. Für den Anfang brauchen wir kein Trauma, sondern einfach eine Szene, in der du dich nicht besonders wohlgefühlt hast. Du möchtest dich eigentlich nicht daran erinnern? Das ist ein gutes Zeichen, du hast bereits das richtige Material gefunden. Rufe dir jetzt diese Erinnerung ins Bewußtsein. Der Inhalt ist dabei nicht halb so wichtig wie die Art und Weise, in der du dich daran erinnerst. Wie erinnerst du dich? Befindest du dich in der Szene oder betrachtest du dich von außen? Versuche jetzt, in die Szene hineinzugehen. Assoziiere mit der Szene und erlebe sie so, als würde sie jetzt gerade geschehen. Wenn du dich erholt hast, wiederhole den Vorgang. Diesmal versuche, dieselbe Erinnerung dissoziiert zu erleben. Stelle dir vor, du sitzt weit hinten in einem Kino oder Theater. Der Saal wird dunkel und der Vorhang öffnet sich. Vorne auf der Bühne wird die Erinnerung gezeigt. Während du in deinem Stuhl sitzt, kannst du zusehen, wie du selbst auf der Bühne agierst. Wie fühlt sich das an? Merkst du den Unterschied? Wenn du diese unangenehme Erinnerung auf Distanz leichter erträgst, hast du bereits eine Menge gelernt. Du kannst die Erinnerung noch erträglicher machen, indem du die Bühne ein Stück weiter wegrückst oder kleiner machst, indem du alles in blasseren Farben erscheinen läßt, den Film in Schwarz-Weiß verwandelst, die Geschwindigkeit veränderst oder eine andere Tonspur darüberlegst. Experimentiere mit deiner Erinnerung, bis du feststellst, daß du dich an das unangenehme Ereignis erinnern kannst, ohne davon gestört oder irritiert zu werden.

Fühle dich frei zu experimentieren. Wiederhole denselben Vorgang mit einer angenehmen Erinnerung. Wähle ein angenehmes Ereignis aus, an das du dich gerne erinnerst, und beginne mit dissoziierter Wahrnehmung. Du siehst dir dabei zu, wie du dieses angenehme Ereignis erlebst. Wie fühlt sich das an? Dann wiederhole dieselbe Szene, dasselbe angenehme Ereignis in voller Assoziation. Das Ereignis geschieht jetzt. Du bist voll drin. Was fühlst du? Was siehst du? Was hörst du? Was ist der Unterschied? Versuche dies mit mehreren Erinnerungen, angenehmen und unangenehmen.

Schon bald wirst du bemerken, daß dieser Unterschied von großer Bedeutung ist. Ein typischer Effekt der dissoziierten Wahrnehmung besteht darin, daß sie unangenehme Erinnerungen erträglicher macht, so daß wir uns leichter an sie erinnern können. Ein typischer Kommentar: »Wenn ich mich in assoziiertem Bewußtsein an eine Krise erinnere, dann überwältigen mich der Schmerz und die Sorgen genauso wie es damals, und ich verliere mich darin. Wenn ich mich jedoch in dissoziiertem Bewußtsein an die Krise erinnere und zusehe, wie es mir damals ergangen ist, dann fällt mir dies wesentlich leichter, da ich weiß, daß nun alles vorbei ist und ich nicht mehr dieselbe Person bin.«

Dies ist an sich schon eine nützliche Fähigkeit. Wir können uns an unangenehme Dinge erinnern, ohne an diesen Erinnerungen zu leiden. Mit angenehmen Erinnerungen ist genau das Gegenteil der Fall. Sich selbst beim Liebesspiel zu beobachten kann eine ziemlich seltsame oder absurde Erfahrung sein. Man könnte zwar ein Gefühl mit der Handlung verbinden, aber man würde sich nicht so fühlen, wie man sich damals gefühlt hat. Dies ist ganz anders, wenn wir uns an dasselbe Liebesspiel in voller Assoziation erinnern. Kannst du in die Erinnerung hineingehen? Fühlen, was du damals gefühlt hast? Sehen, was du gesehen hast? Hören, was du gehört hast? Das Ereignis schmecken und riechen? Wenn du völlig im Geschehen bist, wirst du feststellen, daß du Zugang zu all der Freude, Lust und Hingabe hast, was die Erinnerung beinahe so angenehm wie das Ereignis selbst macht.

Manche Menschen wenden diesen Prozeß automatisch an. Als die ersten Erinnerungen an andere Leben in mein Bewußtsein kamen, veränderte mein Tiefenselbst immer dann die Perspektive, wenn die Ereignisse für mein bewußtes Ich zu heikel wurden. Bei schmerzhaften und schrecklichen Ereignissen erhielt ich die Gelegenheit, mich selbst aus einer angemessenen Distanz zu beobachten. Dies reduzierte den Schmerz auf ein gesundes Minimum und erlaubte es mir, eine Menge interessanter Ereignisse zu betrachten und zu verstehen.

Es gibt natürlich auch Leute, die denselben Prozeß falsch anwenden. Manche erinnern sich an die guten Zeiten und dissoziieren dabei, was dafür sorgt, daß ihre guten Erinnerungen schwach und wenig überzeugend sind. Dieselben Leute assoziieren voll und ganz mit allen unangenehmen Erinnerungen, was dazu führt, daß in ihrer Welt die guten Erinnerungen wenig zählen und die schlechten die Substanz der Realität darstellen. Wie Richard Bandler demonstrierte, ist es möglich zu lernen, automatisch angenehme Visionen zu assoziieren und unangenehme Erinnerungen zu dissoziieren. Dies heißt aber nicht, daß wir das unangenehme Material verdrängen und vergessen. Auch unangenehme Erinnerungen haben einen großen Wert. Wenn wir sie einfach vergessen, würden wir uns um all die wichtigen

Informationen bringen, die in ihnen enthalten sind. Solche Erinnerungen dissoziiert wahrzunehmen bedeutet nur, daß wir die unangenehmen Gefühle dissoziieren, die Teil dieser Erinnerungen sind. Dissoziiertes Erinnern nimmt den Schmerz aus der Erinnerung, bewahrt aber die Information, so daß wir sie nutzen können, um Probleme, Konflikte usw. zu lösen. Es macht Spaß, angenehme Erinnerungen assoziiert zu erleben. Auch unangenehme Erinnerungen sind wesentlich leichter zu erleben, wenn der Schmerz aus ihnen dissoziiert worden ist.

Dies läßt sich üben. Suche dir ein Dutzend angenehmer Erinnerungen und erlebe sie so intensiv du kannst in assoziierter Wahrnehmung. Dann suche dir ein Dutzend unangenehmer Erinnerungen und übe mit ihnen deine Fähigkeit, dissoziiert wahrzunehmen. Wenn du diese Übung oft genug durchgeführt hast, wird sich dein Tiefenselbst an den Mechanismus gewöhnen und dafür sorgen, daß du gewohnheitsmäßig angenehme Erlebnisse assoziierst und zu unangenehmen einen gesunden Abstand wahrst. Du wirst dich so an das Geschehen erinnern, wie du es willst.

Diese Mechanismen gelten nicht nur für Erinnerungen, sondern auch für die Vorstellungen, die wir uns in der Gegenwart machen. Sie gelten für die Träume, die wir uns von unserer Zukunft weben, für die Pläne, die wir uns machen, und für die Ereignisse, die wir tagtäglich erleben. Wenn wir etwas Unangenehmes erleben, dann ist es weise, es von Anfang an zu dissoziieren. Manchmal ist es hilfreich, neben sich selbst zu stehen, sich zu beobachten und laut über die Situation zu lachen.

Wenn z.B. jemand unfreundlich zu dir ist, könntest du das normale Rollenverhalten (Verteidigung und Gegenangriff) spielen oder versuchen, möglichst distanziert und überlegen zu erscheinen. Du kannst diese Gelegenheit aber auch für etwas Positives nutzen. Nehmen wir einmal an, du wärst jemand anderer. In diesem Fall würde dich der Angriff längst nicht so verletzen und du würdest bemerken, daß du dich auf ganz neue Art und Weise verhältst. Wie sähe die Szene aus, wenn du nicht du wärst, sondern, sagen wir einmal, ein durchreisender Ethnologe, ein verrücktes Genie, ein Unhold oder ein Hofnarr? Wenn dich jemand anschreit, dann gibt es überhaupt keinen Grund, diese Person für voll zu nehmen. Kannst du dir vorstellen, wie die Person aussehen würde, wenn sie als Clown kostümiert wäre? Kannst du dir das vorstellen, während es sich ereignet? Du mußt nicht warten, bis sich ein Ereignis in Erinnerung verwandelt hat, um deine Erfahrung zu verändern.

Überlege, welche Art von Erinnerung aus diesem Augenblick entstehen wird? Ist der Augenblick, den du jetzt erlebst, lebenswert? Eine Erfahrung, die es wert ist, sich an sie zu erinnern? Wie verändert sich dieser Augenblick, wenn du an die Erinnerung denkst, die daraus entstehen wird? Kannst du dir vorstellen, woran du dich in zehn Jahren erinnern wirst, wenn du an diesen Augenblick denkst? Und was denkst du jetzt darüber?

Hast du dir schon einmal überlegt, wie Entscheidungsprozesse funktionieren?

Eines Nachmittags kam ich im Wald an eine Wegkreuzung. Ich hatte zwei grundsätzliche Wahlmöglichkeiten: Die eine bestand darin, auf derselben Höhe durch den Wald zu schlendern, bis hin zu ein paar Wiesen. Die andere Möglichkeit bestand darin, geradewegs den Berg zu erklimmen, bis zum Heiligtum des Gipfels. Bevor ich wußte, wie es geschehen war, hatte ich mich für die Wiesen entschieden, und das ist ein bißchen ungewöhnlich für mich. Also hielt ich an und ging in meinen Geist zurück, um herauszufinden, wie die Entscheidung stattgefunden hatte.

Wie hatte mein Tiefenselbst die beiden Wahlmöglichkeiten repräsentiert? Jede dieser Möglichkeiten war als innere Vision gesehen worden, die zum Teil von einer inneren Stimme begleitet war. Das Gefühl, das dabei entstand, war ausschlaggebend und führte zur Entscheidung. Da der Prozeß sehr schnell ablief, hatte ich kaum Gelegenheit zu bemerken, was ich nun eigentlich sah, überlegte oder woher das ausschlaggebende Gefühl kam. Also ging ich in meinen Geist zurück, um die Repräsentation noch einmal genauer zu betrachten. Der Weg auf den Berg wurde als Bild repräsentiert, das den Berg aus weiter Entfernung zeigte. Der Berg war von Nebeln und Dunkelheit umgeben und so weit entfernt, daß alle Bäume gleich aussahen. Ich war ein kleiner, sich bewegender Punkt inmitten dieser großen Dunkelheit. Der Weg dieser winzigen Figur war undefiniert. Ein steiler Pfad durch gleichförmige Bäume und gleichförmige Schatten, eine hoffnungslose Reise ohne Anfang oder Ende. So weit zur einen Repräsentation.

Der Weg zu den Wiesen wurde in großartigen Details repräsentiert. Ich stellte mir vor, was ich dort erleben würde: Das frische Grün der Blätter, Nebelschwaden, die durch die Bäume gleiten, das Gefühl von feuchtem Gras, glitzernde Tautropfen auf Baumschwämmen, Finger, die die feuchte Rinde berühren, Spinnweben zwischen Schafgarben. Da ich voll und ganz in dieser Vision assoziiert war, erlebte ich einen wunderbaren Reichtum an Details.

Welche dieser Wahlmöglichkeiten erscheint dir attraktiver? Ich war zu meiner Entscheidung gekommen, indem ich zwei visuelle Repräsentationen verglichen hatte. Dieser Prozeß war so schnell abgelaufen, daß mir überhaupt nicht aufgefallen war, daß die beiden Repräsentationen aus verschiedenen Blickwinkeln dargestellt waren.

Mein bewußtes Ich hatte geglaubt, daß es einfach nur an den Berg und an die Wiesen gedacht hatte und daraus das Gefühl entstanden wäre, daß es auf den Wiesen mehr Spaß haben würde. Es ist kaum überraschend, daß eine derart lebendige und detaillierte assoziierte Vision der Freude und der Schönheit wesentlich bessere Gefühle hervorbringt als der diffuse und dunkle Anblick eines kleinen Narren, der sich mühsam und ohne rechtes Ziel einen Berg hochquält. Mein bewußtes Ich glaubte, daß es frei gewählt hatte, doch die Wahlmöglichkeiten waren bereits vorbereitet, um die eine attraktiver als die andere erscheinen zu lassen. Nicht mein bewußtes Ich, sondern mein Tiefenselbst hatte die Entscheidung gefällt. Da ich mich an diesem Tag ziemlich schwach und wackelig fühlte, war die Entscheidung richtig.

Wenn du deine nächste Entscheidung triffst, wie wichtig oder unwichtig sie auch sein mag, nimm dir einen Augenblick Zeit und untersuche, wie du deine Wahlmöglichkeiten repräsentiert hast. Vielleicht entscheidest du dich gar nicht, sondern hast dich schon längst entschieden.

Eine der Methoden, für die sich junge Liebende begeistern können, besteht darin, den ganzen Tag lang wunderbare Visionen zu konstruieren und sich selbst zusammen mit ihrem Geliebten zu sehen.

Stell dir vor, du machst deine Visionen groß, lebendig, detailliert, farbenfroh und bringst sie nah an dich heran. Schon bald wird diese Vorstellung wesentlich attraktiver erscheinen als der Rest der Welt um dich herum.

Ein Trick besteht darin, einen wunderbaren Tagtraum zu konstruieren, z.B. in dissoziierter Wahrnehmung, und sich dann in diesen hineinzubegeben, was die Ereignisse assoziiert und den Zugang zu all den guten Gefühlen eröffnet. Dies bewirkt ein starkes Glücksgefühl, das dich dazu anregt, weiterzuträumen und noch bessere Visionen zu konstruieren. In diesem Prozeß sind junge Liebende schon bald von ihren Vorstellungen so begeistert, daß sie genausogut in den Wolken leben könnten. Unglücklich verliebt zu sein funktioniert ziemlich ähnlich: In diesem Fall werden die Erfüllungsträume wie in einer glücklichen Liebesbeziehung geträumt, doch getraut sich der Träumende nicht, in sie hineinzugehen. Eine wunderbare

Vision wird geschaffen, aber da es der Liebeskranke nicht wagt, mit dieser zu assoziieren, wird die Freude nicht empfunden und das Resultat ist Trauer.

Wie reagierst du, wenn du jetzt liest: »Hier ist ein neues Experiment«? Stellst du dir dieses neue Experiment als etwas Interessantes und Angenehmes vor? Oder machst du dir davon eine traurige und langweilige Vorstellung und entscheidest dich dann, daß dir dieses Experiment ziemlich sinnlos erscheint? Was macht deine innere Stimme, wenn du dir alternative Vorschläge überlegst? Kannst du etwas Langweiliges so beschreiben, daß es höchst faszinierend klingt? Oder von etwas Wunderbarem so sprechen, daß es zutiefst langweilig erscheint?

Es gibt einige depressive Menschen, die genau dasselbe tun wie enthusiastische Menschen, nur eben umgekehrt. Sie beginnen z.B. damit, sich eine neue Idee zu überlegen. Dies heißt, daß sie diese Idee in ihrer Vorstellung repräsentieren, da die Idee ja schließlich eine Form braucht, um bewertet zu werden. Zuerst konstruieren sie ein paar unangenehme Vorstellungen, die deutlich zeigen, wie wenig Spaß ihnen diese Idee machen wird, wie übel sie sich dabei fühlen oder wie sehr sie leiden werden. Wenn sie eine wirklich überzeugende Repräsentation aller möglichen Nachteile geschaffen haben, dann gehen sie in die Vision hinein und finden einen wunderbaren Zugang zu all den unangenehmen Gefühlen, bis sie sich so elend fühlen, daß sie die neue Idee verwerfen. Einer der Gründe, warum es depressive Menschen so schwierig finden, etwas für sich selbst zu tun, ist der, daß sie sich gar nicht vorstellen können, was ihnen guttun würde. In solchen Fällen, wenn alles Denken dazu tendiert, negativ und unangenehm repräsentiert zu werden, kann die beste Wahl darin bestehen, einfach irgend etwas zu tun, gleich was.

In der freien Natur gehen solche Denkprozesse sehr schnell vor sich. Wir haben unser ganzes Leben mit unserem Gehirn verbracht und finden es daher sehr leicht, gewisse Dinge zu denken, da wir in dieser Art des Denkens bereits sehr geübt sind. Manchmal laufen lange und komplizierte Denkprozesse so schnell ab, daß wir sie kaum bemerken.

Ich möchte jetzt ein Experiment vorschlagen, das dein Bewußtsein verändern kann. Hast du Lust, etwas auszuprobieren? Beginne damit, daß du dir vorstellst, du wärst *X*. Das *X* steht in diesem Fall für alles, was du sein möchtest. Mache dir eine Vorstellung davon, ein Bild, groß, leuchtend und attraktiv. Hole es näher an dich heran. Gehe hinein. Wie fühlst du dich, wenn du *X* bist? Nun mache dir die nächste Vorstellung von dir selbst, in der du noch mehr *X* bist. Dann gehe in dieses Bild hinein. Wiederhole den Prozeß, bis du dich wirklich wohlfühlst. Für diejenigen, die diese Formel zu abstrakt finden, hier ist derselbe Prozeß, wie ich ihn einmal in einen Traum empfangen habe:

Nehmen wir an, ich wäre dabei, einen Spaziergang zu machen. Spaziergänge sind gute Gelegenheiten zum Nachdenken, aber nicht immer ist das, was man dabei so denkt, auch wirklich effektiv, um einen weiterzubringen. Manchmal erwische ich mich dabei, daß ich allerhand dummes Zeug denke. Gedanken, die mich eher schädigen, traurig stimmen oder daran hindern, Lösungen für meine Probleme zu finden. Zu solchen Zeiten wünsche ich mir, daß die Gedankenmühle endlich anhält:

1. Ich bemerke, daß ich mein Bewußtsein verändern möchte, da weiteres Brüten und Herumdenken nicht weiterhilft.

2. Ich höre auf das zu tun, was ich gerade getan habe, als ich am Brüten war. In diesem Beispiel war ich, wie gesagt, am Spazierengehen. Ich bleibe stehen und beobachte. Der Punkt, an dem ich jetzt stehe, ist Punkt A.

3. Als erstes beobachte ich meinen inneren Bewußtseinszustand. Was denke ich? Wie fühle ich mich dabei? Was sehe ich in meinem Inneren? Wie klingt meine innere Stimme? Wie ist mein Bewußtseinszustand? Wie ist mein Muskeltonus? Welche Haltung habe ich? Wie atme ich im Augenblick? In dieser Phase assoziiere ich mit meiner inneren Erfahrung.

4. Als nächstes richte ich meine Aufmerksamkeit nach außen. Ich assoziiere mit der Außenwelterfahrung. Wo bin ich hier? Wie sieht die Landschaft aus? Wie ist das Wetter? Ohne mich von der Stelle zu bewegen, baue ich eine gute Repräsentation der Welt auf, die mich umgibt.

5. Zuerst wurde die innere Welt wahrgenommen. Dann wurde die äußere Welt wahrgenommen. Jetzt wirble ich auf der Stelle herum und springe einen Schritt zurück.

6. Ich stehe nun an einer neuen Stelle, Punkt B. Ich kann nach vorne schauen zu Punkt A, an dem ich noch vor ein paar Augenblicken gestanden bin. Nun stelle ich mir vor, daß ich mich dort stehen sehen kann, genauso wie ich vor einem Augenblick noch aussah. Die Person, die ich dort sehe bzw. imaginiere, sieht nicht besonderes gut aus. Sie macht sich zu viele Sorgen.

7. Ich fange an, diese dissoziierte Vision von mir selbst zu verwandeln. Ich sehe, wie ich an Punkt A stehe, und verbessere diese Vorstellung. Zunächst stelle ich mir vor, daß sich meine Haltung bessert, daß mein

Atem leichter fließt und sich meine Muskeln lockern. Dann baue ich eine Vorstellung auf, wie ich aussehen würde, wenn es mir wesentlich besser ginge. Ich könnte z.B. den Gesichtsausdruck dieser Vorstellung verändern. Manchmal füge ich eine Aura in irgendeiner strahlenden und bedeutungsvollen Farbe hinzu. Wenn ich einen Ausflug ins Reich der Magie unternehmen will, dann umgebe ich diese Vision von mir selbst mit den Vorstellungen von Göttern, Geistern usw. Ich mache sie zu einer guten Vision, klar, deutlich und äußerst attraktiv.

8. Wenn diese dissoziierte Vorstellung gefestigt ist, nehme ich einen tiefen Atemzug, wirble herum und springe vorwärts zu Punkt A, mitten in meine Vision hinein.

9. In dem Augenblick, in dem ich in meine Vision eintauche, finde ich Zugang zu einem neuen Bewußtseinszustand. Ich gehe sofort und schnell weiter in diese neue Welt hinein. Wenn du in deine Vision springst oder sie umarmst, solltest du eine starke Veränderung deines Bewußtseins erleben. Analysiere es nicht. Etwas zu analysieren heißt, es zu dissoziieren, da man Abstand braucht, um eine Analyse durchzuführen. Genieße und erlebe es vielmehr eine Weile, bevor du dich entscheidest, ob du vielleicht einen weiteren Mutationssprung brauchst.

Zugang zu Farben

In diesem Abschnitt möchte ich nur kurz auf Farben eingehen, da es so viele Farben gibt und jede davon andere Wirkungen auf die Psyche ausübt. Es gibt viele Theorien, die eine Verbindung zwischen Farben und Bewußtseinszuständen herzustellen versuchen.

Von Zigeunern wird erzählt, daß sie die Schlafecke in ihrem Wagen in dunklem Lila streichen, was den Schlaf tiefer und erholsamer machen soll. Die Umkleideräume in Theatern sind oft in hellem Grün gestrichen, da dies die Nerven der Schauspieler beruhigen soll. Gewisse Kampfkünstler verwenden eine Trance, in der sie einen Raum imaginieren, der von tiefem roten Glühen erfüllt ist. In diesem Raum sehen sie sich selbst bei ihren Kampfübungen zu. Wenn die Vision klar und gut ausgebildet ist, assoziieren sie mit der Vorstellung, die sie von sich selbst geschaffen haben, und erleben sich selbst in Aktion, beim Springen, beim Krallen, beim Treten, inmitten dieser Wolke aus leuchtend rotem Licht. Der rote Raum repräsentiert dabei die Stimmung der Übung und die Stimmung, in der sie sich befinden können, wenn sie wirklich auf ihre Fähigkeiten angewiesen sind. Ich habe einmal von einer Ausnüchterungszelle gehört, die in verschiedenen amerikanischen Gefängnissen getestet wurde. Die Wände dieser Zelle waren in ekelhaftem Pink gestrichen, was den Effekt hatte, daß gewalttätige Betrunkene innerhalb weniger Minuten zusammenbrachen.

Farben sind sehr wichtig für die magische Praxis.

Nehmen wir an, wir wollen abstrakte Energien imaginieren. Dies geht sehr einfach, wenn wir uns die abstrakten Energien als Felder, Sphären oder Strahlungen aus farbigem Licht vorstellen. Natürlich ist dabei das farbige Licht nur eine Metapher für Ideen, denen wir sonst keine angemessene Form verleihen können. Eine der klassischen Bannungstechniken verwendet die Vorstellung eines solchen Lichtfeldes. Das Lichtfeld wird nach allen Richtungen ausgestrahlt, gleißend, hell und strahlend. Nach den herkömmlichen Glaubensmodellen vertreibt helles Licht negative Einflüsse, was auch immer diese sein mögen, und schafft einen reinen und geheiligten Bereich, in dem Rituale abgehalten werden können. Wenn wir diesem Licht eine Farbe geben, verändern wir seine Bedeutung.

In der Sprache der Magie tragen die Farben Bedeutungen. Wenn du deinen Tempelraum bemalen willst, Symbole entwerfen, Stelen, Sigillen oder sonstige Formen, dann wirst du wahrscheinlich Farben verwenden wollen, die mit den Kräften und Bewußtseinszuständen, die du anrufen willst, kongruent, also stimmig sind. Welche Farben sind für unsere Rituale und unsere Magie angemessen?

Die normale Art und Weise, die richtigen Farben auszuwählen, ist bedauerlicherweise immer noch der intellektuelle Zugang. Der wortfixierte Magier stürzt sich in einen Berg aus magischer und psychologischer Literatur, liest, vergleicht und wählt aus, welche traditionelle Liste von Farbzuordnungen wohl die wahre, richtige und funktionierende sein mag. Dies ist ein Beispiel für den Fall, daß sich das bewußte Ich vorzustellen versucht, was die Farben für das Tiefenselbst bedeuten. Wenn du sehr viel Glück hast, kann deine Wahl beinahe die richtige sein.

Haben Farben eine allgemein verbindliche Bedeutung, die sie für alle Menschen gleichermaßen wirksam macht?

Natürlich gibt es einige Farben, die für die meisten Menschen ähnliche Bedeutungen haben. Solange Menschen in erster Linie bei Tag leben und bei Tag arbeiten, hat Licht für sie eine andere Bedeutung als Dunkelheit. Die Assoziation der Farbe Rot mit Blut oder der Farbe Weiß mit Alter ist sehr naheliegend und auf dieser Erde weit verbreitet. Andererseits gibt es aber durchaus Unterschiede. Menschen haben verschiedene Lieblingsfarben. Einige freuen sich über Rot, andere gedeihen im Grünen und wieder andere fliegen auf Bürograu. Einige dieser Unterschiede resultieren aus der persönlichen Geschichte. Wenn du Angst hast zu ertrinken, wird dich das tiefe Blau des Ozeans nicht sehr beruhigen.

Weiters gibt es Unterschiede in der Wahrnehmung der Farbintensität. Einige empfinden es als angenehm, sich mit einer Sphäre aus strahlend weißen Licht zu umgeben. Kannst du dir das vorstellen? Imaginiere eine Sphäre aus strahlend weißem Licht, die dich umgibt. Wie fühlt sich das an? Laß uns etwas ausprobieren: Mache das Weiß heller. Gibt es eine Schwelle, einen Punkt, an dem das Weiß zu grell und die Vorstellung unangenehm wird? Die meisten Farben beinhalten einen gewissen Schwellenwert. Wenn die Farbe zu intensiv wird, verändert dies das Erleben und die Wirkung, die die Farbe auf uns ausübt.

Es gibt auch eine Menge kultureller Unterschiede in der Erfahrungsweise und Bedeutung von Farben. Im Westen wird Weiß gerne als Farbe der Reinheit, der Unschuld und der Spiritualität betrachtet. In China ist das anders. Dort ist es üblich, daß Menschen, die trauern oder zu Beerdigungen gehen, weiße Kleidung tragen, und es gilt als äußerst unglücksverheißend, eine weiße Blüte oder ein weißes Schmuckstück im Haar zu tragen. Einige östliche Religionen stellen sich die große Leere weiß vor, während sich die meisten westlichen Menschen diese eher schwarz vorstellen würden. Die heilende Kraft des weißen Lichts, wie sie von zahllosen Heilsverkündern auf der ganzen Welt an ihre Zombieschüler verkauft wird, könnten durchaus unangenehme Effekte auf einen Chinesen haben, dessen Tiefenselbst den Glauben beinhaltet, daß Weiß mit Ideen von Tod und Leere in Verbindung steht. Ich möchte damit nicht bestreiten, daß Weiß dich heilen kann, vorausgesetzt, daß du Weiß mit Heilung assoziierst.

Wie können wir herausfinden, was die Farben für uns persönlich bedeuten? Im alten Äon gab es viele sogenannte Meister, die einfach festgelegt haben, was die Farben bedeuten. Normalerweise nahmen diese Meister an, daß ihre persönlichen Einsichten über die Farben und ihre Wirkungen für alle Menschen gleichermaßen gelten. Für die Schüler dieser Meister war die Situation nicht ganz so einfach. Diejenigen, deren Verstand ähnlich funktionierte wie der ihres Meisters, erzielten vermutlich mit demselben Farbecode einigermaßen gute Resultate, was es ihnen ermöglichte, die

Tradition fortzusetzen und ihr Wissen an Leute weiterzugeben, die ähnlich dachten wie sie selbst. Diejenigen Schüler, bei denen die Farbzuordnungen des Meisters nicht so gut funktionierten, bekamen normalerweise gesagt, daß dies ihr eigener Fehler wäre. Solchen Schülern stand es dann frei, den Meister zu verlassen und selbst zuzusehen, wo sie blieben, was in diesem Fall nicht einmal das Schlechteste war. Was sie gebraucht hätten, wäre ein System, das es ihnen ermöglicht hätte, die Farbzuordnungen selbst herauszufinden, und natürlich den Glauben, daß ihre eigenen Einsichten genauso wertvoll wie die des Meisters sind. Zur Hölle mit der Tradition, du bist einzigartig!

Es folgen ein paar einfache Übungen, die dir helfen können, die Bedeutung der Farben für dich selbst zu entdecken:

1. Diese Übung ist für Leute, denen es leicht fällt, Farben zu imaginieren. Mache es dir gemütlich und gehe in einen angenehmen und lockeren Trancezustand. Stelle dir eine Farbe vor. Richte deine Aufmerksamkeit auf sie, sprich über sie in deiner inneren Stimme. Fühle die Farbe so, als hätte sie Substanz, Struktur und Dichte. Stelle dir vor, wie dich die Farbe umgibt. Mache diese Erfahrung so lebendig wie du kannst. Wie reagierst du auf die Farbe? Welche Ideen kommen in deinen Geist? Wie fühlst du dich? Welche Emotionen entstehen? Wann und wo könnten diese Emotionen für dich nützlich sein? Wofür könntest du solche Gefühle verwenden? Wenn du genug hast, erlaube der Farbe sich aufzulösen. Nimm einen tiefen Atemzug und öffne deine Augen. Dies erfüllt einen ähnlichen Zweck wie die Glocke im Ritual: Sie markiert das Ende einer Einheit und den Anfang der nächsten. Schließe deine Augen wieder und versuche es mit der nächsten Farbe.

2. Manche finden es leichter, diese Übung im Stil einer Astralprojektion zu erleben: Stelle dir vor, du stehst vor einer Tür. Der Durchgang ist von einem dicken Stoffvorhang in jener Farbe bedeckt, über die du etwas erfahren möchtest. Nimm dir Zeit und betrachte die Farbe. Fühle den Stoff. Höre dich von der Farbe sprechen. Laß das Ganze auf dich einwirken. Sage dir, daß es eine ganze Welt in dieser Farbe gibt und daß diese Welt hinter dem Vorhang liegt. Wenn du durch den Vorhang gehst, wartet sie auf dich. Laß dir Zeit. Wenn du dir den Vorhang gut vorstellen kannst und diese Vorstellung klar und deutlich in deinem Bewußtsein ist, öffne den Vorhang und gehe hindurch. Es kann vorkommen, daß du mehrere Türen und Räume brauchst, bevor du in der Welt dieser Farbe ankommst,

einer Welt, die dein Tiefenselbst für dich erschaffen hat, um die Bedeutung dieser Farbe für dich zu repräsentieren. Wenn du genug erfahren hast, kehre auf demselben Weg zurück und schließe die Vorhänge sorgfältig hinter dir.

3. Jetzt versuchen wir es mit Erinnerungen. In deinem leichten Trancezustand möchte ich dich bitten, daß du deine Augen schließt und irgendeine Erinnerung aus jüngerer Vergangenheit auswählst, eine Erinnerung, die noch klar und lebendig in deinem Bewußtsein ist. Erinnere dich zuerst in assoziierter Wahrnehmung. Wenn du die Erinnerung durchlebt hast, wähle eine Farbe. Nun stelle dir vor, daß du dieselbe Erinnerung noch einmal erlebst, so als ob du sie durch ein farbiges Filter wahrnehmen würdest. Gib deiner Erinnerung eine neue Farbe. Du könntest dir auch vorstellen, daß der Ort oder die Umgebung deiner Erinnerung von starken farbigen Lichtern erleuchtet ist oder die Luft selbst diese Farbe hat. Wenn du die Erinnerung in dieser Farbe erlebt hast, löse die Farbe auf, öffne und schließe deine Augen und wiederhole die Übung mit derselben Erinnerung in einer anderen Farbe. Du wirst bald feststellen, daß sich die Stimmung der Erinnerung verändert. Einige Farben und einige Erinnerungen passen gut zusammen, andere hingegen lassen die Szene unwirklich erscheinen. Wiederhole dies mit verschiedenen Arten von Erinnerungen und mache dir Notizen. Versuche es mit einer unangenehmen Erinnerung. Welche Farben machen die Erinnerung unangenehmer, welche machen sie absurd und welche erlauben es dir, den emotionalen Effekt besser zu dissoziieren? Welche Farben bewirken, daß deine Erinnerungen gefühlsneutral werden, und welche Farben sorgen dafür, daß du dich besser fühlst? Erinnere dich an irgendeine magische Arbeit, die dir wirklich gut getan hat. Welche Farbvorstellungen machen dieses Erlebnis intensiver? Erinnere dich, wie du ausgesehen hast. Wie würdest du aussehen, wenn du von einer Aura in verschiedenen Farben umgeben wärst? Assoziiere mit dieser Vision, gehe in die Vorstellung hinein und finde es heraus, indem du es lebst.

4. Wir können dies auch im Alltag nutzen. Wie verwandelt sich dein Bewußtsein, wenn du dir vorstellst, daß du von einer bestimmten Farbe umgeben bist? Welchen Zweck erfüllen Farben in deinem täglichen Leben? Wir kannst du diese Erfahrungen praktisch nutzen?

Kapitel 7

Imagination und Gebet

Du hast soweit gelernt, daß sich deine Wahrnehmung verändert, wenn du deine Aufmerksamkeit von einem Sinneskanal zu einem anderen bewegst. Du hast sicherlich auch bemerkt, daß du eine Erfahrung beschreiben kannst und daß deine Stimmlage, dein Tempo, dein Rhythmus und deine Betonung diese Erfahrung verändern können, was interessante Bewußtseinszustände hervorrufen kann. Für manche Menschen ist das eine wirkliche Überraschung. Wir alle haben gelernt zu sprechen und zuzuhören. Aus irgendwelchen Gründen haben wir aber auch gelernt, der Bedeutung der Worte große Aufmerksamkeit zu schenken, ohne uns darum zu kümmern, wie diese Worte ausgesprochen werden. Nur wenige Menschen achten in unserer Kultur auf die Stimmlage, und das erscheint mir als große Verschwendung von nützlicher Information. Untersuchungen der Gehirnfunktionen zeigen, daß in gesprochenen Botschaften die Kommunikation auf verschiedenen Informationsebenen stattfindet. Einige Teile des Gehirns, die sich normalerweise in der linken Hemisphäre befinden, sind darauf spezialisiert, die Bedeutung der Worte zu verstehen. Andere Teile, die sich für gewöhnlich in der rechten Hemisphäre befinden, reagieren eher auf Tempo, Stimmlage, Energiegehalt und Betonung. Da sich die meisten Leute bewußt an der Bedeutung der Worte orientieren, bleibt die Art, in der die Worte mitgeteilt werden, größtenteils unbewußt.

Noch vor einem Jahrhundert galt es als äußerst unhöflich, den Tonfall einer Person zu kommentieren. Es scheint, daß die Menschen in unserer Kultur gelernt haben, sich in erster Linie auf die Information zu beschränken, auf die Bedeutung und auf den Inhalt, ohne sich darum zu kümmern, wie die Botschaft übermittelt wird.

Geisterwald

Denken wir doch einmal an Gebete und Anrufungen. Ein häufiger Fehler besteht darin, Anrufungen in einem ernsthaften und vernünftigen Stil vorzutragen: Zunächst müssen die Worte alle richtig sein, die Namen der Kraft müssen wahren und authentischen Quellen entstammen, göttliche Namen, und natürlich nur die historisch authentischen, werden vorgelesen oder rezitiert. Manche Magier wollen alles so perfekt machen, daß es ihnen schwerfällt, frei zu sprechen. Die Lösung für dieses Problem besteht darin, die Anrufung aufzuschreiben[1] und auswendig zu lernen, vorausgesetzt wir benutzen nicht von Anfang an eine authentische klassische Anrufung, z.B. irgendwelche heiligen Worte in Altägyptisch, Sumerisch, Protokeltisch oder mittelalterlichem Isländisch. Das klingt wirklich eindrucksvoll. Sind es denn nicht die traditionellen Worte, die die Magie wirksam machen? Liegt nicht eine ungeheure Kraft in den alten (und hoffentlich auch wahren) Gottesnamen?

Manche Hexen behaupten von sich, daß sie die Hüter der wahren und authentischen traditionellen Gottesnamen seien. Ihrer Meinung nach ist es völlig unmöglich, mit den Göttern Kontakt aufzunehmen, wenn man nicht die wahren und authentischen Worte und Anrufungen kennt, die zu ihnen gehören. Natürlich ist das Wissen um solche wahren und authentischen Gottesnamen sowohl geheim wie auch ziemlich kostspielig. Ich erinnere mich an Anrufungen, in denen junge Wiccas lange Listen von Götternamen rezitierten, »um Kraft aufzubauen«, wie sie es nannten, so nach der allgemeinen Idee, daß mehr Namen automatisch mehr Kraft bedeuten, ob man nun weiß, was da gerufen wird oder nicht. Welchen Sinn hat es, Gottheiten anzurufen, die man nicht aus persönlicher Erfahrung kennt? Und wie ist es mit den klassischen Methoden?

Praktizierende Magier (d.h. diejenigen, die tatsächlich praktizieren und nicht nur reden) haben schon vor langer Zeit erkannt, daß eine Anrufung, selbst wenn ihre Bedeutung genau zutrifft, nicht sehr viel bringt, wenn sie in einer langweiligen oder alltäglichen Stimmlage vorgetragen wird.

Die Mitglieder des Hermetischen Ordens des Golden Dawn und der damit verbundenen magischen Organisationen entwickelten eine Methode, die Worte auf dramatische und bebende Weise zu vibrieren. Das funktionierte so: Um sich so richtig in Stimmung zu bringen, verkündeten diese Magier zunächst ihren magischen Namen, ihre magischen Titel und ihre

[1] Das Vorlesen von Gebeten und Anrufungen (anstatt frei zu sprechen) war in einigen alten Kulturen, z.B. in Rom, üblich (siehe Plinius d. Ä.).

Leistungen, was ihr Selbstwertgefühl steigern sollte. Vieles davon klingt ziemlich überheblich, ist aber durchaus wirksam, um das Bewußtsein zu verändern. Dann folgte die Anrufung. In einer Stimme, die die Erde erschüttert, die sich bis zu den Grenzen des Universums ausdehnt und die so eindrucksvoll und dramatisch wie möglich klingen sollte. Wenn wir eine solche Stimme verwenden, erzielen wir viele Effekte, die wir mit einer normalen Small-Talk-Stimme nicht erzielen würden. Leider hören die meisten Magier an diesem Punkt auf.

Ich erinnere mich an eine Tonbandaufnahme des selbstgekrönten Königs der Hexen, Alex Sanders. In den ersten zehn Minuten gefiel mir die Anrufung, da sie mir ausgewogen und dramatisch erschien. Fünf Minuten später begann ich mich zu langweilen, weitere fünf Minuten später erschien der Geist von Loki, um in meinem Hinterkopf freche Bemerkungen über Leute zu machen, die eine funktionierende Technik erlernen und sich niemals die Mühe machen, eine weitere zu entwickeln. Wie gut deine »Ritualstimme« auch klingen mag, wenn du sie zu lange verwendest, wird der Effekt schwächer und deine Aufmerksamkeit schweift ab.

Wir haben soweit betrachtet, was geschieht, wenn wir das *Was* betonen und das *Wie* ignorieren. Es gibt aber noch einen anderen Zugang zu Anrufungen, der das *Wie* betont, und das in solchem Maße, daß der bewußte Verstand nicht weiß, was er mit solchen Anrufungen anfangen soll. Dies ist z.B. der Fall, wenn wir unsere Anrufungen in henochischer Sprache vortragen, wenn wir barbarischen Namen vibrieren oder bedeutungslose Lieder in Chaossprache singen. Bei solchen Anrufungen richtet sich die Aufmerksamkeit in erster Linie auf den Klang, auf die Lautstärke und auf die Modulation, da die ausgesprochenen Worte für den bewußten Verstand keinen Sinn ergeben. Solche Anrufungen scheinen in erster Linie irrational zu sein. Sie besitzen nicht sehr viel Bedeutung, aber erzeugen jede Menge Kraft und Energie. Da ist es schon verständlich, daß sich die meisten Anfänger bei solchen Anrufungen ziemlich unwohl fühlen. Der Grad des Widerstandes gegen solche irrationalen Anrufungen kann viel über das Bestreben des Ego aussagen, die Kontrolle zu bewahren und immer genau zu wissen, was eigentlich geschieht.

Wenn du dein Bewußtsein wirklich verändern willst, würde ich dir ein gemischtes Programm vorschlagen: Du könntest z.B. mit einer sinnvollen Anrufung für dies oder jenes beginnen, dann zur Chaossprache übergehen und zulassen, daß sich wilde und wunderbare chaotische Worte formen.

Wenn du diese Worte singst oder schreist und dazu tanzt, wirst du eine Menge Energie entwickeln. Dann folgt die nächste Einheit mit sinnvoller Sprache, bedeutungsvoller Prosa usw. Du wirst feststellen, daß diese Art von Ritual Teile deines Gehirns aktiviert, die bei normalen Anrufungen latent im Hintergrund verbleiben würden. Dasselbe gilt auch für andere Formen von Anrufungen wie z.B. die Hypnotherapie, Tranceinduktionen, das Erzählen von Geschichten oder die Rezitation von Gedichten.

Es gibt einige Leute, die behaupten, daß ein guter Hypnotherapeut grundsätzlich in einer langsamen, tiefen und monotonen Stimme sprechen sollte. Dies wirkt Wunder, wenn du langsame, tiefe und monotone Trancen induzieren willst. Wenn du auf diese Art mit dir selbst sprichst, könnte es passieren, daß du einfach einschläfst. Die besseren Hypnotherapeuten, wie Milton Erickson, haben aus der Nutzung von Pausen und Modulationen eine wahre Kunst gemacht. Wieder andere verwenden gelegentliches Flüstern. Wenn du eine Suggestion flüsterst, wird dein Klient besonders gut zuhören, und seine Aufmerksamkeit mag sogar noch steigen, denn, wie wir alle wissen, sind es gerade die wichtigen und äußerst geheimen Dinge, die in einer solchen Flüsterstimme gesprochen werden.

In machen Trancen brauchen wir gelegentlich auch eine wilde und aufgeregte Stimme. Wenn wir z.B. den Geist oder die Gottheit der Liebe anrufen wollen, können wir unserem bewußten Ich einen Gefallen tun, indem wir zeremonielle Gebete an die entsprechende Gottheit richten, z.B. Venus, Vanadis, Fria, Ishtar, Inanna, Babalon oder Erzulie (die Liebesgöttin des Voodoo). Es ist einfach, eine Liebesgottheit auszuwählen, die unserer Natur entspricht, und wenn wir ein wenig nachforschen und recherchieren, dann werden wir viele Symbole und mythologische Details finden, die unser bewußtes Ich mit den nötigen Bedeutungen ausrüsten, um ein Gebet beginnen zu können.

Das alles, wie fein und sorgfältig auch immer ausgearbeitet, wird nur wenig bringen, wenn wir nicht mit Kraft und Hingabe anrufen. In unserem Fall bedeutet das zunächst einmal eine liebevolle Einstellung und eine liebevolle Stimmlage, um den Kontakt mit dem Geist der Liebe herzustellen. Es gibt viele Götter und Geister, die sich nur wenig um die Bedeutung einer Anrufung scheren, dafür aber wesentlich schneller auf ihre Stimmung reagieren. Dies ist besonders dann der Fall, wenn wir die »Alten Götter« rufen, die uralten Wesen und Geister des Morgengrauens der Menschheit, denen der Verstand ohnehin gleich ist.

Es folgt eine Übung der allereinfachsten Art. Dafür hielt ich sie zumindest, als ich sie von zwei Freunden erlernte, die sie ihrerseits von einem Yoruba-Priester erlernt hatten. Ehrlich gesagt dachte ich am Anfang, daß sie viel zu einfach sei. Meinen Freunden war sie als eine Art Gebet vorgestellt worden. Dies ist eine gute Beschreibung, aber nicht die einzige. Wenn ich diese Übung Leuten vermitteln will, die der Idee des Gebets ablehnend gegenüberstehen, dann nenne ich sie »eine Übung in kongruenter Sprache und lebendiger Imagination«.

Die Übung beruht auf dem Prinzip der Eucharistie. Kraft oder Bewußtsein wird angerufen und in eine Schale oder einen Kelch voll Flüssigkeit geladen, die als Opfergabe ausgegossen und getrunken wird, um die Energie aufzunehmen und zu integrieren. Was du zunächst brauchst, sind zwei Tassen, Schalen, Kelche, Hörner oder andere Trinkgefäße. Manche finden es leichter, wenn sie von Anfang an mit zwei speziellen Gefäßen arbeiten, mit geweihten Gefäßen, die nur für dieses Ritual bestimmt sind. Als Flüssigkeit kannst du Wasser verwenden, das seinen Geschmack während der Arbeit verändern kann, Wein, oder auch stärkere Getränke wie Gin oder Rum. Wenn du bereits etwas Ritualerfahrung hast, dann beginne das Ritual mit einem zeremoniellen Anfangsteil, der dir gefällt. Wenn du keine Erfahrung mit Ritualen hast und dich unsicher fühlst, sorge einfach dafür, daß du es gemütlich hast. Lockere dich, nimm ein paar tiefe Atemzüge, setze dich ein paar Minuten hin und werde ruhig, so daß sich dein Geist auf all die guten Dinge, die da kommen mögen, vorbereiten kann. Nimm in jede Hand ein Schale. Die Schale in der rechten Hand sollte mit einer Flüssigkeit deiner Wahl gefüllt sein, die Schale in deiner linken Hand ist leer. Während du die Schalen hältst, beginnst du zu beten, anzurufen und zu beschwören. Da dieses Ritual nicht festgelegt ist, kannst du anrufen, was immer du willst. Wenn du es stark erlebst und imaginierst, projiziere die Vision in die Flüssigkeit hinein. Wenn du z.B. Feuer anrufst, solltest du dich im Gebet »hemmungslos entflammen«. Wenn du dann »feurig« und wild geworden bist, mit strahlenden Augen und funkelndem Lachen die Wärme oder Hitze spürst und deine Vorstellungskraft den ganzen Raum mit brennender lebendiger Flamme erfüllt, dann mache diese Vision kleiner und intensiver, bis sie die Flüssigkeit in der rechten Schale mit feuriger Kraft erfüllt. Wenn du die Flüssigkeit auf diese Art und Weise mit Kraft und Bewußtsein geladen hast, gieße etwas davon in die linke Schale. Dann rufe die nächste Energie an. Lade sie in die Flüssigkeit in der rechten

Schale und gieße etwas davon in die linke Schale. Mache weiter so und rufe Idee um Idee an, lade sie in die Flüssigkeit und gieße immer ein wenig davon in die linke Schale, bis diese voll und die rechte Schale leer ist. Jetzt hältst du eine Schale voller Segen in deiner linken Hand. Gieße die Flüssigkeit jetzt ein paarmal von einer Schale in die andere, solange bis alle Ideen deiner Anrufungen gut vermischt sind. Gib einen Teil der Flüssigkeit den Göttern und Geistern und versprenge auch etwas im Raum um dich herum. Wo immer die Tropfen hinfallen, weihen sie die Atmosphäre. Bedanke dich und trinke den Rest. Dies wird dich von innen heraus verändern.

Natürlich ist diese Beschreibung ziemlich oberflächlich. Viele meiner Leser werden jetzt fragen: »Aber was soll ich rufen und wie?«

Stell dir vor, du willst die Elemente Erde, Luft, Feuer, Wasser und Geist anrufen. Dieses Modell des Universums dürfte den meisten Lesern vertraut sein. Natürlich könntest du genausogut die Kräfte der Planeten anrufen, die Sephiroth des Lebensbaums, deine liebsten Gottformen oder irgendeine andere Kraft oder Wesenheit, die dir gefällt. In Afrika werden nicht die Elemente angerufen, so wie wir sie aus der indischen und griechischen Philosophie kennen, sondern die Götter und Geister, die mit jedem einzelnen Magier in Verbindung stehen.

Wenn du die Elemente anrufen willst, könntest du mit der Erde beginnen. Hier ist ein Beispiel, wie dies klingen könnte. Tue dir den Gefallen und sprich laut. Ich weiß, daß viele Esoteriker gerne im Stillen beten oder den ganzen Vorgang lieber in ihrer Imagination erleben. So ist es mir am Anfang auch ergangen. Ich konnte gut imaginieren, aber schlecht darüber sprechen. Manchmal fürchten sich Anfänger, daß sie etwas Dummes oder gar Falsches sagen könnten, doch in dieser Übung gibt es nichts Falsches. Es ist dein Tiefenselbst, das dir die Ideen und Worte zuspielt. Am wichtigsten ist, daß du deinen Mund öffnest und zu sprechen beginnst.

EINE ANRUFUNG DER ERDE: *Höre mich ... wie ich spreche ... und dich beschwöre ... höre die Kraft der Erde ... starke Erde ... gesunde Erde ... fester Boden ... ich rufe dich an ... die Erde der Felder ... Mutter des Getreides ... Spenderin von Nahrung ... du feste Erde ... du friedliche Erde ... ich rufe dich ... zu diesem Ritual ... komm zur Anrufung ... Boden und Grund ... Staub und Dreck ... Quelle allen Lebens ... Spenderin des Fleisches ... sei bei uns ... Bei Feld und Wiese ... bei Stein und Holz ... bei Hügel und Berg ... fruchtbare Erde ... fröhliche Erde ... schwere Erde ... feuchte und reiche Erde ... dunkel und braun ... in vielen Farben ... ich fühle dein Gewicht ... deine Schwere ... und die Stärke deiner Felsen ... die uralte Geduld ... der Steine... und der Kristalle ... wie sie ruhen ... wie sie schlafen ... wie sie träumen ...* Dies ist die erste Stufe. Wir beschreiben, was wir anrufen.

Jetzt zur nächsten Stufe: *Du bist hier ... ich fühle deine Berührung ... deine Tiefe ... deine Kraft ... ich kann dich sehen ... in meinem Geist ... um uns herum ... die Berge ... und die Felder ... die Ebenen ... und die Wüsten ... und ich erinnere mich ... was Erde ... für mich bedeutet ... es gibt Erde ... in meinem Körper ... all das Fleisch ... ist Erde ... ist Materie ... ist Form ... ich fühle meinen Körper ... die Schalen in meinen Händen ... die Felsen ... wie Knochen ... fest und dauerhaft ... ich fühle mein Fleisch ... wie es ruht ... mein Fleisch ... alles Fleisch ... aus der Erde gewachsen ... kehrt zur Erde zurück ... in die Dichte ... und das Gewicht ... die Festigkeit ... und Dauer ... alte Erde ... aus einer Erde ...* In dieser Phase betonen wir, daß wir mit der Erde eins sind.

Es folgt die nächste Phase: *Diese Erde ... ist von mir ... und so wie sie Leben gibt ... und lebt ... und wie ich lebe ... trage ich die Erde ... erlebe ich die Erde ... werde ich mir bewußt ... bin ich das Bewußtsein ... von all der Erde ... die dort immer war ... all das Leben ... wächst aus meinem Körper ... wächst aus meinem Fleisch ... findet Form ... und Nahrung ... aus mir selbst ... ich bin die Erde ... ich wandle mich ... und bleibe ... und all die Formen ... entstehen aus mir ...* Dies ist die dritte Phase. Wir sprechen als die Erde selbst.

Wenn du dir einfach vorstellst, was du beschreiben willst, und es dann in freier, flüssiger und spontaner Sprache beschreibst, wirst du gut vorankommen. Du könntest z.B. mit deiner Erinnerung arbeiten. Während deines Lebens hast du sicher schon viele Erfahrungen mit Erde gemacht. Wenn du dich an dieses Material erinnerst, wirst du viel beschreiben können. Wenn du es lebendig beschreibst (was siehst du, was hörst du, was schmeckst du und was riechst du?), wird die Beschreibung immer lebendiger werden. Du beschreibst, was du erlebst, und du erlebst, was du beschreibst. Es wird nicht lange dauern, bis sich deine Vorstellungskraft entfaltet und du so enthusiastisch wirst (dies ist der Augenblick, an dem die Magie zu wirken beginnt), daß sie dich auf den Schwingen der Imagination davonträgt.

Wenn deine Vorstellungen von der Erde so richtig lebendig und intensiv geworden sind und du in allen Sinnesmodalitäten spürst und erfährst, was Erde für dich bedeutet, dann projiziere diese Ideen in die Flüssigkeit hinein.

Laß all deine Visionen, all deine Gedanken und Gefühle der Erde in die Flüssigkeit strömen, bis sie von Festigkeit, Dauerhaftigkeit und erdenhafter Dichte erfüllt ist.

Jetzt ist der Zeitpunkt, etwas von der Flüssigkeit in die Schale in deiner linken Hand zu gießen. Dann geht es weiter mit dem Element Wasser. Hier könntest du wieder von deinen Erinnerungen sprechen. Vom Regen und vom Schnee, von Bächen, Flüssen und Strömen, von Seen und Teichen, von den Nebeln, die dahinziehen, von den Wolken in der Höhe bis hin zum weiten, offenen Meer. So weit zum Wasser, wie du es in der Welt um dich herum erlebst. Du könntest aber auch von den Wassern sprechen, die durch deinen Körper fließen, die in deinen Adern zirkulieren, den Wassern, die die Zellen nähren und reinigen, den Wassern, die die Hormone transportieren und dir Fluten von Emotionen bringen, oder du könntest vom unendlichen ewigen Ozean sprechen, aus dem alles Leben hervorgegangen ist. Mehr muß ich dir nicht sagen, du weißt es bereits.

In derselben Art und Weise geht es mit den Elementen Feuer und Luft weiter. Für das Element des Geistes hoffe ich, daß dir etwas Besonderes einfällt, z.B. schallendes Gelächter. So viel zum Inhalt.

Jetzt zur Stimme und Betonung. Genauso wichtig wie das, *was* du sagst, ist die Art und Weise, *wie* du es sagst. Eine Anrufung der Erde klingt wesentlich überzeugender, wenn sie mit einer erdenhaften Stimme gesprochen wird. Zunächst einmal ist die Erdenstimme tief und schwer. Sie klingt fest und ruhig, und manchmal, wenn ich sehr erdenhaft spreche, beruhigt sich meine Stimme und zugleich auch mein Verstand. Wie klingt die Erdenstimme für dich? Bitte probiere es aus.

Jedes der Elemente hat auf seine eigene Art eine besondere Stimme. Die Wasserstimme z.B. neigt dazu zu pulsieren, zu wogen und zu plätschern, sie ist von einem regelmäßigen rhythmischen Fließen erfüllt, und einige Laute, wie *s*, *sch* und *z*, sollten betont werden. Auch gurgelnde und blubbernde Laute sind hilfreich.

Die Feuerstimme ist wild und rasend. Sie eruptiert ganz plötzlich, dann beruhigt sie sich wieder, um schließlich aufs neue hervorzubrechen. Schreie und tobe, wenn du kannst. Das Feuer ist wild und du bist es auch.

Die Luftstimme hingegen ist ruhiger. Sie tendiert zu langen Atemzügen, sie stöhnt, heult, pfeift, und manchmal flüstert sie auch wie der Wind in den Zweigen. Gelegentlich verstummen die Worte auch, und alles was geschieht, ist ein tiefes, glückliches Ein- und Ausatmen.

Die Geiststimme hingegen ist vollkommen von deiner Persönlichkeit abhängig.

Überlege doch einmal: Würdest du all diese verschiedenen Elemente in derselben Tonlage anrufen? Dies würde ziemlich langweilig klingen, besonders wenn das Ritual eine halbe Stunde oder länger dauert. Außerdem würdest du deine Ideen nur jenen Teilen deines Gehirns mitteilen, die die abstrakte Bedeutung der Worte verstehen. Die Tonlage der Stimme ist genauso wichtig wie die Worte, die durch sie mitgeteilt werden, nur daß sie andere Teile des Gehirnes aktiviert. Eine Anrufung ist nur dann effektiv, wenn sie dafür sorgt, daß du das fühlst und empfindest, worüber du gerade sprichst. In dieser Erfahrung ist es deine Einheit mit der angerufenen Energie, die das Ritual wirksam und wahrhaftig macht.

Es kommt nicht so sehr darauf an, was du über das Feuer sagst, der Trick besteht vielmehr darin, so feurig zu werden, daß dich die Kraft vollkommen erfüllt. Daher nenne ich diese Gebetsmethode »eine Übung in Kongruenz oder Stimmigkeit«.

Darf ich dir vorschlagen, diese Übung zwei Wochen lang täglich einmal durchzuführen? Vermutlich werden zwei Wochen nicht ausreichen, um dich zu einem wirklichen Profi zu machen, aber sie werden es dir zumindest ermöglichen, das Ritual gemeinsam mit deinen Freunden zu erleben.

In Gruppenarbeiten werden die zwei Schalen jedem einzelnen Teilnehmer gereicht, und jeder Teilnehmer ruft das an, was er oder sie will. Die anderen Teilnehmer können das Gebet und die Anrufung verstärken, indem sie passende Zusatzgeräusche produzieren. Für die Erde könnten wir z.B. eine tiefe Trommel benutzen und sie langsam und dröhnend schlagen, während ein paar Flöten oder Hörner das Luftelement verstärken könnten.

Wenn du das Gebet der Elemente einige Zeit geübt hast, möchte ich dir folgendes vorschlagen: Triff dich mit ein paar gleichgesinnten Freunden. Setzt euch mit den Schalen hin und beginnt mit dem üblichen Ablauf, diesmal jedoch in Chaossprache. Bitte keine sinnvollen Worte, Namen oder Sätze. Produziert einfach Geräusche, Klänge, Chaostöne, Gekreische, Gegröle oder was immer euch in den Sinn kommen mag. Wenn dies zwei oder mehr Menschen gleichzeitig tun, kann ein Klanggewebe entstehen, das vor Leben nur so pulsiert. Beim Erdelement würde ich tiefe dröhnende Stimmen empfehlen, Vibrationen und Gesänge mit Lauten wie *m*, *n*, *o* oder *u* in regelmäßiger und langsamer, rhythmischer Wiederholung. Beim Wasser könnte es das Geräusch von Wellen sein, die ans Ufer branden, die

Schreie der Möwen, das Fallen von Tropfen, die Geräusche von Flüssigkeiten, wie sie sprudeln, spritzen und fließen. Beim Feuer wäre es das trockene Knacken des Holzes, die kleinen Explosionen und viel Geschrei, Gebrüll und Getobe voll Freude und Lust. Für das Luftelement wäre es das Heulen des Windes, sein Pfeifen, Stöhnen, Ächzen, und vielleicht auch das Singen von Vokalen wie *a* und *e*.

Laß dich nicht von meinen hoffnungslosen Beschreibungen verwirren, probiere es einfach aus, vielleicht wirst du feststellen, daß der Kontakt zu den Elementen gar nicht von Worten abhängig ist und die chaotischen Klänge allein ausreichen, um bei jedem Element einen tiefen und ursprünglichen Bewußtseinszustand zu erfahren.

Dies hat natürlich auch Nebeneffekte. Vielleicht ist dir schon aufgefallen, daß die Art von Magie, für die ich lebe, nicht besonders würdevoll ist. Das hat seine Gründe. Es gibt viele Magier und Hexen, die Zeremonien abhalten und dabei versuchen, besonders würdevoll, spirituell oder gar heilig auszusehen. Dies führt normalerweise dazu, daß sie in erster Linie pompös und steif erscheinen.

Wir verdanken den Magiern der letzten Jahrhunderte einige merkwürdige Ideen. So z.B. den Irrglauben, daß der wahre Magier immer und überall die Kontrolle bewahrt, sich vor Gott verbeugt und gleichzeitig die Geister herumkommandiert. Dabei kam es bei den klassischen Riten gar nicht so sehr darauf an, was nun eigentlich angerufen wurde, da eine Anrufung wie die andere klang. Diese Maske und Verhaltensform ist eine Folge der organisierten Religion. Die Magier versuchten, die Rolle des souveränen Hohepriesters anzunehmen, des Spenders von Gesetz, Recht und Glauben. Sie wollten die heilige Autorität sein, hoch und allein. Natürlich ist ein solcher Priester, der schließlich eine organisierte Religion repräsentiert, nicht in der Position, um Witze zu reißen oder gar Fehler einzugestehen.

Denke jetzt an die Schamanen: Es ist ein Teil der schamanischen Praxis, daß sich der Schamane durch seine Magie in Erregung versetzt, daß er wild und enthusiastisch wird, bis die Geister erscheinen und ihn besessen machen. Da nun jeder Geist nach einer besonderen Art von Enthusiasmus und Begeisterung verlangt, bedeutet dies, daß ein guter Schamane sehr flexibel sein muß. Hinzu kommt, daß viele Geister, sobald sie in einen Körper gefahren sind, in erster Linie an ihrem eigenen Vergnügen interessiert sind. Den meisten von ihnen ist es ziemlich gleich, was die Leute denken oder sagen, und einige von ihnen lieben es, sie zu ärgern, zu provozieren oder zu beleidigen. All dies wäre völlig unmöglich, wenn der Schamane versuchen würde, die Kontrolle zu bewahren, würdig auszusehen oder auch nur die Robe sauber zu halten. Wenn dich der Wildschweingeist packt, dann kannst du feststellen, wie es Spaß macht, auf dem Boden herumzugrunzen. Wenn es der Schlangengeist ist, dann wirst du dich geschmeidig fühlen, sexy und äußerst giftig.

Dasselbe gilt für die Elemente. Der klassische Zeremonialmagier ist mit den Elementen nicht kongruent, versucht aber trotzdem, ihr Meister zu sein. Unser Zugang ist ein etwas anderer. Wenn wir die Erde anrufen, werden wir stark und schwer. Beim Wasser mag der Körper zu schwanken und zu pulsieren beginnen. Beim Feuer treten Hitze, Schweiß und wildes Geschrei auf, während das Luftelement zu Liedern oder Atemübungen inspirieren kann, ganz wie es kommt.

Wir wollen das erfahren, was wir anrufen, und seine Kraft und Bewußtheit in lebendigem Fleische empfinden. In unserer Gebetsübung heißt das, daß wir von unserer Begeisterung davongetragen werden. Du kommst am besten voran, wenn du all diese Ideen von Kontrolle und Würde vergißt und statt dessen zu dem wirst, was du anrufst. Sollte es dabei zu einem Schütteln, zu Krämpfen, Zuckungen, Vibrationen oder ähnlichen Phänomenen kommen, mache dir keine Sorgen, das ist nur der Anfang einer *Seidr*-Trance. Solche Phänomene waren in den alten europäischen Naturreligionen durchaus normal, bis eine organisierte Priesterschaft auf Würde zu pochen begann. Sie sind ein gutes Zeichen, daß die Lebensenergien fließen, daß Kraft entladen wird, sowohl im emotionalen wie auch im sexuellen Bereich. Diese Kraft ist für die Magie von besonderer Bedeutung, da sie möglicherweise jene Kraft ist, die die Götter und Geister brauchen, um sich zu manifestieren.

Wer mehr über *Seidr* ("Sudkunst"), Schütteln und Energiemagie erfahren will, sei hier auf mein nächstes Buch *Helrunar* verwiesen. An diesem Punkt sollte es genügen darauf hinzuweisen, daß ein guter Magier oder eine gute Hexe voll Hingabe arbeitet. Eine gute Anrufung sollte nicht nur eine wohlformulierte, intellektuelle Spielerei sein. Sie sollte dich ergreifen und mit deinem ganzen Wesen fesseln. Wenn du dazu fähig bist, wenn du beten kannst und feststellst, daß du mehr als eine Stunde gebetet hast, wenn die Worte fließen, ohne daß du viel darüber nachdenken mußt, dann kannst du diese Methode für alles verwenden: um Dank zu sagen, wenn du dich gut fühlst und dies mit anderen, vielleicht den Göttern oder Geistern, teilen willst; zur Lösung von Problemen, wenn du dich verloren fühlst und deine Situation mit den Göttern oder Geister besprechen willst; zur Vereinigung, wenn du mit den vielen Selbstaspekten, die in dir ruhen, einen trinken willst; zur Verwandlung, wenn du deine Selbstaspekte dazu aufforderst, dich von innen heraus zu verwandeln. Mit etwas Flexibilität kannst du dieses einfache kleine Ritual zu einem außerordentlich vielseitigen magischen Werkzeug machen. Wenn du also feststellst, daß dein Körper zittert, bebt, schwitzt oder zu schütteln beginnt, wenn dich wilde oder verrückte Impulse durchzucken oder du in Chaossprache aus dir herauszubrüllen beginnst, dann ist alles in Ordnung. Ein Großteil der wirksameren Art von Magie wird von jenen Teilen des Tiefenselbst vollbracht, die ihren eigenen Gesetzen und Ursachen folgen; Ursachen, die dem bewußten Ich in erster Linie verrückt oder unverständlich erscheinen. Wenn wir das befreien und integrieren, was in unserer Tiefe verborgen liegt, können wir feststellen, daß Kontrolle gar nicht benötigt wird und wahre Würde nicht von steifen Posen abhängt.

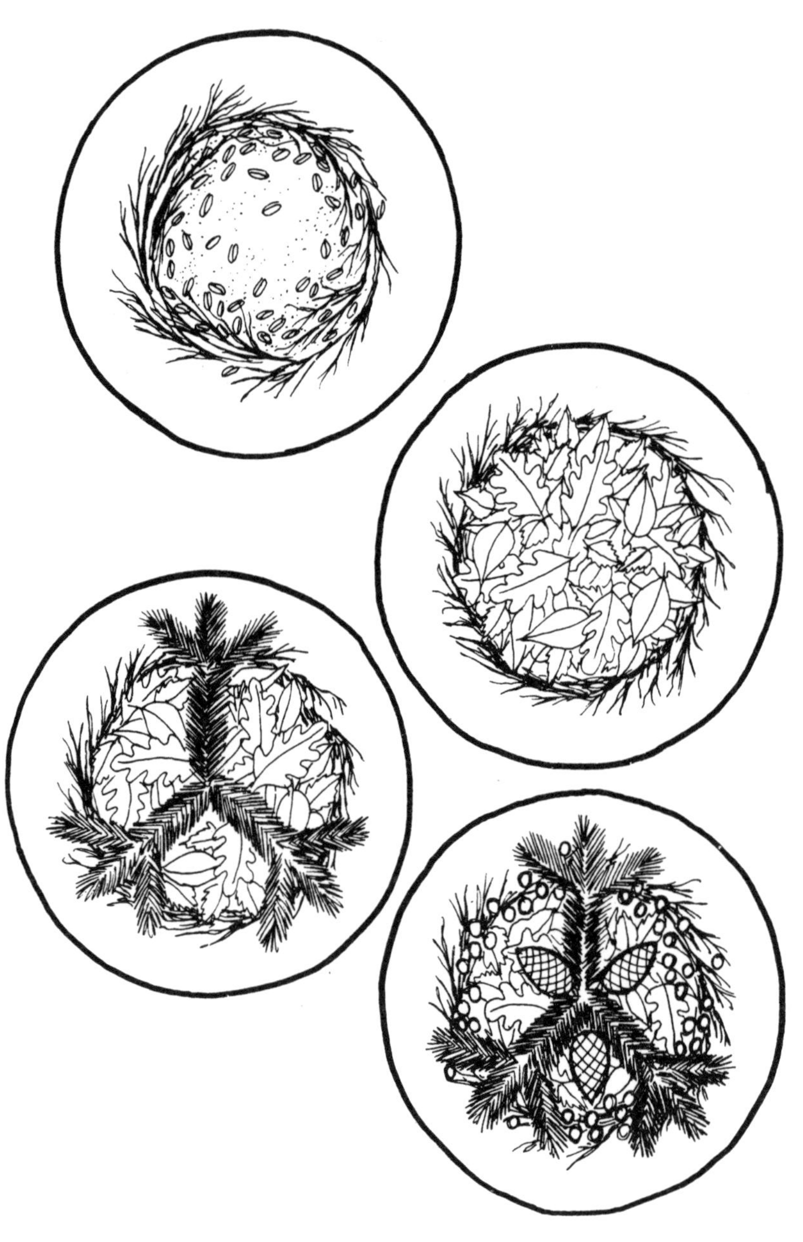

Das Bauen eines Mandalas aus Salz, Getreidekörnern, Wurzeln, Blättern, Tannenzweigen, Fichtenzapfen und Beeren...

Kapitel 8

Vom Bauen der Mandalas

München, im Juni 1989. Aus Katmandu trifft eine Gruppe von drei tibetischen Mönchen ein, der ehrenwerte Lobsang Tinle, Lobsang Palden und Lobsang Thardo. Die drei begeben sich zum örtlichen buddhistischen Zentrum, wo sie bereits am nächsten Tag beginnen, ein Mandala zu bauen. Ein Mandala ist eine Karte, ein Modell der Welt, ein Modell des Bewußtseins und ein kraftvolles visuelles Hilfsmittel, um bestimmte Bewußtseinszustände hervorzurufen. Wie Sigillen und Symbole berühren Mandalas die tieferen Ebenen des Bewußtseins.

Das Ritual beginnt sehr früh. Zuerst werden die Geister des Hauses und der Nachbarschaft angerufen und darum gebeten, Raum für das Ritual zu schaffen und ihren Segen für die Zeremonie zu spenden. Dann werden das ganze Haus und alle Teilnehmer gereinigt. Räucherwerk wird verbrannt, Gebete werden intoniert und Opfergaben werden den Geistern des Hauses und der Nachbarschaft angeboten. Jetzt wird Avalokateshvara angerufen, der Geist der Liebe und des Mitgefühls, für den das Mandala gebaut werden soll. Die Mönche öffnen ihre Gebetsbücher und beginnen ihre Mantras in tiefen, dröhnenden Stimmen zu intonieren. Sie läuten ihre Glocken und weben ein Geflecht aus Geräuschen und Klängen, das sie in Einklang mit ihrer Arbeit bringt. Sobald die Mönche merken, daß Avalokateshvara ihnen die Erlaubnis gibt, verklingen die Gesänge und das Ausmessen beginnt.

Auf eine große Holzplatte wird ein Mandala gezeichnet: Kreise, Quadrate, Lotusblumen und geometrische Strukturen, die das Ganze verbinden. Im Lotussitz und über das Holz gebeugt, beginnen die Mönchen die Flächen auszufüllen. Dazu wird gefärbter Sand durch feine Trichter auf das Holz gestreut. Diese Arbeit dauert sehr lange und erfordert eine ruhige Hand. Schicht um Schicht wird der Sand durch die Trichter geschüttet, Korn um Korn bildet er große Flächen, kleine Symbole, Girlanden, Ornamente, Blumen und Silben. Das Mandala wird zum Palast von Avalokateshvara, dessen Zeichen den Mittelpunkt des Mandalas ziert. Es ist eine kleine blütenartige Form in Rot, Weiß und Gelb, umgeben von einem Kreis in hellem Grün. Um den Kreis herum erblüht ein großer Lotus von acht Blättern, vier roten, zwei gelben, einem blauen und einem grünen. Jedes davon ist von einem weißen Rand umgeben. Um die runde Form des Lotus wird ein Quadrat angelegt, das wiederum aus den Farben Gelb, Blau, Grün und Weiß besteht. Dann folgen verschiedene Bänder aus feinen Ornamenten und Kreise, die in den Farben des Regenbogens erblühen. Diese werden von einem größeren Quadrat umgeben, das in denselben Farben wie das kleine angelegt ist.

Zehn Tage lang sind die Mönche mit ihrem Mandala beschäftigt. Zehn Tage, in denen sie sorgfältig den Sand auftragen und sich dabei sehr wenig um die zahllosen Beobachter, die Neugierigen, die New-Wave-Leute oder die Fernsehteams kümmern. Von Zeit zu Zeit schauen sie sich um und lachen.

Was die Menschen hier zum allerersten Mal in der Öffentlichkeit tun, ist ein Teil der rituellen Tradition ihres Heimatlandes. Der Aufbau des heiligen Diagramms ist eine Geste für die Welt.

Stell dir vor: Im Hochland von Bolivien hat ein Bauer einen der letzten überlebenden Callawaya-Heiler zu sich eingeladen. Spät abends trifft der Heiler ein. Er trägt ein großes Bündel von Ritualgegenständen. Dem Patienten ist es schon seit Monaten nicht mehr gut gegangen. Krankheit, Schwäche, Armut und Unglück, das alles kann von den Callawaya geheilt werden. Der Patient spricht von seinen Ängsten und Befürchtungen. Hat er etwas falsch gemacht? Hat er die Götter oder Geister verärgert? Haben die bösen Kreaturen der Nacht seine Seele gestohlen? Der Heiler hört zu, gibt Ratschläge und konsultiert ein Orakel. Wie zu erwarten, wird eine *Mesa* (span. für Tisch) aufgebaut. Wie die Callawaya behaupten, »ist eine Mesa gut für alles«.

Das Ritual beginnt damit, daß ein großes weißes Stück Stoff über einer Kiste ausgebreitet wird. Auf diese Kiste legt der Heiler zwölf kleine Quadrate aus Papier, jedes davon an den Kanten gefaltet, so daß es ein Behältnis ergibt. Die Quadrate werden mit großer Präzision ausgelegt und der Heiler betet dabei laut. Einige Heiler ordnen die Quadrate in einem rechteckigen Muster an, andere bilden Gruppen und wieder andere formen einen Kreis, je nach der Tradition ihres Heimatortes. Obwohl die Callawaya in der Ausübung ihrer Arbeit Hunderte von Meilen reisen, halten sie sich meist an die Tradition, mit der sie aufgewachsen sind, und bestehen darauf, daß diese Tradition die einzige ist, die funktioniert. In jedes Papierquadrat wird ein Baumwollbausch gelegt, der wie ein Nest geformt ist. Während er weiter betet, dekoriert der Callawaya das Nest mit Kokablättern und fügt noch Blumen, Blüten, Süßigkeiten, Obststücke, kleine Bleifiguren und andere Gegenstände hinzu. Die Auswahl richtet sich in erster Linie danach, wieviel sich der Patient leisten kann. Ein Ei wird mit Lamafett eingerieben, das ist die traditionelle Gabe für den Ankari, den Botschaftergeist, der die Botschaft der Mesa in die Anderswelt trägt.

Die Nester sind auf ihre Art alle verschieden. Jedes von ihnen ist einer anderen Wesenheit oder einem anderen Wunsch geweiht. In einigen der Nestern wohnen Geister, eines für den katholischen Himmel, eines für den Gott des Donners und des Blitzes, einige für gefährliche oder schlecht gelaunte Geister und einige für die alten Orte der Kraft, die heiligen Berge der Anden.

Normalerweise wissen die Patienten der Callawaya, welcher heilige Berg ihr persönlicher Schutzberg ist, selbst wenn dieser Berg Hunderte von Meilen entfernt ist. Stundenlang erklingt die Stimme des Heilers in der Nacht. Ein Lamafötus wird mit Blumen dekoriert, mit Fett eingerieben und als Opfergabe ausgelegt. Es wird um Heilung und Vergebung gebeten. Die meisten bolivianischen Indianer leben in einer ziemlich unangenehmen Realität voll schlecht gelaunter Geister, von denen die meisten häufige Opfer fordern. In einem solchen Glaubenssystem kann es sehr gefährlich sein, ein Opfer zu vergessen. Um ganz sicher zu gehen, ruft der Heiler alle Geister an, seien diese nun bekannt oder unbekannt, bewußt oder vergessen, all die bekannten und unbekannten Übeltaten des Patienten zu vergeben, von der Opfergabe zu nehmen und dem Patienten und dem Heiler sowie allen Anwesenden ihren Segen zu spenden. Wenn die Mesa vollständig ist, kommt das Ritual zu seinem Höhepunkt. Der Callawaya weiht eine Schale, die mit einem starken alkoholischen Getränk gefüllt ist, gießt dieses über der Mesa und rund um die Hütte aus, im festen Glauben, daß diese Gabe den Ritualort und alles, was er enthält, weiht und reinigt. Jetzt kommt eine Pause.

Mehr als eine halbe Stunde sitzen der Patient und der Heiler zusammen. Sie schwatzen, rauchen, trinken und lachen. Während dieser Zeit wird die Mesa ignoriert. Wie eine Sigil braucht die Mesa Zeit und Vergessen, um zu wirken.

Später in der Nacht geht das Ritual weiter. Räucherungen werden verbrannt. Der Patient wird geweiht und wieder gereinigt, eine Glocke erklingt. Zu guter Letzt wird die gesamte Mesa verbrannt, durch das Feuer verwandelt, bis ihre Bestandteile nicht mehr zu erkennen sind. Die Verbrennung wird meist vom Heiler allein durchgeführt. Viele Callawaya glauben, daß es gefährlich ist, wenn der Patient die Mesa brennen sieht. Dasselbe gilt für jede andere Person, die zufällig vorbeikommt.

Das Bauen von Mandalas ist eine Methode, die in vielen Traditionen gefunden werden kann. Ein Mandala kann als »heilige Anordnung« verstanden werden, als Beschreibung des inneren und äußeren Universums in vollendetem Zustand, als Gebet in visueller Form.

Wenn wir einen magischen Kreis ziehen oder einen Altar dekorieren, schaffen wir eine solche Karte des inneren und äußeren Universums. In einem rituellen Kreis repräsentiert jedes Objekt einen Aspekt unserer selbst. Die Ritualgeräte werden nicht einfach neben den Altar geworfen, sondern mit Sorgfalt und Überlegung ausgelegt, so daß die Altardekoration selbst eine Karte all der Selbstaspekte ist, die in der Arbeit Verwendung finden. Ein gutes Arrangement ist ausgeglichen, einfach und komplex zugleich.

Wenn wir in der künstlichen Realität eines Kreises arbeiten, können wir diesen Kreis zu einer Welt machen, die unserem Idealbild entspricht. Altar und Tempeldekorationen sollen aufzeigen, wie die Welt wäre, wenn sie sich in einem Zustand der Ausgeglichenheit und der Heilung befände; eine ideale Welt, ganz so wie sie sein sollte. Dieses perfekte Mandala wird zu einer kraftvollen Suggestion.

Dasselbe Prinzip kann auch im täglichen Leben beobachtet werden. Viele Leute haben immer wieder das Bedürfnis, ihre Wohnungen umzugestalten, besonders dann, wenn sie Krisen oder Probleme erleben, so daß sich die inneren Veränderungen in ihrer äußeren Umgebung widerspiegeln. Einige finden, daß Hausarbeit wie Reinigen oder Aufräumen einen beruhigenden Effekt auf ihren Geist hat. Für solche Leute ist Hausarbeit ein Ritual, das ihr Bewußtsein ernstlich verändert. Natürlich gibt es auch andere, die sich in die Hausarbeit stürzen, weil sie auf Ordnung und Reinlichkeit bestehen, anstatt sich um Veränderungen in ihrem inneren

Bewußtsein zu bemühen. Ich persönlich vermute, daß die meisten Menschen mit einem ausgeglichenen Innenleben dazu tendieren, ihr Leben so zu genießen, daß kaum Zeit für Hausarbeit bleibt.

Bestimmt hast du schon einige Mandalas in deinem Leben gestaltet, ob du es nun bemerkt hast oder nicht. Ob du das Haus aufräumst, den Frühstückstisch anrichtest, deine Bücher oder Schallplatten ordnest – jede dieser Tätigkeiten kann mit dem Bauen eines Mandalas verglichen werden. Die meisten dieser Aktivitäten gehen über das rein Praktische hinaus und berühren einen Bereich, der als »künstlerisch« empfunden wird. Das Arrangement beschwört eine bestimmte Art des Bewußtseins.

Da es für Menschen natürlich zu sein scheint, Mandalas zu gestalten, möchte ich dir vorschlagen, daß du ein paar neue Methoden des Bauens von Mandalas ausprobierst und herausfindest, was dabei geschieht.

Ich möchte hier ein sowohl schönes als auch nützliches Mandala beschreiben: Einmal im Jahr, normalerweise zu Lammas/Lughnasad am Anfang des August, gehe ich hinaus in die Felder und Wälder, wo ich Pflanzen für einen Kranz sammle. Das Grundgerüst des Kranzes besteht aus Pflanzen, die lange, biegsam und dauerhaft sind. Beifuß ist dafür bestens geeignet. Der Beifuß war im Mittelmeerraum der Artemis geweiht, während sich in Nordeuropa für den Beifuß der Ausdruck »Machtwurz« belegen läßt. Auch Birken- und Weidenzweigen sind geeignet, um dem Kranz Festigkeit zu verleihen. Sie sind biegsam und trocknen sehr gut.

Wenn das Grundgerüst des Kranzes fertiggestellt ist, werden daran weitere Pflanzen befestigt. Auch wenn die Ernte bereits vorüber ist, findet man immer noch einiges Getreide am Feldrand. Werden diese Ähren in den Kranz gebunden, symbolisieren sie die Nahrung für das kommende Jahr. Dann gibt es noch andere Pflanzen: Der Kranz vom letzten Jahr, der zur Zeit direkt vor mir hängt, ist z.B. mit Bündeln aus Hafer, Weizen und Roggen dekoriert. Es gibt Gruppen von Fichtenzapfen, Haselnüssen, Kastanien, Ebereschenbeeren, Disteln, Weißdornbeeren, Schafgarben, Eichenblättern und eine Menge kleinerer Pflanzen, die nicht mehr identifiziert werden können. Dazu kommen noch die Federn von Waldvögeln, Wildschweinborsten, Hirschhaare und allerlei kleinere Knochen. Dies alles sind Gaben, die die Natur an jene verschenkt, die solche Geschenke erkennen und sich daran erfreuen. Von August bis Winter sind noch allerlei Materialien zu finden, die in den Kranz gebunden und integriert werden können. Jedes Objekt wird geweiht. Während ich die Pflanzenteile schneide und sammle, spreche ich von ihnen, mit ihnen und über sie. Beim Binden werden die Pflanzen mit weiteren Gebeten geweiht. Dies verbindet jedes Objekt in der Erinnerung mit einem bestimmten Bewußtsein, was der Handlung Zweck und Bedeutung verleiht. Der Kranz selbst symbolisiert den Zyklus der Natur. Wenn dann die Blätter fallen und das Wetter dunkel, trüb und kalt wird, trägt der Kranz aus Pflanzen all die Freude und all das Versprechen des neuen Lebens durch den Winter hindurch ins neue Jahr.

Alles Ritual, das dafür benötigt wird, ist Gebet. Sprich mit den Pflanzen, laut und klar. Mag sein, daß du dir dabei albern vorkommst. Bedenke, daß das Wort »albern« mit den *Alben* oder »Elfen« in Verbindung steht, also jenen Wesenheiten aus Wald und Feld, die um das Wachstum und das Wohlergehen der Pflanzen bemüht sind. Mit Pflanzen zu sprechen sollte allen vertraut sein, die Castaneda gelesen haben. Vielleicht verstehen die Pflanzen die Worte nicht, die du zu ihnen sagst, aber sie werden deine Tonlage und die Stimmung verstehen, in der du dich befindest.

Es ist nützlich, die Pflanzen um Erlaubnis zum Pflücken zu bitten. Frage, ob und wieviel du pflücken darfst, und achte darauf, welche Antwort du empfängst. Sprich mit den Pflanzen, während du sie sammelst. Sage Ihnen, wie sie heißen und wofür sie gesammelt werden. Beschreibe ihre Form, ihre Bedeutung und ihren Symbolismus. Bitte sie darum, dich zu begleiten und mit in den Kranz zu kommen.

Im nächsten Jahr zu Lughnasad wird dann ein neuer Kranz gebunden. Der alte wird mit all seinen getrockneten Pflanzen und Kräutern verbrannt.

Ich möchte dir noch eine andere Form des Naturmandalas vorstellen: Zunächst gehe ich in den Wald hinaus. Dort bete und spreche ich mit den Göttern und Geistern, daß sie mir gutes Material für ein Mandala schicken mögen. Während des Tages sammle ich ein paar Zweige hier, ein paar trockene Blätter da, Kiefernzapfen, Fichtenzweige, getrocknete Farnblätter und was immer mir in die Hände fallen mag. Während ich sammle, spreche ich mit den Geistern der Pflanzen, erkläre ihnen den Nutzen des Rituals und bitte sie um ihren Segen.

Zu Hause packe ich die Sammlung aus und sortiere sie. Dann nehme ich einen großen Messingteller und stelle ihn auf einen hölzernen Dreifuß. Als Unterlage wäre auch ein großer Stein geeignet. Am wichtigsten ist, daß die Metallplatte den Boden nicht direkt berührt. Während ich Pflanze um Pflanze in die Hand nehme, bete ich.

Die meisten Pflanzen haben vielerlei Bedeutungen. Wenn ich z.B. Laubblätter halte, könnte ich von der Kraft des Baumes sprechen, zu sterben und wiedergeboren zu werden. Wurzeln können die Erde sowie Festigkeit und Dauer symbolisieren. Fichtenzweige könnten das Leben symbolisieren, wie es immergrün das Jahr übersteht, Nüsse und Samen das verborgene Leben und das Leben, das da kommen wird.

Ich werde später noch weiteren Symbolismus beschreiben. Der wichtigste Symbolismus ist die Bedeutung, die jede einzelne Pflanze für dich hat, und dieser Symbolismus ist es , der die Magie wirksam macht. Du wirst diesen Symbolismus nur durch Übung entdecken können.

Es macht Spaß, sich beim Beten Zeit zu lassen. Dies kann zu allerhand amüsanten Trancezuständen führen, vorausgesetzt, du beginnst richtig zu sprechen und läßt dich davon forttragen.

Nachdem seine Kraft und Bedeutung angerufen worden ist, wird jedes Objekt auf den Metallteller gelegt. Auf diese Art wird der Teller und sein Inhalt zu deinem Mandala. (Ein Beispiel für ein solches Arrangement ist auf Seite 114 zu sehen.) Wenn wir neun verschiedene Objekte auf unserem Mandala anordnen wollen, kann das schon bedeuten, daß wir eine gute Stunde mit Gebeten und Anrufungen beschäftigt sind. Manchen Anfängern erscheint eine Stunde als sehr lange Zeit. Es ist erstaunlich, wie viele Leute in einem Ritual keine drei klaren Worte herausbringen können, aber ansonsten durchaus imstande sind, stundenlang über alle Arten von alltäglichem Unfug zu reden.

Wenn der Metallteller zu guter Letzt von all dem arrangiertem Pflanzenmaterial bedeckt ist, weihe ich das Mandala als Ganzes. Dazu verwende ich die Gebetsmethode vom letzten Kapitel. Eine Flüssigkeit wird geweiht und geladen, über das Mandala gegossen und im Raum versprengt. Der Rest wird getrunken, um von innen heraus zu wirken. Die übrige Arbeit folgt der Callawaya-Methode. Ich gönne mir eine Pause, um etwas zu essen und zu trinken, ein wenig zu tanzen oder Musik zu machen, während das Mandala in der Ecke lauert und in Stille seine Wirkung tut. Nach einer Weile geht das Gebet dann weiter.

Als letzte Handlung wird das Mandala mit reinem Alkohol oder Spiritus übergossen und verbrannt. Die Überreste und die Asche werden am nächsten Tag vergraben.

Dieses Mandalaopfer funktioniert wie eine Sigil. Es wird gesammelt, gebündelt, arrangiert, geweiht, gesegnet, verbrannt und vergessen. Wie eine

Sigil spricht ein solches Mandala in einer starken Sprache zum Unbewußten. Im Gegensatz zu einer Sigillenarbeit beinhaltet diese Herstellung eines Mandalas jedoch lange Spaziergänge in der Natur, jede Menge Aktivitäten, Gebete, die Handhabung von materiellen Gegenständen usw., was die Magie auf eine praktischere Ebene bringt.

Das Gebet selbst entlädt Spannung und Druck. Sich selbst im Gebet zu erschöpfen kann sehr nützlich sein, um Ideen zu sammeln und Visionen und Symbole der Imagination in Wort und Tat zu verbinden. Diese Botschaften sammeln sich in einer geordneten Form, dem Mandala. Diese Botschaft wird verbrannt, was die gesammelten Kräfte in einer einzigen Handlung befreit. Da Energie und Bewußtsein niemals verlorengehen, werden sich die Ideen, die mit den Pflanzen verbunden wurden, in neuer Form manifestieren.

Die Vernetzung von Ideen mit Pflanzen

Im Mittelalter glaubten die Heilkundigen, daß jede Pflanze ihre Tugenden durch Signaturen offenbart. Paracelsus schrieb:

> Die Natur zeichnet ein jegliches Gewächs, das von ihr ausgeht, zu dem, dazu es gut ist. Darum, wenn man erfahren will, was die Natur gezeichnet hat, so muß man an den Zeichen erkennen, was für eine Tugend in dem Gezeichnetem ist.
>
> Die Form des Korpus geht aus der [inneren] Form der Arcana.[1]

Ein Beispiel. Nehmen wir an, du willst ein Mandala für die Vier Elemente gestalten. Dazu könntest du deine Materialien wie folgt auswählen:

Für das Erdelement könntest du Wurzeln aussuchen, da diese in der Erde wachsen. Du könntest trockene alte Blätter sammeln und die Pilze, die zwischen ihnen wachsen. Getreide, Beeren und andere Waldfrüchte symbolisieren die Nahrung unserer eigenen Erde, d.h. des Körpers.

Für das Wasserelement könntest du Pflanzen auswählen, die im oder nahe am Wasser wachsen. Weiden, Erlen und Pappeln wären hierfür geeignet. Dazu kommen frische grüne Pflanzen, die reich an Saft sind.

Das Feuerelement könnte durch Blüten symbolisiert werden, da diese die Sexualorgane der Pflanzen sind. Oft haben Blüten die stärksten Farben der Pflanze, und wie die Wissenschaft in den letzten Jahren herausgefunden

[1] Paracelus, *Die Geheimnisse* S. 272, 273 (Dieterich, Leipzig 1941).

hat, werden die Blüten tatsächlich wärmer, wenn die Pflanze aktiv ist. Manche Insekten können Infrarot, d.h. Wärme, sehen und fühlen sich daher von den Blüten angezogen. Zunder ist ebenfalls ein gutes Material, um Feuer zu symbolisieren: Zunderschwamm, Fichtenzapfen, Gräser und Flechten, die man verwenden könnte, um ein Feuer anzuzünden. Weiters Disteln und Dornen, da diese die Kraft des Widerstandes und des Kampfes symbolisieren.

Das Luftelement könnte durch Blätter und Nadeln symbolisiert werden, da diese die Lungen der Pflanzen sind. Dünne Gräser kommen in Betracht, die sich im Winde hin- und herwiegen, Beeren, die Nahrung der Vögel und das Versprechen der Pflanzen, die da kommen werden, Misteln und andere Schmarotzer, die hoch über der Erde wachsen.

Weiterer Symbolismus kann in den Farben gefunden werden.

Mit Kräutern und Pflanzen ist viel altes Wissen verbunden. Die meisten Pflanzen waren zum einen oder anderen Zeitpunkt irgendeiner Gottheit geweiht, und ihre Teile konnten verwendet werden, um diese Gottheit anzurufen. Die heiligen Pflanzen Griechenlands und Roms sind wohlbekannt und in den klassischen Schriften überliefert. Die heiligen Kräuter Nordeuropas sind viel weniger bekannt, vermutlich aufgrund der Verfolgung des Heidentums und der Hexenjagd, die zwischen 800 und 1700 stattgefunden haben.

Während der Christianisierung erhielten viele Pflanzen neue Namen, so daß ein Großteil des alten Symbolismus verlorengegangen ist. Einige dieser heiligen Pflanzen werde ich im folgenden beschreiben:

Zunächst waren es die Bäume, denen die höchste Verehrung entgegengebracht wurde. Die letzte Eiszeit endete zwischen 10.000 und 8.000 v.Chr., wobei sich das Eis im Norden und in den Alpen natürlich länger hielt als in den anderen Teilen Europas. Als sich die Eiskruste zurückzog und die Kälte abnahm, blieb vielerorts nacktes und ebenes Land zurück. Die Landschaften Mitteleuropas sahen damals so aus wie heute die Landschaft rund um den Polarkreis. Im Winter heulten Schneestürme über die Ebenen, im Frühjahr wurde das Land vom Schmelzwasser in einen Sumpf verwandelt. Nur wenige Menschen konnten in diesem Klima überleben: kleine Gruppen von Nomaden, die den Rentieren durchs Land folgten und die sich von kleinen Tieren, Beeren, Fischen und Flechten ernährten. Die ersten Bäume, die in dieser Tundra wachsen konnten, waren klein und robust.

Birke: Dieser Baum symbolisiert den Anfang. Die Birke wird in zahlreichen Frühlingsfesten auf der ganzen Welt verehrt. In Mitteleuropa war sie Frühlingsgöttinnen wie Ostara/Oestre geweiht, die die Wiedergeburt des Lichts und das neue Leben verkörperten. Birkenblätter werden in der Volksheilkunde zur Blutreinigung verwendet, zum Entgiften des Körpers und zu den beliebten Frühjahrskuren.

Eberesche: Dies war die ursprüngliche Weltesche, der Weltenbaum Yggdrasil, lange bevor Eschen in Europa bekannt wurden. Dies verbindet die Eberesche mit den ursprünglichen Schamanen, den Gottformen von Wodan und Odin. Hoch oben am Baum, zwischen Himmel und Erde, sah Odin die Runen und nahm sie schreiend auf. Wo mag er sie gesehen haben, wenn nicht in den Formen der Zweige? Die Eberesche war eine der beliebtesten Bäume Nordeuropas. Ihr wurde die Eigenschaft zugesprochen, daß sie böse Geister vertreibt. Die Blätter der Eberesche wurden in der Volksheilkunde gegen Durchfall eingesetzt, die Blüten gegen Krankheiten der Atemwege und der Lungen, die Beeren gegen Skorbut.

Weide: Dies ist einer der klassischen Hexenbäume. Einige verbinden Weiden mit den Nornen (das Wort *nyrnir* bedeutet »Weber«), die das Schicksal binden und die Realität weben. Weidenzweige werden oft verwendet, um Körbe oder Möbel zu flechten. Die Weide lebt gerne am Wasser. Nun besagt das Sprichwort: »Wo die Krankheit herkommt, kann auch die Heilung gefunden werden.« In der Volksheilkunde wurden die Blätter und die Rinde der Weide zur Behandlung von Erkältungen und Fieber eingesetzt, und es hieß, daß sie schmerzlindernd und stark schweißtreibend wirken. Ein alter Heilungsbrauch bestand darin, sich frühmorgens zu einem Weidenbaum zu begeben, von diesem die Blätter und die Rinde zur Behandlung der Krankheit zu nehmen und gleichzeitig den Baum zu bitten, die Krankheit anzunehmen und zu heilen.

Erle: Die Erle ist ein weiterer Baum des Sumpflands. Sie wächst im Nassen und im Moder, da sie an ihren Wurzeln kleine Pilze hat, die Fäulnis verhindern und dem Wasser Nährstoffe entziehen. Erlen wachsen gerne am Wasser, und möglicherweise war die Erle einer jener Bäume, die in alter Zeit das Sumpfland in festen Boden verwandelt haben.

Robert Graves verbindet die Erle mit dem Kult von Bran. Eine ältere Interpretation betrachtet die Erle als Baum der großen Gottheit, aus der beide Geschlechter – symbolisiert durch die zwei Sorten der Erlenfrucht – hervorgehen.

Erlen geben einen blutroten Saft ab, wenn sie geschnitten werden. Aus Erlensaft läßt sich auch Farbe gewinnen: Man kann man die Rinde und die Blätter auskochen und dann die Flüssigkeit reduzieren, bis man eine gelbe bis braunrote Flüssigkeit erhält. Mit dieser Farbe werden finnische Schamanentrommeln bemalt. Eine dunkle bis schwarze Farbe soll entstehen, wenn man die Erlenblätter und die Erlenrinde gemeinsam mit etwas Eisen in Wasser ansetzt.

Im Volksglauben ist die Erle das Heim eines Geistes oder einer Göttin namens »Fru Arle«, »Else« oder »Irle«, einer Bewohnerin des Sumpflandes. Wehe dem Wanderer, der ihr in die Hände fällt! Meist erscheint Fru Arle als Mischung aus einer wunderschönen jungen Frau und einem schrecklichen Ungeheuer. Normalerweise wird der verlorene Wanderer gebeten, sie zu heiraten. Was dann folgt, ist panikartige Flucht. Der Wanderer läuft und watet durch den Sumpf. Er kämpft sich durch Schlamm und Schilf, durch Zwielicht und Dickicht, und sie ist immer hinter ihm. Mancher Wanderer hat sich bei dem Versuch, vor Fru Arle zu fliehen, schon das Sumpffieber zugezogen. Dieses Fieber ist eine der Gaben von Frau Erle, aber auch die Heilung liegt in ihrer Hand. Der Sumpf gibt das Fieber und die Erle mag es wieder nehmen. In alter Zeit war Erlenrinde Hauptbestandteil einer fiebersenkenden Medizin.

Fichten und Tannen überlebten die Eiszeiten hoch oben im Gebirge. Diese immergrünen Bäume wurden in vielen Ritualen verehrt. Nach einer Alpenlegende wandelte Gott einst durchs Gebirge, als ihn ein plötzlicher Regenguß überraschte. Da fand er Schutz unter einer Fichte. Der Baum hielt ihn trocken und beschützte ihn, und zum Dank gab ihm Gott die Kraft, im Sommer wie im Winter grüne Nadeln zu tragen.

Die Fichte war eine der wenigen Vitamin-C-Quellen im kalten Norden. Verschiedene Untersuchungen haben gezeigt, daß der Vitamin-C-Gehalt der Fichtennadeln im Sommer am niedrigsten ist, im Winter jedoch zu einer Höchstmenge ansteigt. Aus diesen Nadeln wurde Tee gekocht, der unangenehm schmeckte, aber eines der wenigen Heilmittel gegen Skorbut war. Weiters konnten die ätherischen Öle verwendet werden, um Bronchitis und Lungenkrankheiten zu lindern.

In Süddeutschland und in den Alpenländern wird die Fichte als Maibaum verwendet. Dazu wird der Großteil von Rinde und Zweigen entfernt, so daß nur ein langer gerader Mast mit einer Krone aus grünen Zweigen an seiner Spitze zurückbleibt. Dieser Baum wir oft mit Nahrungsmitteln und langen bunten Bändern geschmückt. Mancherorts werden die Bänder im Maitanz um den Baum herumgebunden. Von Fichten heißt es auch, daß sie den Göttern der Meere heilig wären, da aus ihnen gute Masten hergestellt werden können.

Pappeln gehören ebenfalls zu den älteren Bäumen. Eine klare mythologische Bedeutung besitzen sie heute nicht mehr, diese ist wahrscheinlich verloren gegangen. In der irischen Mythologie galt die Pappel als unglücksverheißend. Latten aus Pappelholz wurden zum Ausmessen von Gräbern und zur Aufzeichnung der Schandtaten der Könige verwendet. Diese Inschriften waren nicht nur in Ogham-Lettern, sondern auch in Geheimcodes abgefaßt, da sie nur wenige lesen können sollten. Es heißt, daß germanische Priester die Blätter der Pappel zur Reinigung und zu verschiedenen Ritualen als Räucherung verbrannt und die Knospen und Blätter gekaut hätten, was angeblich psychoaktive Effekte hervorbringen soll, aber ziemlich schauerlich schmeckt.

Während der nächsten Jahrtausende wurde das Klima wärmer und das halb gefrorene, halb sumpfige Land verwandelte sich in festen Erdboden. Um 7.000 v.Chr. war Mitteleuropa von großen Wäldern aus Birke, Kiefer und Haselnuß bedeckt.

Haselnuss: Die Gabe der Hasel ist die Nuß. In der Edda steht die Geschichte von Iduna, der Göttin des Lebens und der ewigen Jugend, die vom Sturmriesen Thiassi entführt wurde. Loki gelang es, sie aus Thiassis Burg zu befreien. In der Form einer Nuß trug er Iduna über die gefrorene Ebene und brachte die Kraft des Lebens zu den Aesir zurück.

In der irokeltischen Mythologie begegnen wir einem »Lachs des Wissens«. Dieses verzauberte Wesen erlangt seine berühmte Weisheit dadurch, daß es jedes Jahr von den Haselnüssen der Erkenntnis frißt, die am Brunnen von Connla wachsen. Aus Haselzweigen wurden alle Arten von traditionellen Zauberstäben hergestellt. Die Kirche hingegen war der Hasel immer abgeneigt. Für sie, wie auch für die einfachen Leute, war die Hasel ein Symbol der Fleischeslust.

Ab etwa 5.000 v.Chr. wuchsen dann größere Bäume im Land:

Esche: In der germanischen Tradition wurde die Esche zu einem Sinnbild für alle Bäume, die existieren: der Weltenbaum, der Himmel und Erde verbindet und alles Leben ernährt. Die Edda erzählt uns, daß die ersten Menschen, Ask und Embla, aus einer Esche und einer Erle geschaffen wurden. In der inselkeltischen Mythologie ist die Esche ein Baum der

Herrschaft und der göttlich-königlichen Ordnung. Der Eschenspeer, so hieß es, bewahrt den Frieden.

EICHE: Heutzutage hält man die Eiche gerne für den »heiligen Baum« oder den »Baum der Druiden« schlechthin. Die Eiche war der heilige Baum des alten indoeuropäischen Himmelsgottes, den wir unter den verschiedenen Namen Twisto, Tiwaz, Teutates, Thor, Donar, Taranis oder Zeus kennen. Die Eiche ist auch ein Baum der Krieger, da sie mehr Parasiten als jeder andere Baum ertragen muß. In alter Zeit wurde Eichenrinde oder ein Pulver aus ihrer Asche verwendet, um Wunden zu desinfizieren und zu schließen. Dann gibt es noch die Blätter: Die Eiche ist einer der letzten Bäume, die im Frühjahr erwachen und ihr Laub hervorbringen, aber wenn sie erst einmal ihre Blätter entfaltet hat, dann trägt sie diese länger als jeder andere Baum. Dies macht die Eiche zu einem Symbol der Dauerhaftigkeit und der Treue. Eichenbäume waren oft Versammlungsplätze für Gerichtshöfe oder Volksabstimmungen. Die Menschen trafen sich unter den weiten Zweigen, wo der Himmelsgott, der Herr des Donners und des Blitzes, nahe bei ihnen war.

LINDE: Die Linde ist vielleicht der beliebteste der nordeuropäischen Bäume. Linden wurden oft in der Mitte eines Dorfes oder einer Stadt angepflanzt, da jeder wußte, daß die Linde Liebe und Harmonie mit sich bringt. Die Linde war der Fria oder Freya geweiht (was »die Geliebte« bedeutet), der Göttin der Liebe und der Schönheit, ein Glaube, den die Kirche schnell in die Verehrung der »Maria-Linde« umgewandelt hat.

Lindenblüten wurden in der Volksheilkunde gegen Fieber und Erkältungen verwendet, da sie dem Körper helfen sollten, die Krankheit herauszuschwitzen. Eng mit der Linde verbunden ist die Biene, da Bienen aus Lindenblüten Honig erzeugen. In der Volksmagie wurde die Linde oft um Hilfe in Liebesangelegenheiten angerufen. Die Linde, der Baum der Fria mit seinen herzförmigen Blättern, sollte junge Liebende zusammenführen. Wenn der Liebende schon leiden mußte, dann sollte der Baum zumindest einen Teil der Trauer mitertragen, oder alles schnell zum Besseren wenden. Linden wurden auch für Gottesurteile verwendet. Wenn die Schuld eines Verbrechers nicht zu beweisen war, durfte der Verdächtige einen Lindenbaum pflanzen, und zwar mit den Zweigen in der Erde und den Wurzeln gen Himmel gerichtet. Wenn zwischen den Wurzeln des Baumes Blätter wuchsen, bevor zwei Jahre um waren, hatte die Gottheit gesprochen und die Unschuld des Verdächtigen war bewiesen.

Buche: Über die Buche, die auch als »Mutter des Waldes« bekannt ist, weiß die Folklore leider nur sehr wenig zu berichten. Wir können sie Wodan und den Nornen zuordnen, sowie all jenen, die Runen schneiden und Lose werfen. Bis zum heutigen Tag gibt es im deutschen Sprachgebrauch das Wort »Buchstabe«, also *Buchenstab.* Buchen wachsen oft in gespannter Form, besonders dann, wenn die Kraft der Erddrachens in sie einfährt und sie noch im Wuchs nach allen Seiten verdreht. Solche Bäume können als »Drachenbäume« bezeichnet werden. In der Natur kommt es gelegentlich vor, daß sich eine Buche gabelt und dann wieder zusammenwächst. Solche Bäume mit großen Löchern oder Spalten werden verwendet, um Krankheiten zu heilen. Du kannst es ja ausprobieren: Bitte den Baum, daß er dich heilt, dann klettere durch die Öffnung (die traditionelle Zahl ist neunmal), und wenn du Glück hast, wird dich der Baum von deiner Krankheit befreien. Im Frühjahr entfaltet die Buche ihre wunderbaren grünen Blätter. Frische Buchenblätter wurden oft mit Birkenlaub vermischt und dazu verwendet, um Figuren des »Grünen Manns« herzustellen. Der »Grüne Mann« ist ein Pflanzengeist, eine vermenschlichte Gestalt der Wachstumskraft des ganzen Waldes. Mancherorts wurde im Frühjahr ein Kind mit frischem grünen Laub in einen Grünen Mann verwandelt, der den Frühling und das neue Leben in Dörfer und Ortschaften brachte.

Holunder: Ein anderer heiliger Baum, den ich hier vorstellen möchte, ist der Holunder. Dieser grazile Baum oder Strauch wächst gerne in der Nähe von Häusern. In alter Zeit wurde er oft in der Nähe des Hofes oder rund um das Haus gepflanzt, in erster Linie aus zauberischen Gründen, denn es hieß, daß der Holunder die bösen Geister vertreibt, doch die Ahnengeister näherbringt. Der Holunder trug im Deutschen auch die Namen »Ellhorn« und »Holler«, was uns an Hel, Hella oder Helja erinnern sollte, die Göttin der Hölle oder der Unterwelt. In der verborgenen Welt verschlingt Helja die Toten und bereitet sie dann in ihrem geheimen Schoß auf ein neues Leben vor. Natürlich kommt es gelegentlich vor, daß die Toten, die Ahnen und die Ungeborenen zu den Lebenden zurückkehren, um mit diesen zu sprechen. Wenn wir den Legenden trauen dürfen, sprechen sie gerne durch Holunderbäume.

Bei verschiedenen inselkeltischen und piktischen Stämmen war es üblich, sich vor der Schlacht nackt auszuziehen und den Körper mit blauen Ornamenten zu bemalen. Die hierzu nötige Farbe wurde vermutlich aus

Holunderbeeren hergestellt. Dies geht auf den Glauben zurück, daß die blaue Farbe, die Farbe des Himmels, den Träger vor Verletzungen schützt. In vielen keltischen und germanischen Ländern war der Holunder durch strenge Gesetze und Tabus geschützt.

Dem Volksglauben nach konnte es Unglück bringen, sich an einem Holunderbaum zu vergehen. Wer dennoch einen Holunder schneiden wollte oder mußte, der konnte Unheil abwenden, indem er vor der Tat am Boden niederkniete und sich beim Holunder entschuldigte. Dabei wurde der Satz gesprochen: »Frau Ellhorn, bitte gib mir von deinem Holz und ich werde dir von meinem geben, wenn es im Walde wächst.« In der Volksmedizin wurden alle Teile des Holunder, d.h. die Blätter, die Früchte und die Blüten, verwendet, um Fieber auszutreiben.

Wacholder: Der Wacholder wurde ähnlich geschützt wie der Holunder. Heute wird aus Wacholderbeeren Gin hergestellt, doch in alter Zeit war der Wacholder eine der beliebtesten Räucherpflanzen Nordeuropas. Es war ein weit verbreiteter Brauch, mehrmals im Jahr das ganze Haus mit qualmenden Wacholderzweigen auszuräuchern, um Dämonen, Krankheiten und Fäulnis zu vertreiben. In Pestzeiten war es vielerorts üblich, sich nur mit einem qualmenden Wacholderzweig vor die Tür zu begeben, und dies hatte auch seinen Nutzen, da Wacholderholz stark desinfizierende Eigenschaften besitzt. Der deutsche Name Wacholder enthält die indoeuropäische Wortwurzel **veg-*, was soviel wie »weben« und »binden« bedeutet und uns an die Nornen erinnert. Eine andere linguistische Erklärung bezieht sich auf die Silbe *wach-*, die in diesem Fall so viel wie »lebendig« bedeutet. Vom Wacholder hieß es, daß er die Lebensgeister wecken kann. Bis ins letzte Jahrhundert war es in Teilen Tirols üblich, daß Bauern und Wanderer ihren Hut abnahmen, wenn sie an einem Wacholderbaum vorbeigingen.

Apfelbaum: Der ursprüngliche Apfel oder Holzapfel, so wie ihn die Kelten und Germanen kannten, war ein kleines saures Ding, so hart wie Holz und nicht sehr attraktiv. Obwohl diese Äpfel kaum gekaut werden konnten, wurden sie von den Leuten geliebt und zu einem Symbol des Lebens gemacht. Iduna, die nordische Göttin der Jugend und Unsterblichkeit, bietet ihre Gaben in Form von Äpfeln an. In den Legenden von Avalon oder *affalon* entdecken wir einen weiteren Hinweis, da dieses anderweltliche Paradies »Apfeltal« genannt wurde. Der Apfel als Symbol des Lebens und der Inspiration wurde auch in Apfelwein verwandelt, der den Zugang zu andersweltlichen ekstatischen Bewußtseinszuständen eröffnete. Ich möchte hier darauf hinweisen, daß die meisten Obstsorten, wie wir sie heute kennen, von den Römern kultiviert, gezüchtet und eingeführt wurden, so daß sich wenig Mythologisches mit ihnen verbinden läßt. Als die Römer kamen, fand die örtliche heidnische Religion ein langsames, aber sicheres Ende.

EIBEN werden normalerweise als Todesbäume betrachtet. Sie sind groß und dunkel von Gestalt, können sehr alt und stark werden, mit festem Holz, das über tausend Jahre gewachsen ist. So wird der Baum zum Baum des hohen Alters. Aus Eibenholz wurden die besten Bögen hergestellt, und diese Bögen waren so populär, daß der Baum heutzutage beinahe ausgerottet ist. Er überlebte als beliebter Friedhofsbaum, von dem es heißt, er hätte eine Wurzel in jedem Grab. Die Eiben waren Ullr heilig, dem nordischen Gott des Winters und der Jagd. Da fast alle Teile der Eibe giftig sind, tätest du gut daran, sie in deinem Mandalaritual nicht zu verbrennen.

DORNENSTRÄUCHER symbolisieren die Welt der Riesen und der Ungeheuer. In den alten Zeiten, in denen der Ackerbau entstand, wurden rund um die Dörfer Dornenbüsche gepflanzt. (Das englische *thorpe* und das deutsche »Dorf« gehen auf dasselbe Wort *Dorn* zurück.) Diese Dornenwälle bildeten einen natürlichen Schutz. Sie hielten Übeltäter, Fremde, Räuber und natürlich die Riesen vom Dorf fern. Wie jeder weiß, kauern Hexen in solchen Büschen, und das deutsche Wort »Hexe« kommt tatsächlich von *hagazussa*, was soviel wie »Heckensitzer« bedeutet. So kauert die Hexe zwischen den Welten und steht mit dem Bekannten und dem Unbekannten gleichermaßen in Verbindung.

Dann gibt es noch kleinere Pflanzen, die den Göttern heilig waren. In der nordischen Mythologie waren alle Blüten der Nanna geweiht. Nanna ist die Frau des Lichtgottes Balder. Ihr Name bedeutet »Blüte«.

DIE SCHAFGARBE, hell und leuchtend, ist möglicherweise jene Pflanze, die in der Edda als Balders Augenbraue beschrieben wird. Freilich gibt es hierzu noch andere Deutungen.

DIE MISTEL steht ebenfalls mit Balder in Verbindung (auf ziemlich schmerzhafte Art und Weise), mit dem blinden Hod (der gar nicht sah, was er angestellt hatte) und mit Loki, der uns seine Unschuld versichert. Sir George Frazers Buch *The Golden Bough* (»Der Goldene Zweig«) beschreibt zahllose Riten dieser Art.

GÄNSEBLÜMCHEN waren der Ostara, der Göttin des Frühlings, heilig.

Der Wegerich wird auch »Herrscher der Wege« genannt. Dies könnte sich auf Wodan beziehen, der als Wanderer unerkannt umherstreift. Der Wegerich war bei Reisenden seit jeher beliebt. Besonders der Breitwegerich wurde als Wundpflanze und zur Behandlung von Blasen verwendet, während der Spitzwegerich bei Erkältungen schleimlösend wirken sollte.

Der Beifuss wird in verschiedenen Kulturen der Göttin zugeordnet. Beifuß wurde oft verwendet, um die Geburt zu erleichtern und den Körper zu wärmen und zu lockern. In den Mittelmeerländern war diese Pflanze der Diana und der Artemis geweiht, in Norditalien der Aradia und möglicherweise auch der keltischen Bärengöttin Artia.

Getreide war vielen Gottheiten heilig, so z.B. Bride, Cerridwen, Frey, Freya, Gerda, Jörd, Erke und Granis.

Die Schlüsselblume ist eine der beliebtesten Pflanzen Nordeuropas. In vielen Legenden wird beschrieben, daß die Schlüsselblume, wenn sie am Körper getragen wird, die Tore zu den Bergen und Hügeln und damit den Zugang zu den Reichen tief unter der bekannten Welt eröffnet. Wer eine Schlüsselblume bei sich trug, konnte in die Tiefe hinabsteigen und die Könige unter den Hügeln besuchen.

Disteln und Nesseln sind Lokis Geschenk an die Welt. Wie das alte Sprichwort besagt: »Ich kenne dieses Kraut«, sagte der Teufel und setzte sich in die Nesseln. Diese Pflanzen symbolisieren die Kraft des Widerstandes. In der inselkeltischen Mythologie symbolisierte die Brennessel die Macht der Barden, mit Spottgesängen ihre Herrscher zu kontrollieren. Mancher König wurde durch die Satiren der Barden von den »drei Geschwüren« Schmach, Schande und Makel befallen, und abgesetzt.

Geister des Buchenhains

Kapitel 9

Die Geister der Natur

Im Sommer 1925 reiste Aleister Crowley nach Thüringen, um dort die Oberhäupter verschiedener Geheimgesellschaften und Logen zu treffen. Mit der für ihn typischen Bescheidenheit stellte sich Onkel Aleister als »Sir Aleister Crowley« vor, was die anwesenden titelhungrigen Ritualmagier grenzenlos beeindruckte. In den *Blättern für angewandte okkulte Lebenskunst*, der internen Zeitschrift der Fraternitas Saturni, wird dieses Zusammentreffen wiederholt erwähnt. Eines schönen Tages, so heißt es, führte Sir Aleister seine Gastgeber den Holzweg hinauf und in den Wald hinein. Jedesmal, wenn Onkel Aleister eine bemerkenswerte Pflanze, einen bedeutsamen Stein oder einen schön gewachsenen Baum sah, hob er seinen Hut zum Gruß. Dieses sonderbare Verhalten überraschte manche seiner Wandergenossen. Einige der Novizen, so heißt es, wagten zu fragen: »Was macht der Meister da?« »Die Elementargeister der Natur sind vorbeigekommen, um den Meister zu sehen«, war die Antwort, »und Sir Aleister gibt ihren Gruß zurück.« Schwer beeindruckt bat Meister Recnartus, das Oberhaupt der Pansophia-Loge, Sir Aleister, ihm doch zu erklären, wie er einen Elementargeist erkennen und anrufen könnte. Crowleys Instruktionen wurden von Gregor A. Gregorius, dem Oberhaupt der Fraternitas Saturni, in einem Artikel über Pentagrammagie veröffentlicht:

> Der Magus ist angewiesen, in einer einsamen Gegend dieses Symbol mit einem magischen Dolche oder Messer in die Rinde eines einsam stehenden, sehr alten Baumes in Gesichtshöhe einzuritzen, von dem er annehmen kann, daß dieser Baum ein uraltes Baumwesen beherbergt. Man muß sich vorstellen, daß diese magisch ausgeführte Zeichnung des Pentagramm-Symboles wie ein Rufzeichen auf eine Entfernung von ca. 7 km im Umkreis

> wirkt. Seine Ausstrahlungen, welche ja mit dem Willen des eingeweihten Magus erfüllt sind, werden von sämtlichen Zwischenwesen der Umgebung bemerkt und empfunden. (...) Es ist natürlich nicht notwendig, diese Zeichnung exakt und gut ausgeführt wiederzugeben, sie soll nur unter stärkster Willenskonzentration und Wunsch- und Vorstellungskraft gefertigt werden. Vorteilhaft ist die Stunde der Dämmerung bei Vollmond oder der ersten Phase des werdenden Mondes. Vor der Abreise des Meistermagus soll er die Rufzeichnung wieder sorgfältig löschen unter Dankaussprechung für die Zwischenwesen und wohlwollenden Abschiedsworten.[1]

Interner Klatsch der Fraternitas Saturni besagt, daß diese Prozedur nicht immer sofort funktioniert. Der Novize wird aufgefordert, das ganze sieben mal sieben mal, d.h. 49 mal an 49 Abenden, zu versuchen und, wenn es dann immer noch nicht funktioniert, einen anderen Baum auszuwählen.

Ich hoffe, daß die mutigeren unter meinen Lesern jetzt die naheliegende Frage stellen: »Was bitte, ist ein Naturgeist?« Ehrlich gesagt, ich habe keine Ahnung. Ich weiß nicht, was ein Geist in Wirklichkeit ist, noch was ich in Wirklichkeit bin oder was du in Wirklichkeit bist. Ganz abgesehen von der Frage, was nun die Wirklichkeit sein mag. Zum Glück müssen wir das nicht so genau wissen. Brauchst du objektive Beweise, daß irgendeine Person wirklich existiert, bevor du die Worte murmelst: »Bruder, leihst du mir eine Mark?« Natürlich gibt es jede Menge Erklärungen, was Geister in Wirklichkeit sein sollen. Ein Modell, das vor allem in Mitteleuropa verbreitet ist, geht davon aus, daß Naturgeister ein Ausdruck der Lebenskraft sind. In den alten Tagen der Naturverehrung und der Kopfjagd glaubten die Menschen, daß die Geister überall sind. Es gab Geister in den Pflanzen und in den Bäumen. Diese förderten das Wachstum und verliehen jedem Kraut, jeder Blume, jeder Pflanze und jedem Baum seinen eigenen persönlichen Ausdruck. Besonders die alten und ungewöhnlichen Bäume zogen die Aufmerksamkeit der menschlichen Bevölkerung auf sich. »Seht euch

[1] Gregor A. Gregorius, *Die magische Praxis der Pentagramm-Magie* (Fraternitas Saturni, Berlin 1963).

diesen Baum an«, würden sie sagen, »da gibt es Gesichter in der Rinde, vielleicht zeigt sich der Geist, der darin wohnt!« Diese Art des Denkens wurde auch auf die restliche Landschaft bezogen. In großen Felsen wohnen bekanntlich alte Felsgeister, und wenn wir schon dabei sind, dann können wir auch die Geister erwähnen, die in den Flüssen und Seen wohnen, Sumpfgeister, Brunnengeister, Getreidegeister, Holzgeister, Blumengeister, Tiergeister, Hügelgeister, Berggeister, Windgeister, Sternengeister, Regengeister, Sonnengeister, Mondgeister, Hilfsgeister, Hausgeister und Ahnengeister, was das Wort »Geist« zu einem ziemlich unbestimmten Ausdruck macht. Offensichtlich lebten unsere Vorfahren in einer Welt, die voll von magischen Wesenheiten war. Einige dieser Geister wurden als freundlich betrachtet. Die Elfen z.B., die in Blüten und Blumen wohnen, waren oft freundlich genug, den Menschen zu zeigen, welchen medizinischen Nutzen diese Pflanzen haben. Dem Menschen noch näher waren die Hausgeister oder Kobolde, die nicht viel mehr brauchten als ein wenig Speis und Trank, um das ganze Haus glücklich und zufrieden zu erhalten. Dann gibt es noch die Geister der Kraftorte, jene Geister, die die Hüter und Initiatoren zu den Mysterien lang vergessener Kulte und wilder Kräfte der Natur sind. Einige diese Naturgeister waren ziemlich gefährlich. Viele der Geister von Flüssen, Sümpfen oder Bergen verlangten ein jährliches Opfer, sei es Mensch oder Tier. Wurde diese Zeremonie vergessen oder mißachtet, zeigte der wütende Geist seinen Zorn in Form von Überschwemmungen, Stürmen oder Lawinen. In der vorsokratischen Philosophie des alten Griechenland findet sich ein Glaube, der eng mit dem indischen System der Tattwas verwandt ist. Es wurde angenommen, daß die Welt eine Kombination der vier Elemente Erde, Wasser, Feuer und Luft sei. Natürlich hatten diese Elemente auch ihre Geister. Die Erdgeister waren als Zwerge, Gnomen, Erdmännchen und manchmal auch als Riesen bekannt. Diese Wesen wurden als das Bewußtsein der Erde betrachtet. Ein Bewußtsein von Schwere, Stärke, geformter und fruchtbarer Materie. In gewisser Hinsicht wurden sogar Bergkristalle als Zwerge betrachtet, da das Wort »Quarz« von *Querch* kommt, das eine Form von *Zwerch* oder »Zwerg« ist.

Die Wassergeister wurden als Undinen bezeichnet. Diese Wesen galten als größer und graziöser als die Erdgeister, mit wunderbaren Körpern und laszivem Gemüt. Wie ihr Element sind die Wassergeister immer in Bewegung. Von den Feuergeistern oder Salamandern hieß es, daß sie in Erdbeben leben, im Blitz und in Vulkanen, in Funken und Flammen. Das Verhalten dieser Wesen ist normalerweise wild und unvorhersagbar. Zu guter Letzt gab es dann noch die Windgeister, die wenig Form besaßen, die aber alles sehen, hören und fühlen konnten, und es in endlosen Liedern in die Welt hinausheulten. In der magischen Renaissance des 15. Jahrhunderts wurden die Luftgeister oft als »Sylphen« bezeichnet, was soviel wie »Waldgeister« bedeutet. Dies ergibt dann Sinn, wenn wir die Rolle des Waldes bei der Erzeugung von frischer Luft bedenken.

Oft genug kam es vor, daß die Naturgeister in vermenschlichter Form wahrgenommen wurden. Von den Zwergen glaubte man, daß sie kleine Leute wären, die tief unter der Erde in Höhlen und Gängen leben, dort fleißig arbeiten, Kristalle erzeugen und den Samenkörnern erklären, in welche Richtung sie wachsen sollen. Von Undinen jeden Geschlechts war bekannt, daß sie Stunden und Tage damit verbringen, ihr Haar zu kämmen oder ihr Make-up zu vervollständigen. Von Zeit zu Zeit kamen diese Wesen zu den Festen der Menschen, um dort zu trinken, zu tanzen und irgendeinen Unglücklichen in ein feuchtes Grab zu führen. Manche Märchen berichten, daß Menschen Wassergeister heirateten, doch normalerweise gingen solche Beziehungen nicht gut aus. Auch die Feuergeister wurden als menschenähnlich angesehen, doch veränderten sie ihre leuchtende und strahlende Form so schnell, daß man sie nie länger betrachten konnte. Die Sylphen hingegen konnten, wenn sie wollten, das Aussehen von Bäumen annehmen. Wie Paracelsus und andere beschrieben haben, sind die Sylphen scheu und verstecken sich, wenn Menschen in der Nähe sind. Auch wenn sie eine freundliche Natur besitzen, wollen sie doch selten in menschlicher Sprache sprechen. Manchmal sieht man sie vorbeihuschen, als Schatten zwischen den Bäumen, aus dem Augenwinkel heraus wahrgenommen. Andere Windgeister formten die Wolken: Man konnte sehen, wie sie mit dem wilden Wode auf dem Sturmwind in rauhen Nächten über die Himmel rasten.

In den meisten der alten Theorien über die Geisterwelt nahmen die Menschen an, daß die Geister tatsächliche Wesenheiten seien, Seelen von bestimmten Felsen, Pflanzen und Kräften der Natur.

Eine andere interessante Interpretation besagt, daß die Realität, die wir wahrnehmen, von uns selbst geschaffen ist. In diesem Fall sind die Geister, die wir in den Bäumen sehen, eine Widerspiegelung unseres eigenen Bewußtseins, genauer gesagt die Widerspiegelung jener Teile unseres Bewußtseins, die wir als »Baumbewußtsein« symbolisieren könnten. Wenn du z.B. den Geist eines Weidenbaumes beschwörst, würdest du unter anderem jene

Teile deines Tiefenselbst berühren, die sich durch das Weidensymbol angesprochen fühlen und in deren Natur die Vertrautheit mit Ideen wie Wasser, Funkeln, Beben, Zittern, Kurven, gebeugten Zweigen usw. liegt. Durch die Beschwörung eines Felsgeistes könntest du etwas über jene Teile deiner selbst erfahren, die es dir ermöglichen dich auszuruhen, zu warten und geduldig zu sein, während dich die Beschwörung eines Berg- oder Waldgeistes mit einem Gruppenbewußtsein in Verbindung bringen kann, mit der Bewußtheit einer ganzen Biosphäre.

Eine weitere interessante Interpretation geht davon aus, daß einige Geister, wie Schutzgeister, Totemtiere, Verbündete oder deine persönlichen Geister, in erster Linie ein Ausdruck verschiedener Teile deines Tiefenselbst sind, während die Naturgeister, die in Pflanzen und Steinen leben, unabhängig von dir existieren. Wie unsere persönlichen Götter und Totemtiere werden diese Wesen durch unser Bewußtsein wahrgenommen, d.h. die Form, in der wir sie wahrnehmen, ist von uns selbst geschaffen. Dies führt dazu, daß es sehr schwierig zu entscheiden ist, ob irgendein Geist nun ein Teil von uns selbst oder ein Teil des örtlichen Ökosystems ist. In der Praxis müssen wir das nicht so genau nehmen. Viel wichtiger ist die Frage, was dir der Kontakt mit einem Geist bringt. Lernst du etwas Neues? Findest du Ausgleich oder Heilung? Wirst du größer und vollkommener? Macht dir der Kontakt Spaß? Inspiriert dich das Ereignis?

Ich möchte nun ein weiters magisches Modell beschreiben. Es basiert auf der schamanischen Theorie, die ein Ökosystem als eine einzelne, lebende Wesenheit betrachtet, die aus Myriaden verschiedener Formen besteht, von denen alle miteinander in Verbindung stehen. In den letzten Jahrzehnten hat die Biologie zu verstehen begonnen, daß lebende Wesen nicht außerhalb des Kontexts, in dem sie existieren, betrachtet werden können und daß in jedem Ökosystem alle Lebewesen miteinander in Verbindung stehen und voneinander abhängig sind. In dieser Hinsicht könnten wir die Biosphäre als einzelne lebende Wesenheit betrachten. Die Hypothese, daß die Biosphäre dieses Planeten ebenfalls eine einzelne lebende Wesenheit ist, ist nur eine Erweiterung dieser Idee. Solche Einsichten sind keineswegs neu. Wir finden diese Modelle in den sogenannten »primitiven« Gesellschaften, in den meisten schamanischen Theorien, in der »Naton«-Gestalt des Maat-Kultes und in der populären »Gaia-Hypothese«.

Wenn diese Welt ein einzelnes lebendes Wesen ist, dann sind wir ebenso ein Teil davon, wie es die Tiere, die Pflanzen, die Pilze, die Bäume und die Sterne sind. Jede Lebensform, der wir begegnen, kann als Ausdruck unserer selbst betrachtet werden, als Aspekt eines großen, multipersönlichen Selbst, das alle Teilnehmer in einer einzelnen Gestalt vereint. Dies macht aus allen Lebewesen enge Verwandte, und wenn wir an den DNS-Code denken, dann ist diese Behauptung nicht etwa religiös zu verstehen, sondern eine simple biologische Tatsache. Wir können die Interaktion einer Lebensform mit einer anderen als Kommunikation von Selbst zu Selbst verstehen. In dieser riesigen Agglomeration, dem Allselbst, besitzt jede Lebensform eine sinnvolle Funktion. Jede Lebensform ist spezialisiert, eine bestimmte Aufgabe zu erfüllen, sowohl für sich selbst als auch für die Biosphäre, wobei die Gesundheit des Ganzen auf der ausgeglichenen Kooperation aller Einzelteile beruht.

Im schamanischen Weltbild (ich verwende hier den Ausdruck »schamanisch«, um ein internationales Phänomen zu beschreiben, nicht die spezifische nordsibirische Heiltradition, aus der dieser Ausdruck stammt) ist das Bewußtsein wie ein Ökosystem organisiert. Es wird sogar oft angenommen, daß sich das Bewußtsein und das Ökosystem gegenseitig widerspiegeln und auch beeinflussen, wie es z.B. der Fall ist, wenn die Gemeinschaft zusammenkommt, um zu singen, zu beten und Regen zu machen. Am Anfang dieses Buches sprach ich oft von »Teilen des Bewußtseins« oder »Teilen des Selbst« und diese Metapher ist für moderne Menschen wesentlich leichter zu verdauen als Begriffe wie Götter, Geister usw.

Erinnerst du dich, wie diese Teile des Selbst ihre Arbeit tun? Wie jeder davon spezialisiert ist, eine bestimmte Funktion zu erfüllen ? Wie sie alle durch einen gemeinsamen wahren Willen in Harmonie gehalten werden?

Im schamanischen Modell erscheinen die Teile des großen Selbst in natürlichen Formen. Sie werden durch die Formen der Natur symbolisiert, so daß sie als die »Geister« und »Götter« von Tieren, Pflanzen, Bäumen, Pilzen, Kristallen, Felsen, Landschaften, Flüssen, Seen, Meeren, Bergen, Wäldern, Wüsten, Wind, Luft, Wolken, Blitz, Regen, Schnee, Eis, Sonne, Mond, Sternen sowie als vermenschlichte Figuren oder als Ahnen, Schutzgeister, Ahnenschamanen und phantastische Tiere wie Drachen, Einhörner oder Kristallspinnen erscheinen können. In diesem Modell würde ein Tiergeist einen aktiven und dynamischen Teil deines Tiefenselbst repräsentieren. Der Geist eines Baumes wäre eher passiv und ein Felsgeist könnte so einfach, solide und dauerhaft sein, daß du keine Worte findest, um dir seine Bedeutung für deine Identität zu veranschaulichen. Für den

Schamanen stehen die äußere, natürliche Welt und die innere, mentale Welt in enger Verbindung. Sie sind ähnlich organisiert und beinhalten dieselben Elemente, so daß sie sich gegenseitig beeinflussen können. Eine Krähe kreischt am späten Nachmittag hoch oben auf einem Eichenbaum, breitet ihre Flügel aus und fliegt nach Norden. Diese Geste wäre eine sehr spezifische Information für unseren Schamanen, da »Krähe«, »Kreischen«, »Eiche«, »später Nachmittag« und »Norden« bedeutungsvolle Symbole seiner oder ihrer Realität sind. Wenn die Außenwelt als Widerspiegelung des Tiefenselbst betrachtet wird, wird das Leben von inspirierten Botschaften und geheimnisvollen Bedeutungen erfüllt. Hast du die Rituale des Mandalabauens geübt? Dabei wurden Objekte der Außenwelt, die Pflanzen, mit einer Reihe von Bedeutungen verknüpft, die sie für dein Bewußtsein besitzen. Das Ritual schuf eine Verbindung. Die Pflanzen, mit denen du gearbeitet hast, sind für dich keine einfachen Pflanzen mehr; wenn du eine von ihnen siehst, wird sie viele Bedeutungen für dich haben.

Für einen Schamanen, eine Hexe oder einen Heiler ist die Welt voll von solchen bedeutungsvollen Pflanzen. Nach ein paar Jahren Übung wird die gesamte Natur etwas Besonderes für dich sein. Wenn eine bestimmte Pflanze, ein Tier oder ein Stein eine Bedeutung besitzt, wird sie zu einer Botschaft. Der große Geist, die gemeinsame Bewußtheit des Allselbst, kann sich durch das Medium der Natur offenbaren und die Sprache und den Symbolismus des Lebens sprechen. Dies ist es, was ein Schamane meint, wenn er oder sie sagt: »Die Krähe und die Eiche haben mir dies oder jenes erzählt.« Vermutlich waren sich weder die Krähe noch die Eiche bewußt, daß sie eine Botschaft an unseren Schamanen übermittelt haben, aber solange diese Botschaft Sinn ergibt, scheint das System zu funktionieren. In einigen Trancen identifizieren die Schamanen ihre Umgebung so eng mit ihrem bewußten und unbewußten Geist, daß sie tatsächlich durch sich selbst reisen. Dies kann eine wunderbare Erfahrung sein, wenn man sich draußen im Wald befindet. In einer modernen Stadt ist die Situation nicht ganz so einfach. Könnte eine Straße, ein Häuserblock oder ein Supermarkt die Widerspiegelung deines Bewußtseins sein? Laß uns den Supermarkt dissoziieren! Der Geist, den er widerspiegelt, gehört einem anderen Narren.

Genug von Modellen. Um mit den Naturgeistern in Kontakt zu treten, möchte ich jetzt einige Experimente und kreative Halluzinationen vorschlagen. Unsere erste Übung besteht darin, menschliche Bedeutungen in natürliche Formen hineinzuhalluzinieren. Viele von uns haben das schon in ihrer Kindheit geübt, als sie feststellten: »Oh, dieser Fels hat ein Gesicht und dieser Baum schaut aber finster aus.«

Gehe in die Natur hinaus, sei es aufs Land, in den Wald, ans Meeresufer oder in irgendeinen öffentlichen Park oder Friedhof. Nimm dir Zeit, um dich zu lockern und dich auf die Welt der Natur einzuschwingen. Wenn du willst, kannst du eine angenehme und leichte Trance induzieren, um dich mehr in all das Leben rund um dich vertiefen zu können. Suche dir einen Stein oder Baum aus, der eindrucksvoll wirkt und deine Aufmerksamkeit durch sein einzigartiges Aussehen erregt. Was bedeutet dieser Anblick für dich? Wenn dieser Fels oder Baum ein Teil deines Tiefenselbst wäre, welche Funktionen würde er erfüllen? Ein Trick, um dies herauszufinden, besteht darin, sich mit dem Stein oder Baum zu identifizieren. Wie kannst du das tun? Wie üblich, weiß ich keine Antwort darauf. *Du* weißt die Antwort, d.h. dein Tiefenselbst weiß die Antwort, und wenn du ein wenig experimentierst, wird es dir schon zeigen, wie du dich in die richtige Stimmung versetzen kannst. Nehmen wir einmal an, du hast einen großen Stein gefunden. Zunächst stellst du einen Kontakt zu ihm her. Sieh den Stein an, fühle ihn, höre ihn und empfinde ihn so intensiv du kannst. Laß dir Zeit dabei. Beschreibe, was du wahrnimmst. Da Felsen von Natur aus ruhig und langsam sind, erlaube auch dir selbst, ruhig und langsam zu werden. Wie würde sich der Stein fühlen? Ruht er oder steht er? Liegt er oder sitzt er? Kauert, schläft oder träumt er? Ist der Stein wach? Glaubst du, daß dich der Stein wahrnimmt? Welche Bedeutung könnte der Stein für dich haben? Wie wäre es, wenn du der Stein wärst? Kannst du dir vorstellen, wie es wäre, wenn du an seiner Stelle wärst? Tag für Tag, Jahr für Jahr? Bei Regen, Schnee und Sonnenschein?

Manchmal, wenn ich in Trance durch die Wälder schlendere, gehe ich stark in den visuellen Sinn. Während ich mit weit offenen Augen und leerem Bewußtsein in die Welt hinausstarre, verblaßt der innere Monolog, verschwindet oder wird einfach vergessen. Dann bewege ich meine Augen, so daß jeder Blickkontakt zur Berührung wird. Wenn ich einen Baum sehe, dann sehe ich die Rinde und fühle sie mit meinem Blick, die Struktur, die Moose auf der Oberfläche, die Flechten, der Druck im Holz, die Winkel der Äste, die Bewegungen der Zweige, wie sie wachsen, die Leichtheit und die Biegsamkeit des Laubes, wie es im Winde tanzt. Durch den Gesichtssinn kann ich die warmen Sonnenflecken dort auf dem Stamm fühlen, die Festigkeit der Wurzeln, wie sie in die Erde greifen, das Schwanken der

Bäume. Jede dieser optischen Informationen wird als Gefühl wahrgenommen. Kannst du deinen Blick über einen Baum gleiten lassen, seine Form erfassen, sein Wachstum und die Bedeutung dieser Formen erfühlen? Wenn deine Arme Äste oder die Äste des Baumes Arme wären, was würden diese Gesten für dich bedeuten? Wie steht es um die Haltung des Baumes? Steht er aufrecht oder lehnt er? Beugt er sich, biegt er sich oder tanzt er? Kannst du diese Haltung mit deinem Körper imitieren? Kannst du sie in menschlichen Worten beschreiben und ihr eine Bedeutung verleihen?

In diesen Übungen haben wir menschliche Bedeutungen in vorwiegend nicht-menschliche Phänomene hineinhalluziniert. Natürlich können wir nicht wissen, ob sich ein Baum, der aufrecht steht, wirklich »stolz« fühlt. Alles, was wir wissen können, ist, daß diese Haltung für uns selbst »Stolz« bedeuten könnte. Wir können nicht wissen, ob unsere Halluzinationen irgend etwas mit dem Bewußtsein des Baumes zu tun haben, genauso wenig wie wir wissen können, was die Gesten anderer Menschen für diese bedeuten. Obwohl wir es nicht wissen können, glauben wir es doch zu wissen, und dies wesentlich öfter als uns bewußt ist.

Nehmen wir an, du siehst deinen Partner mit angespanntem Gesicht oder zusammengepreßtem Mund. Wäre es nicht leicht sich einzubilden, daß dies Ärger, Frustration oder Schlimmeres bedeutet? Es ist reine Einbildung anzunehmen, daß man wissen könne, was solche Symptome für jemand anderen bedeuten. Natürlich kannst du raten, und manchmal kannst du auch ganz gut raten, aber letztendlich kannst du dir niemals sicher sein. Die Muskelanspannung könnte viele Gründe haben, an die du noch nicht einmal gedacht hast, doch wie oft kommt es vor, daß du solche Signale empfängst, irgendeine Bedeutung damit verbindest und darauf bestehst, mit Verletztheit oder Trauer zu reagieren? Wenn wir herauszufinden versuchen, welche Stimmung ein Baum ausdrückt, empfinden wir nicht das, was der Baum empfindet, sondern das, was wir uns vorstellen, daß der Baum empfinden könnte. Es ist die Wirkung des Baumes auf unser Bewußtsein, die von Bedeutung ist. Wenn wir den Baum als Botschaft oder Symbol betrachten, dann werden wir uns bewußt, daß diese Botschaft eine Wirkung auf uns ausübt.

Versuche einmal das folgende: Finde ein paar Bäume, die traurig, mißmutig oder unglücklich aussehen, wobei dies die Emotionen sein sollten, die dein Bewußtsein in den Formen der Bäume wahrnimmt. Verbringe einige Zeit in ihrer Nähe. Beeinflussen sie deine Stimmung, deinen

Bewußtseinszustand? Dann versuche das Gegenteil. Suche dir ein paar verzauberte Bäume, Bäume, die sehr mächtig oder magisch aussehen. Wie ist es, in deren Nähe zu sein? Es kommt nicht darauf an, ob die Bäume diesen Zauber empfinden. Solange du die Botschaft empfängst und auf sie reagierst, mag der Zauber zwar subjektiv sein, aber er wird dennoch real genug sein, um dich beeinflussen zu können.

Erinnerst du dich, wie die Bäume ausgesehen haben, als du noch ein Kind warst? Kannst du dich erinnern, wie du sonderbare Gesichter und bizarre Figuren in ihnen entdeckt hast? Kannst du Wesen, Orte, Landschaften oder andere Gestalten in den Formen eines Felsens erkennen?

Diese Fähigkeit kann geübt werden. Erinnerst du dich an deine Kindheit? Wie war es, als du ins Bett gehen mußtest? Als das Licht abgedreht wurde? Konntest du Wesen und Kreaturen in der Dämmerung erkennen? Dies bringt uns zu einer Übung, die Leonardo da Vinci unter einigen verrückteren Künstlern bekanntgemacht hatte. Ein Freund von Leonardo lebte in einer Stadt, in der es eine Spuckmauer gab. Dabei handelte es sich um eine alte und zerfallene Steinmauer voller Risse, Flecken und Löcher. Diese Mauer war einem Heiligen geweiht, und die Leute glaubten, daß es Glück bringen würde, wenn man im Vorbeigehen an diese Mauer spuckte. Eines Tages kam Leonardos Malerfreund an dieser Mauer vorbei. Wie überrascht war er von all den überwältigenden Visionen, den bizarren Szenen und den phantastischen Wesenheiten, die er in den Farben, den Rissen und den alten Schleimschichten entdecken konnte! Er verbrachte Stunden damit, mit weit aufgerissenen Augen an die Wand zu starren. Dann beeilte er sich, Leonardo diese Erfahrung mitzuteilen, der sie unter seinen gleichgesinnten Freunden verbreitete. Leider haben nicht alle Maler das Glück, eine solch widerwärtige Wand in ihrer Nachbarschaft bewundern zu können, weshalb Leonardo das Wolkenschauen als einfache Alternative empfahl. Diese Tätigkeit hat den Vorteil, daß man sie im Liegen ausüben kann, was den Eintritt in einen Trance- oder Halbschlafzustand erleichtern kann.

Ein ähnliches und wohlbekanntes Phänomen ist der Rorschach-Test. Es scheint, als besäße das menschliche Bewußtsein die Tendenz, komplizierte und abstrakte Formen mit Sinn und Bedeutung zu versehen. Vielleicht möchtest du das ausprobieren: Suche dir irgendeine komplizierte Struktur, z.B. große Wolken oder rauhe Felsen, und entspanne dich. Wenn du willst, gehe in eine leichte Trance. Schaue dir die Formen an, betrachte die Oberfläche. Sieh sie dir an, ohne Details zu benennen. Kannst du sehen, ohne zu sprechen? Es gibt viele Methoden, um den inneren Monolog anzuhalten. Diese müssen nicht drastisch sein. Manchmal ist es schon genug, wenn wir die innere Stimme leiser werden lassen, sie vergessen oder mit anderen Dingen so beschäftigt sind, daß wir für die Worte keine Aufmerksamkeit mehr haben. Wenn deine innere Stimme darauf besteht zu sprechen, könntest du sie bitten, ihr Programm zu wechseln. Solange du dir sagst: »Dies ist ein Felsen mit ein paar Rissen, einer Kante und ein paar verzerrten Flecken und das grüne Zeug da oben ist nur Moos,« solange wird sich auch dein Bewußtsein mit der Interpretation beschäftigen, über die du gerade sprichst. Es ist eine vernünftige Interpretation, aber auch eine einschränkende, wenn du neue Formen in das vorhandene Material hineinhalluzinieren willst. Manchmal verwandle ich die vernünftige innere Stimme in eine unvernünftige. Kannst du in Chaossprache mit dir selbst sprechen? Kannst du deiner inneren Stimme zuhören, wie sie Musik oder abstrakte Klangmuster hervorbringt? Kannst du nach der Abwesenheit von Geräuschen lauschen? Dies kann sowohl einfach wie schwierig sein. Die beste Stille entsteht ohne Anstrengung. Schaue einfach nur auf deinen Felsen. Stell dir vor, du wüßtest nicht, was er ist, du siehst einfach nur die Form. Wenn du dies lange genug übst, werden aus dem Felsen allerhand Figuren und Formen hervortreten. Auch wenn es am Anfang schwierig ist, diese Fähigkeit kann verbessert werden.

Was passiert, wenn ein Felsen oder eine Wolke plötzlich ein Gesicht zeigt? Woher kommt dieses Gesicht, das für einen Augenblick da ist und dann wieder in den normalen Formen der Felsoberfläche verschwindet? Ich persönlich vermute, daß Felsen, wie auch alles andere, sehr viel wunderbarer sind, als wir normalerweise annehmen. Vielleicht können wir hier das Modell der Hemisphären anwenden: Wenn die linke Hemisphäre des Gehirns aufhört, dieses wunderbare Phänomen als »nur einen Felsen« zu bezeichnen und einen Augenblick lang still wird, dann hat die rechte Hemisphäre vielleicht die Chance, diesen Felsen als einzigartige und neue Erfahrung zu erleben. Nach Meinung einiger Forscher nimmt die rechte Hemisphäre in erster Linie Muster wahr. Wenn wir ihr genügend zufällige Strukturen bieten, dann steht es ihr frei, allerlei faszinierende Traumfiguren in diese Strukturen hineinzuhalluzinieren. Dies ist einer der Wege, auf dem die alten Seher und Propheten Weisheit und Visionen erlangten, wenn sie z.B. in den aufsteigenden Rauch des Räucherwerks oder in einen brennenden Busch starrten, sofern gerade ein solcher vorhanden war. Dieselbe

Erfahrung machte auch Odin, als er vom Baum hing. Nach Nächten des Fastens und der Erschöpfung entdeckte unser schamanischer Ahnengott, daß sich die zufälligen Formen der Zweige zu sinnvollen geometrischen Mustern verbanden, die die Runen bildeten. Erschöpfung und innere Stille sind nur zwei Wege, um die Imagination zu aktivieren; Furcht ist ein weiterer. Carlos Castaneda beschreibt häufig, wie ihn Don Juan mit Verbündeten, Nachtkreaturen und unfreundlichen Zauberern erschreckte. Sobald der gute Carlos ordentlich erschrocken und verängstigt war, fand er solche Wesen in jeder Ecke, und die daraus resultierende Angst verstärkte die Vision nur. Da dies eine der besten Nummern in seinem Programm ist, wiederholt er die Furchtroutine in jedem Buch. Wozu könnte diese Methode nützlich sein? Nichts ist so effektiv wie ein bißchen Furcht, um ein Ego aus dem Gleichgewicht zu bringen, das vernünftig zu sein versucht.

Nun zur tatsächlichen Beschwörung der Naturgeister. Du hast bereits von Crowleys Sigil eines Naturgeistes gelesen, die eine Menge über diesen Prozeß aussagt. Das sogenannte umgekehrte Pentagramm hat den Zweck, die Geister anzurufen. Seine Basis zeigt ein Symbol der Erde, da die angerufenen Geister aus der Erde und aus der Natur kommen sollen. Die vier Spitzen, die normalerweise den vier Elementen zugeordnet sind, zeigen je eine Mondsichel, was andeuten soll, daß die Geister der vier Elemente auf der astralen oder lunaren Ebene als Traum, Reflexion oder Imagination erscheinen sollen. Die mittlere Form könnte einen Käfer symbolisieren, was auf den Tarottrumpf »der Mond« verweist, eine Karte, die eng mit den Bereichen von Traum und Halluzination verbunden ist.

Zunächst möchte ich darauf hinweisen, daß wir unsere Naturgeister mit den Augen der Imagination sehen, d.h. daß die Vision in etwa so wie ein sehr lebendiger Tagtraum wahrgenommen wird. Was wir sehen, ist etwas sehr Subjektives, da unsere Geister Formen annehmen, die unserem Verständnis entsprechen. Es ist nicht ungewöhnlich, daß zwei Menschen völlig unterschiedliche Visionen von ein und demselben Geist empfangen, die beide richtig sind. Deine Vision wird niemals ganz jener einer anderen Person gleichen. Dies ist völlig normal. Die Informationen, die du erhältst, werden durch dein Bewußtsein und deinen Geist empfangen, verwandelt und repräsentiert. Da dein Bewußtsein einzigartig ist, sind es auch deine Visionen.

Viele junge Magier mühen sich vergeblich damit ab, dieselben Visionen zu erlangen, die auch ihre Autoritäten beschreiben. Weißt du noch, welch sonderbare Visionen Carlos Castaneda beschreibt? Wie viele von euch haben versucht, »Löcher in der Aura« oder die »Bewegungen des Montagepunkts« zu sehen? Glaubtest du, daß diese Ideen Tatsachen oder Metaphern sind? In allen Visionen begegnen uns zwei grundsätzliche Ideen: erstens eine Form, die wir wahrnehmen, und zweitens eine Bedeutung, die diese Form für uns hat. Formen haben für verschiedene Menschen unterschiedliche Bedeutungen. Wenn unser Tiefenselbst mit uns kommunizieren will, wird es dafür eine Form wählen, die uns die richtige Bedeutung suggeriert. Diese Formen können sehr unterschiedlich sein, auch wenn ihre Bedeutung immer dieselbe ist. Vermutlich sind die meisten meiner Leser keine mexikanischen Intellektuellen mit gespaltener Persönlichkeit. Wenn die Visionen, die du empfängst, genau denen von Castaneda, von mir oder von irgend jemand sonst gleichen, dann bist du vermutlich dabei, dich selbst zu täuschen. Willst du es wagen, originell zu sein?

Was brauchen wir also, um einen Baumgeist zu sehen? Zunächst brauchen wir einen Baum. Wenn du einen starken und gesunden Baum auswählst, ist dies ein guter Anfang, da kranke und verkümmerte Bäume zu schwierigen Visionen führen können. Dasselbe gilt für Bäume, die in der Nähe von verkehrsreichen Straßen oder Industriegebieten stehen. Solche Bäume haben meist keine besonders gute Meinung von den Menschen. Der ideale Baum für unser Experiment ist ein Baum, den du schon einige Zeit kennst und liebgewonnen hast. In einem solchen Baum wohnt wahrscheinlich ein Geist, der dir gegenüber Sympathie empfindet.

Als nächstes solltest du die Jahreszeit bedenken. Ich finde es am leichtesten, Baumgeister im Frühling, Sommer und Herbst zu evozieren, wenn der Baum aktiv ist, der Saft fließt und das Leben blüht. Im Winter kann es schwieriger sein, da in dieser Jahreszeit ein Großteil des Baumbewußtseins in die Tiefe und die Wurzeln hinabsinkt. Dasselbe gilt nicht unbedingt für immergrüne Bäume, die das ganze Jahr beschworen werden können, und es gilt auch nicht für einige besondere Bäume, die man so gut kennt, daß man sie eigentlich als Freunde betrachten könnte. Solche Bäume werden dich bemerken, selbst wenn sie schlafen und träumen. Am besten ist es, wenn du den Baum deiner Wahl gut kennst. Die sieben mal sieben Wiederholungen von Crowleys Formel erfüllen genau diesen Zweck. Selbst der eingefleischteste Stadtmagier wird es schaffen, einen Baum als lebendes Wesen zu betrachten, wenn er immerhin 49 Abende damit zugebracht hat.

Ab diesem Punkt werden meine technischen Tips etwas vage. Ich kann dir ein paar Methoden anbieten, die deine Chancen verbessern, und einen Rahmen an Konditionen, die die Beschwörung erleichtern. In der tatsächlichen Arbeit bist du jedoch ganz auf dich gestellt. Fühle dich frei, jede Methode zu verwenden, die dir gefällt. Wenn du einige der Techniken praktiziert hast, die in diesem Buch vorgestellt wurden, dann sind deine Chancen auf Erfolg recht gut. Wenn du jedoch gelernt hast, deine eigenen Techniken zu erfinden und dazu imstande bist, die beschriebenen Techniken auf kreative und ungewöhnliche Weise anzuwenden, dann bist du in einer wesentlich besseren Position. Dieses Buch wurde nicht geschrieben, um eine neue Tradition von Übungen und technischen Fähigkeiten zu begründen. Echte Magie ist wesentlich mehr als ein Sortiment von Techniken und Fähigkeiten. Sie ist wie eine Einstellung, die auf einem offenen Bewußtsein beruht, einer Mischung aus Interesse und Hingabe, die es jedem ehrlichen Magier erlaubt zu beobachten, zu lernen, zu adaptieren und einzigartige neue Methoden zu entwickeln, um die Identität und damit auch die Realität zu verändern. Bist du bereit, von dir selbst zu lernen?

Das tatsächliche Sehen eines Baumgeistes ist sowohl einfach wie schwierig. Mit dem Baum zu sprechen ist ein guter Anfang, da dies deine Erfahrung verstärkt und dich enger mit dem Baum in Verbindung bringt. Vielleicht versteht der Baumgeist nicht ganz die Bedeutung deiner Worte, er versteht aber auf jeden Fall deine Stimmung und deine Einstellung. Ein Gefühl von echter Sympathie ist die bestmögliche Verbindung. In dieser Hinsicht ist das Ritual eine Handlung der Liebe, so wie es auch alle anderen Beschwörungen sind. Man kommuniziert mit einem Aspekt des Universums, der einem zuvor unbewußt war, und dieser Akt der Kommunikation ist ein Akt der Vereinigung.

Umarme deinen Baum und sprich mit ihm. Werde langsamer und lockerer. Trete in einen sanften Trancezustand ein. Sprich und rufe in den Baum hinein. Erzähle ihm von deinem Wunsch, den Geist darin zu sehen, und bitte ihn auf freundliche Art, sich in einer Form zu zeigen, die du verstehen kannst. Lehne deinen Kopf gegen den Baum. Betrachte die Rinde, fühle ihre Festigkeit, umarme den Stamm und erlaube deinen Augen, sich langsam zu schließen. Stelle dir vor, daß du die Rinde siehst, genauso wie du sie gesehen hast, als deine Augen noch offen waren. Wenn deine Vorstellung nicht klar genug ist, dann öffne deine Augen und schaue dir die Rinde noch einmal an. Wiederhole dies, bis du die Rinde mit geschlossenen Augen sehen kannst. Dann stelle dir vor, daß die Rinde durchsichtig ist und daß du in den Baum hineinsehen kannst, so daß der Baum vielleicht wie ein hohles Rohr erscheint. Schau tief in deinen Baum hinein. Kannst du die Wurzeln sehen? Kannst du die Zweige erkennen? Manche Menschen sehen den Geist sofort. Andere sehen ihn, aber erkennen ihn nicht, was oft passiert, wenn das Ego darauf besteht, daß dieses oder jenes Phänomen irgendwelchen Erwartungen zu entsprechen hat. Da das Ego oft genug die falschen Ereignisse erwartet und die Aufmerksamkeit in irgendeine unnütze Richtung lenkt, ist es durchaus möglich, daß wir eine Menge Zeit damit verbringen, auf etwas zu warten, das schon die ganze Zeit passiert, auch wenn wir es nicht wahrnehmen. Einige sehen den Geist in vermenschlichter Form. Andere nehmen ihn wahr, indem sie ihn hören oder fühlen, bevor das Bild erscheint. Manche empfangen einen reichen Schatz an Baumweisheit und beschweren sich dann, daß sie keinen Geist gesehen haben. Immer, wenn dein Ego etwas Bestimmtes erwartet, kannst du dir sicher sein, daß du etwas Wichtiges verpaßt. Der Geist des Baumes wird sich nicht so verhalten, wie du es erwartest. Er kann sich in einer Form zeigen oder in Hunderten. Er kann launisch sein, freundlich oder zornig. Er kann dich täuschen oder mit dir spielen, dir allerhand seltsame Einsichten vermitteln oder auch so tun, als gäbe es ihn gar nicht.

Bleibe einfach gelassen. Mit etwas Geduld wirst du dich schon daran gewöhnen. Manche Menschen sind alles andere als geduldig. Sie empfangen beim ersten Versuch ein wenig hiervon oder davon und machen dann eine Szene daraus, indem es zu bewerten und zu analysieren versuchen, oder noch schlimmer, indem sie herauszufinden versuchen, ob sie alles richtig gemacht haben. Wie tun sie das? Sie fragen ihr Ego, ob ihre Erfahrungen mit ihren Erwartungen übereinstimmen, und das tun sie natürlich nicht. Du liebe Güte! Der nächste Schritt besteht darin, sich Sorgen zu machen, zu zweifeln, sofortige Resultate zu verlangen, sich inkompetent zu fühlen oder das Experiment als gescheitert zu betrachten. Oft genug kommt es vor, daß das Ego jammert: »Ich kann es nicht«, und das stimmt auch. Es ist nicht das Ego, nicht das bewußte Ich, das die Vision hervorbringt, und es ist auch nicht das bewußte Ich, das die Geister kontaktiert oder sie in einer bestimmten Form und Bedeutung repräsentiert.

All dies kommt aus dem Tiefenselbst, und dieses arbeitet wesentlich besser, wenn das Ego still ist und sich nicht einmischt. Wie oft kommt es vor, daß jemand neue Fähigkeiten bereits nach den ersten Versuchen beherrscht? Überlege dir, wie lange du gebraucht hast, um gehen zu lernen. Wieviel Zeit brauchtest du, um lesen und schreiben zu lernen? In der Magie, und besonders bei Anrufungen und Beschwörungen, entdecken und integrieren wir Teile von uns selbst, die uns für einen Großteil unseres Lebens unbekannt gewesen sind. Manche Menschen können Monate und Jahre brauchen, um diese Fähigkeiten erlernen. Wer es zu eilig hat, der wird es nie schaffen.

Manche Magier erzielen gute Resultate, wenn sie sich vorstellen, daß sie durch die transparente Rinde des Baumes sehen. Andere brauchen lange und detaillierte Anrufungen oder Gebete. Wieder andere sind passiver und stellen den Kontakt zum Baumgeist her, indem sie einfach warten. Dann gibt es diejenigen, die sich vorstellen, daß sie in den Baum hineingehen und im Stamm hinauf- oder hinabreisen, bis sie dort irgendein Wesen treffen. Eine andere Möglichkeit besteht darin, sich in einen Baum zu verwandeln, eine Technik der Formverwandlung, die bereits in meinem Buch *Helrunar* beschrieben wird. Hier ein Überblick über diese Technik:

Zunächst brauchst du einen freien Platz in der Nähe von den Bäumen, mit denen du in Kontakt zu treten wünschst. Stelle dich hin, mit geschlossenen Beinen, und laß die Arme hängen. Stehe einfach gerade. Nimm ein paar tiefe Atemzüge. Dann lockere dich und schließe deine Augen. Stell dir in aller Ruhe vor, daß du dich jetzt in einen Baum verwandelst ... *kannst du dir vorstellen ... wie dein Körper eine Säule wird ... eine einfache Gerade ... ein starker Stamm ... Schicht um Schicht ... aus starkem Holz ... kannst du die Rinde sehen ... die deine Haut überzieht ... und dein Gesicht bedeckt ... die den Kern umschließt ... all deines Wesens ... Schicht um Schicht ... so daß du ruhen kannst ... ganz tief ... in der Stille ... und dich wohlfühlst ... in dir selbst ... bewegst du deine Aufmerksamkeit ... und empfindest deine Füße ... wie sie den Boden berühren ... und du kannst fühlen ... wie Wurzeln aus deinen Füßen wachsen ... lange Wurzeln ... starke Wurzeln ... die sich tief und immer tiefer in die Erde graben ... in die reiche Erde ... durch den Humus hindurch ... in die tiefen Bereiche ... durch Kiesel und Steine ... in die Tiefe hinab ... und noch tiefer ... zum starken Fels ... sich dort zu verankern ... und die reichen dunklen Wasser ... in der Tiefe zu trinken ... und du kannst spüren ... wie aus dieser Tiefe ... der Saft aufsteigt ... und sich bewegt ... und all die Nahrung aufwärts trägt ... du kannst fühlen ... wie der Stamm die Säfte transportiert ... und daß du langsam ... damit anfängst ... hin- und herzuschwanken ... wie der Baum schwankt ... und deine Aufmerksamkeit ... bewegt sich nach oben ... zu den Zweigen ... die sich ausbreiten ... aus deinen Schultern ... aus deinem Kopf ... wachsen Äste ... und Zweige ... die du fühlen kannst ... wie sie sich ausbreiten ... und nach oben strecken ... starke Zweige ... elastische Zweige ... und reiches Laub ... Blätter, die sich biegen ... die tanzen ... und sich wiegen ... im Atem des Windes ... am Baum ... unter weitem Himmel ... in den Zyklen der Natur ... gibt es Leben im Land ... und Freude am Leben.*

Verwende dieses Grundmuster so, wie es deinen Bedürfnissen und deinem Geschmack entspricht. Wenn du dich weitgehend in einen Baum verwandelt hast, wirst du feststellen, daß du eine Menge über Bäume, über die Natur und über die Erde lernen kannst, die dir vorher nicht bewußt waren. Eine ähnliche Übung ist von Albert Einstein erfunden worden, den viele für den seriösen und respektablen Wissenschaftler schlechthin halten. Einstein zeigte große Initiative, indem er es wagte, subjektiv zu sein. In einem seiner berühmten Gedankenexperimente brachte er viele Stunden damit zu, sich vorzustellen, daß er ein Photon wäre, das durchs Weltall fliegt. Welches Leben würde ein Photon führen? Ich weiß es nicht, und Einstein wußte es vermutlich auch nicht. Obwohl seine Imagination ziemlich subjektiv war, führten ihn derartige Vorstellungen zu allerhand erstaunlichen Einsichten über Raum und Zeit, die objektiveren Wissenschaftlern niemals in den Kopf gekommen wären.

Wie verhält es sich mit anderen Naturgeistern? Das Grundmuster, das du verwendet hast, um einen Baumgeist zu erleben, kann auch angewendet werden, um die Geister von Pflanzen, Kräutern, Wurzeln und Blumen zu erleben. Bei den Geistern von Felsen und Steinen ist dies etwas schwieriger. Wenn du sehr ausgeruht bist, sehr geduldig, und dir eine Menge Zeit nimmst, kannst du dich in das Bewußtsein von Steinen einschwingen. Einige Steine sind voller Überraschungen. Es gibt esoterische Lehren, die behaupten, daß Steine, besonders wenn sie reich an Quarz sind, klare Gedanken und Gefühle in sich bewahren und konservieren können. Ein Felsen, der hochemotionale magische Zeremonien erlebt hat, wird diese Informationen für Jahre, vielleicht auch für Jahrhunderte, speichern. Oft genug wurden Felsen mit starken Ideen geladen, um auf diese Art natürliche Ritualräume zu schaffen. Solche Informationen, von denen jede eine andere Wellenlänge besitzt, sind in vielen Felsen an vielen heiligen Orten verborgen. Die meisten Touristen, die solche Orte besuchen, bemerken sie nicht einmal. Diejenigen, die magisch talentiert sind, können vielleicht ein paar dieser Erinnerungen, die ihrer Natur entsprechen, wahrnehmen. Nur diejenigen, die geduldig arbeiten und imstande sind, einen Felsen monate- oder jahrelang zu erforschen, können aber herausfinden, wie viele verschiedene Kulte in verschiedenen Zeitaltern ihre Magie an diesem Ort praktiziert haben, da jede von ihnen einen anderen Strom der Erinnerung in einer bestimmten Wellenlänge im Stein hinterlassen hat. In der Praxis ist es nützlich, viel Zeit mit dem Felsen deiner Wahl zu verbringen. Lehne deinen Kopf gegen ihn, schließe deine Augen und stelle dir vor, daß du in ihn hineinsiehst. Eine ähnliche Übung wird von Frater Achad in einem Artikel über Clairvoyance erwähnt. Wie Achad anmerkt, kann es manchmal ziemlich anstrengend sein, längere Zeit in eine Kristallkugel zu starren. Wenn die Trance beginnt und der Anblick des Kristalls verschwimmt, kann es vorkommen, daß die Augen müde werden und die Lider sich schließen wollen. Dies kann angenehm und durchaus richtig sein. Du kannst auch mit geschlossenen Augen weiterhin in deinen Kristall schauen und ihn vergessen, wenn die Visionen beginnen. Kristallkugeln und magische Spiegel sind nichts als Hilfsmittel, um die Imagination zum Leben zu erwecken.

Manche Magier und Medien praktizieren Psychometrie und versuchen, in die Vergangenheit eines Objektes zu sehen, indem sie ihre Imagination verwenden. Normalerweise halten sie das Objekt eine Weile in den Händen. Danach legen sie es auf die Stirn oder auf den Solarplexus. Mit geschlossenen Augen wird dann in das Objekt hineingesehen, wobei die Grundbedingung ein offener Geist ist, der dazu imstande ist, die verschiedensten Arten von Erfahrungen zu empfangen. Einige schauen in das Objekt hinein, als ob es durchsichtig wäre. Andere stellen sich vor, das Objekt sei von einem Schleier bedeckt, und öffnen diesen, wenn sie dazu bereit sind. Noch mutigere Forscher stellen sich vor, das Objekt sei offen, und gehen hinein in die sonderbaren Welten, die in seinem Inneren verborgen sind. Einige Gegenstände tragen so viele magische Erinnerungen in sich, daß sie dazu imstande sind, einen Seher zu initiieren. Andere Gegenstände haben eine wilde und blutige Geschichte, was beim Seher zu drastischen Effekten führen kann, wenn dieser nicht schnell genug dissoziiert.

Welchen Wert haben unsere Visionen? Wir können nicht erwarten, mit unserem subjektiven Bewußtsein objektive Realitäten wahrzunehmen. Es wäre dumm darauf zu bestehen, daß irgendeine Vision oder Vorstellung wahr oder real sei, wie lebendig auch immer sie wahrgenommen wurde. Wir müssen weder glauben noch nicht glauben, was wir erfahren. Letztendlich ist das einzige Qualitätsmerkmal das, was du aus deinen Visionen machst. Wenn dich eine Vision berührt, wenn sie dich bewegt, dich etwas lehrt, dich inspiriert oder dich von innen heraus verwandelt, dann ist diese Vision für dich auf jeden fall echt, ob sie nun wahr oder illusionär ist.

Wie ist es mit den Elementargeistern? Was hältst du davon, dich den Elementen auszusetzen? Viele moderne Hexen und Magier arbeiten in gut geheizten Räumen, denken sich zu diesem Symbol und jener Metapher abstrakte kleine Gedanken, und entdecken niemals die große, rohe und wilde Kraft, die in den Elementen selbst lebendig ist. Feuer und Wasser, Wind und Erde sind für die meisten Magier zu Symbolen geworden. Für unsere Ahnen waren sie Realität, und das bedeutete, daß das nackte Überleben von ihnen abhing. Wieviel Feuer wirst du in deiner Natur erkennen können, wenn die meisten Feuer, die du gesehen hast, im Fernsehen brannten? Wie kannst du den Kräften der Erde vertrauen, wenn alle Erde in deiner Umgebung von Asphalt und Beton bedeckt ist? Wäre es möglich, die Undinen in einem Glas Leitungswasser zu beschwören? Natürlich gibt es Leute, die das können, fortgeschrittene Zauberer, die imstande sind, Feuergeister aus Kerzenflammen und Erdgeister aus Blumentöpfen zu rufen. Wenn du die Elementargeister draußen in der Natur erlebt hast, dort wo sie stark und aktiv sind; wenn du gelernt hast, dich an Sonnenschein und Regen zu erfreuen, an den wilden Winden und an den Schneestürmen, die im Winter heulen, dann wirst du sie gut genug kennen, um sie überall herbeirufen zu können.

Der einfachste Weg einen Elementargeist zu rufen besteht darin, dich seinem Element auszusetzen. Die Erdgeister auf dem Lande, wo du die nackte Erde berühren, riechen und schmecken kannst, zeigen einen deutlichen Unterschied zu den Erdgeistern in der Stadt. Von einem abstrakten Standpunkt aus könnte man jetzt argumentieren, daß die Erde, da sie die abstrakten Prinzipien der Form, des Gewichts, der Festigkeit und der Dauerhaftigkeit repräsentiert, in der Stadt und auf dem Land gleichermaßen präsent ist. Diese Qualitäten sind jedoch nicht alles, was zum Erdelement gehört. Den Göttern sei dank, daß einige von uns großes Interesse an den lebensspendenden Tugenden der Erde haben, die sich, wie die Praxis zeigt, nicht gerade in den Betonjungeln unserer menschgeschaffenen Umgebung manifestieren.

Es ist viel leichter, die Elemente in ihrer natürlichen Form zu verstehen. Stell dir vor, du sitzt in einem kleinen Fluß, du hörst, wie das Wasser gurgelt und singt, du fühlst den feuchten Lufthauch, du beobachtest die

Lichtreflexe, wie sie auf der Oberfläche tanzen, den Rhythmus der Wellen, den Tanz der Blasen und des Schaums. Unter solchen Umständen hast du gute Chancen, das Wesen des Wassers zu verstehen, sei es durch die Natur, sei es durch den Geist des Flusses oder sei es durch dich selbst. In der richtigen Stimmung und in der richtigen Umgebung kommt der Kontakt wie von selbst zustande.

In der Praxis wirst du feststellen, daß dir die Anrufung mancher Geister leichter fällt als die anderer. Wenn du ein wildes und lustvolles Temperament hast, werden die Feuergeister mehr in Einklang mit deiner Natur stehen als die ruhigen und geduldigen Erdgeister. In diesem Fall wird dir eine Feuerarbeit leichtfallen, aber eine Erdarbeit wird doppelt so wertvoll sein, da sie dir die Chance gibt, neue Aspekte und Talente deiner selbst zu entfalten. Für den professionellen Magier ist jeder neue Geist, jeder neue Gott und jede neue Wesenheit eine Gelegenheit, einen neuen Selbstaspekt zu entdecken und zu entwickeln. Achte jedoch auf die Stimmigkeit! Wenn du die Feuergeister treffen willst, könntest du ein großes Feuer anzünden. Um mit diesem Feuer kongruent zu sein, könntest du rund um das Feuer tanzen, schreien und toben, bis du von der Erregung gepackt wirst und dir der Schweiß über die Haut läuft. Wenn du sehr feurig geworden bist, kommt der Kontakt von selbst zustande. Schließe einfach deine Augen und sieh die Flammen in deiner Vorstellung. Rufe die Feuergeister, daß sie erscheinen mögen. Dann stelle dir vor, daß du direkt ins Feuer hineingehst, in eine Welt, die aus Hitze, Leuchten, Helligkeit und Intensität besteht. Die Wesen, die du in den tanzenden Flammen entdecken kannst, wissen wirklich, was Feuer bedeutet, denn dies ist ihre eigene Essenz, Substanz, Bewußtheit und Form. Wenn du dich mit ihnen arrangierst, dann wirst du dich auch mit den Feueraspekten in deiner eigenen Natur arrangieren. Und wie kannst du mit den anderen Elementen kongruent sein? Erdgeister können leicht in einem Zustand der Ruhe und tiefen Lockerheit begriffen werden. Wassergeister hingegen entsprechen mehr unserer verträumten und emotionalen Natur. Dementsprechend mag es dir leichter fallen, sie in einem Zustand der allgemeinen Dämmrigkeit zu begreifen, wenn dein Körper schwankt, dein Atem und deine Sprache fließen und pulsieren. Luftgeister sind noch feiner. Es hilft, sich dem Wind auszusetzen, und dasselbe gilt für Gebete, Gesang und Tanz, tiefes Atmen, freie Sprache und einen offenen Himmel. Erwarte nicht von ihnen, daß sie fest, dynamisch oder wohldefiniert sind wie die anderen Geister. Es liegt in ihrer Natur, flüchtig und schnell zu sein. Jeder dieser Geister ist ein Spezialist. Jeder von ihnen weiß sehr viel von seinem eigenen Element, doch sehr wenig von allen anderen. Wenn wir also ein ausgeglichenes Gesamtbild anstreben, wäre es ratsam, möglichst viele Spezialisten zu beschwören und zu erleben. Uns auf eine Art von Geistern oder Göttern zu beschränken, kann uns aus dem Gleichgewicht bringen. Ebenso würde ich empfehlen, daß du, wenn du die Welt eines Elementes oder die Vorstellung von einem Element verläßt, dabei den Energieüberschuß in das Element zurückleitest, ihn hinter dir zurückläßt und dich daran erinnerst, daß Heilung die lebende Ganzheit deiner selbst bedeutet.

Wie ist es praktisch möglich, einen Energieüberschuß los zu werden? Wenn du dich überladen oder aus dem Gleichgewicht gebracht fühlst, nachdem du z.B. einen Baumgeist beschworen hast, könntest du diesen Überschuß an Energie am einfachsten an den Baum zurückgeben. Berühre den Baum, bedanke dich bei seinem Geist und erlaube der Energie, aus dir zu fließen, zurück an den Ort, an den sie gehört. Stelle dir die Energie dabei lebendig vor. Du solltest ein deutliches körperliches Gefühl des Fließens und der Strömung spüren. Eine andere einfache Geste, um einen Energieüberschuß loszuwerden, besteht darin, dich zu strecken. Hebe deine Arme so hoch wie möglich und laß dich dann mit einem lauten Schrei zu Boden fallen. Wenn du auf der Erde liegst, stelle dir vor, daß die überschüssige Energie aus deinem Körper strömt und in die namenlosen Tiefen unter dir zurückfließt. Lasse die Kraft Atemzug für Atemzug los. Erlaube ihr, tiefer und tiefer in die Erde zu sinken. Laß dir Zeit und werde immer ruhiger. Diese Art der Erdung sollte am Ende der meisten Rituale praktiziert werden. Geerdete Energie verleiht der Arbeit Festigkeit und Dauer. Sie ermöglicht, daß sich die beschworene Kraft in Form und Fleisch manifestiert. Denke an all die guten Dinge, die die Kraft vollbringen wird, wenn sie in die Erde zurückfließt und ihre Manifestation in der Welt findet. Es ist ein Zeichen des fortgeschrittenen Magiers, die Erdung zu betonen. Schlampig oder gar nicht zu erden bedeutet, sich mit unausgeglichenen Energien aufzublähen. Wer Energie hortet, der wird bald merken, daß diese Energie stagniert und zu faulen beginnt. Am Ende des Rituals lassen wir die überschüssige Energie in die Erde strömen. Diese Kraft ist nicht verloren. Sie enthält eine Bewußtheit, die Bewußtheit unserer Arbeit, und dieses Kind unserer Arbeit, das aus Energie und Intelligenz besteht, beginnt zu leben, sobald wir es loslassen.

Katzentanz

Kapitel 10

Die Erweckung der Tiere

Dies ist ein Kapitel, das sich mit den Freuden der Tierformenmagie beschäftigt. Bevor wir uns jedoch der Praxis zuwenden, möchte ich ein paar theoretische Punkte vorausschicken. Möglicherweise hast du gefunden, daß einige der Theorien, die im letzten Kapitel angesprochen wurden, schwer zu verstehen waren. Dies ist leider so, wie es sein sollte. Wenn wir Metaphern wie Götter, Geister, bewußtes oder unbewußtes Selbst verwenden, dann beschreiben wir nicht die Realität, wie sie ist, sondern wie sie für uns erscheint. Wenn ich von den Strukturen des Bewußtseins spreche, dann beschreibe ich nicht irgendeine Art von Realität, sondern eine Reihe von magischen und psychologischen Modellen, die möglicherweise von Nutzen sein können, um das Unbekannte zu verstehen. Die Effektivität dieser Modelle hängt davon ab, wie du sie anwendest. In den Übungen vom letzten Kapitel hast du hoffentlich mit Naturgeistern Bekanntschaft gemacht. Du wirst dich vielleicht an die schwierige Frage erinnern: »Ist ein Naturgeist ein Aspekt meiner selbst oder eine unabhängige Wesenheit?« Anhänger der psychologischen Theorie werden Naturgeister vermutlich als Projektion ihres eigenen Bewußtseins betrachten. Maggie/Nema schlägt einer alternative Sichtweise vor:

> Überlege dir das folgende: Wenn alles, was existiert, lebt, ist alles, was lebt, intelligent. Esoterisch kennen wir mehrere Ebenen des Lebens: tierisch, pflanzlich, protozoisch, bakteriell, viral. Wäre es nicht möglich, daß es Intelligenz in den Mineralien gibt, die langsam in Form von Kristalldruckveränderungen denken? Wäre es nicht möglich, daß es ein Sonnenleben gibt, das in Form von Plasmakonvektionsströmungen denkt? Wäre es nicht möglich, daß es subatomares Leben gibt, das in Form von Spins, Ladungen

oder Quantenbandverschiebungen denkt und die Unterscheidung von Materie und Energie transzendiert?[1]

Offensichtlich ist es uns nicht möglich zu entscheiden, ob ein gegebener Naturgeist eine bedeutungsvolle Halluzination ist, die unser Tiefenselbst hervorgebracht hat, oder ob dieser in derselben Art und Weise ein unabhängiges Leben führt, wie dies unsere Nachbarn tun. Diese Frage ist, wenn sie auf einer »Entweder-oder«-Basis gestellt wird, einfach zu beschränkt. Beide Antworten haben ihre Nachteile. Wie würdest du über eine Aussage wie diese denken: »Wenn ich die Feuergeister beschwöre, trete ich mit einer uralten Bewußtheit des Feuers in Kontakt, die immer war und sein wird. Gleichzeitig trete ich mit jenen Teilen meiner selbst in Kontakt, die als feurig beschrieben werden können: der Hitze meines Metabolismus, dem Energiesystem und den Teilen meines Bewußtseins, die mit Ideen wie Kraft, Hitze, Lust, wilden Instinkten, Bewegung und dergleichen in Verbindung stehen.«

Wie würde dir diese Erklärung gefallen? Würdest du gerne in einer Welt leben, die über das rudimentäre »Entweder-oder«-Denken hinausgeht, weit hinaus, in eine Vielfalt von Möglichkeiten, die sich als »beides«, »keines von beiden« und »vielleicht« ausdrücken läßt? Wenn Beschwörungen irgend etwas zeigen, dann ist es die Tatsache, daß unsere Einschränkungen und Selbstbeschreibungen künstlich sind. Essentiell sind dein Selbst, mein Selbst, alles Selbst und kein Selbst überall.

Das Modell des Bewußtseins als Ökosystem ist bereits beschrieben worden. Wenn du es anwendest, könntest du die verschiedenen Teile deines Geistes als Geister beschreiben, die in verschiedenen Formen, z.B. als Steine, Kristalle, Pilze, Blumen, Pflanzen, Bäume, Tiere sowie als verschiedene atmosphärische Phänomene und diverse Ahnen oder imaginäre Wesenheiten auftreten können. All diese Formen sind Repräsentationen ihrer Funktionen, symbolischen Formen, die geschaffen wurden, um ein leichteres Verständnis zu ermöglichen. Oft genug kommt es vor, daß solche Formen stark vermenschlicht wahrgenommen werden, was dem menschlichen Bedürfnis entspricht, menschliche Bedeutungen in nicht-menschliche Phänomene hineinzuhalluzinieren. Könnten wir zugeben, daß unser bewußtes Ich eine ziemlich einfache Kreatur ist, die es vorzieht, in Dingen statt in abstrakten Prinzipien zu denken?

[1] Nema, *The Priesthood. Parameters and Responsibilities* (Black Moon, Cincinnati 1985).

Was also können die Geister tun? Was können die Teile deines Geistes bewirken? Es gibt z.B. einen Teil deines Geistes, der dir sagt, wann es Zeit ist, etwas zu essen. Wenn dieser Teil merkt, daß deine körperlichen Reserven erschöpft sind, produziert er ein kraftvolles Signal, das vom bewußten Ich als »Ich bin hungrig« empfangen wird. Hunger ist eines der stärksten Signale in unserem System. Da Hunger sehr eng mit den Überlebenstrieben in Verbindung steht, ist es für das bewußte Ich ziemlich schwierig, Hunger zu ignorieren. Es gibt aber auch noch das andere nützliches Gefühl: »Oh, ich kann nichts mehr essen!« Dieses signalisiert, daß wir genug Nahrung zu uns genommen haben. Wenn dieser Teil seine Aufgabe gut erfüllt, bekommt dein System soviel Nahrung wie es braucht, nicht mehr und nicht weniger. Sollte er seine Aufgabe noch besser erfüllen, wird er dir auch mitteilen, welche Art von Nahrung du brauchst.

Dies ist eine Fähigkeit, die entwickelt werden muß. Ein anderer Teil deines Selbst signalisiert, wann du z.B. Ruhe oder Schlaf brauchst. Wenn dies der Fall ist, empfängst du ein Signal, das dir sagt: »Ab ins Bett!« Dieses Signal ist von Person zu Person verschieden. Einige merken, daß sie Schlaf brauchen, wenn sie sich leicht gereizt fühlen. Andere müssen erst stundenlang gähnen, bevor ihnen dasselbe klar wird. Wieder andere schlafen von selbst ein, noch bevor sie begreifen, daß sie es nötig haben.

Jener Teil des Selbst, dessen Aufgabe es ist, sicherzustellen, daß die Ganzheit genügend Schlaf bekommt, kennt das bewußte Ich, mit dem er leben muß. Aus langer Erfahrung weiß dieser Teil, welche Signale die Person braucht, um zum Schlafengehen motiviert zu werden. Im schamanischen Symbolismus könnten wir die Teile, die Essen, Hunger oder Sattheit repräsentieren, als Krokodil, Hai, Wolf, Bär oder Wildschwein

darstellen. Diejenigen Teile, die den Schlaf kontrollieren, könnten als winterschlafendes Tier dargestellt werden, vielleicht auch als Nachttier wie eine Eule oder Fledermaus, die die Kraft des Träumenden symbolisieren, durch die Dunkelheit zu reisen. Auch Löwen wären geeignet, da diese, wenn möglich, bis zu zwanzig Stunden täglich schlafen und dösen. Einer der interessantesten Punkte an diesem Modell ist, daß die Selbstteile jeder Person einzigartig sind. Wir alle haben einen Teil entwickelt, der auf seine eigene subtile Art und Weise sagt: »Ich bin hungrig«, da wir es ansonsten nicht geschafft hätten, groß zu werden und zu überleben, um dieses Buch zu lesen. Hunger und Nahrungsaufnahme sind Funktionen, die zum Überleben notwendig sind, und jeder von uns hat eine subjektive Art und Weise gefunden, mit diesen Funktionen umzugehen. Dennoch ist es nicht so, daß alle Teile so gut funktionieren, wie sie könnten. Bei manchen Menschen ist das Hungersignal nicht stark genug, was besonders für kopfbezogene Geschäftsleute mit hektischem Zeitplan typisch ist, während andere so starke Hungersignale empfangen, daß sie fettleibig werden. Im schamanischen Symbolismus könnte man jetzt behaupten, daß manche ein hungriges Krokodil in ihrem Bauch brauchen, um überhaupt genug Nahrung zu bekommen, während andere, die von Natur aus bereits viel essen, mit einem kleinen Eichhörnchengeist wesentlich glücklicher wären, da dieser für ausreichende Bewegung sorgt und nur kleine Portionen Futter verlangt.

Wie viele Magier sind sich eigentlich bewußt, was sie mit ihrem Körper anstellen? In unserem Modell haben wir Dutzende, vielleicht sogar Hunderte von Teilen und Unterteilen, die unser Verhalten für uns regeln. Viele dieser Teile haben sicherzustellen gelernt, daß du zu essen hast, ein Dach über dem Kopf, Liebe, Ruhe, Sicherheit, Freundschaft, Freude, neue Erfahrungen, Gesundheit, Bewegung und Magie, um nur ein paar grundsätzliche Bedürfnisse zu nennen. Diese Teile haben gelernt, ihre Aufgabe möglichst gut zu erfüllen. Du magst vielleicht der Ansicht sein, daß du die meisten dieser Dinge automatisch oder aus Gewohnheit tust, doch ist dies nur eine andere Art zu sagen, daß du dir dieser Dinge nicht bewußt bist, und daß es dein Tiefenselbst ist, das gelernt hat, diese Aufgaben für dich auszuführen. Alle Gewohnheiten wurden irgendwann bewußt erlernt. Erinnere dich, wie du zu essen, zu gehen oder zu lesen gelernt hast. Als du es erlernt hattest, hatte dein Tiefenselbst den Prozeß verinnerlicht, um ihn für dich auszuführen, »aus Gewohnheit«, wie du sagen könntest. Hast du dir schon einmal überlegt, wie viele verschiedene Handlungen nötig sind, um sich einfach nur die Schnürsenkel zu binden? Einige Teile deines Geistes lassen deine Hände erstaunliche Bewegungen ausführen, andere halten dich im Gleichgewicht und wieder andere beobachten und sorgen dafür, daß jeder Schritt in der richtigen Reihenfolge durchgeführt wird. Frage einmal deine Eltern, wie lange es gedauert hat, bis du deine Schnürsenkel binden konntest. In der Anfangszeit gab es Wochen und Monate voll bewußter Anstrengung, jede Menge Fehler und Neuversuche. Dann wurde die Handlung in der Erinnerung gespeichert. Heute kannst du deine Schnürsenkel binden, ohne darüber nachdenken zu müssen.

Stell dir vor, jemand würde dir eine bessere Methode anbieten, deine Schnürsenkel zu binden. Bevor sie funktionieren könnte, müßtest du die alte Methode verlernen, dann erst könntest du bewußt den neuen Prozeß erlernen. Wenn dieser neue Prozeß deinem Tiefenselbst gefällt, wird es ihn bald gewohnheitsmäßig anwenden. Auf genau diese Art und Weise verwandelt die Magie unser Leben.

Wenn ich jetzt von den Teilen des Geistes spreche, die dieses oder jenes für dich tun, dann ist dies nichts weiter als ein nützlicher Ausdruck. Ob es tatsächlich solche Teile gibt, weiß ich nicht. Die moderne Gehirnforschung nimmt an, daß es spezialisierte Teile des Gehirns gibt, die spezifische Aufgaben für das ganze System erfüllen. Ernest Rossi erwähnt einen interessanten Teil in seinem Buch *The Psychobiology of Mind-Body Healing*:

> Die Fähigkeit des Geistes, sich auf etwas Neues einzustellen, hat ihre psychobiologische Basis in der Aktivität einer Gruppe von Norepinephrin enthaltenden Neuronen im Lokus coeruleus in der Ponsgegend des Gehirnstammes. Wenn neue Reize vom Lokus coeruleus empfangen werden, stimulieren dessen Nervenverbindungen das Einsetzen kurzer Zustände von erhöhter Empfänglichkeit in den höheren kortikalen Gebieten des Gehirns und im lymbisch-hypothalamischen Zentrum, welches Erinnerungen integriert und die Belohnungs- und Freudemechanismen enthält. Langweilige, wiederholte Situationen hingegen reduzieren die Aktivität des Lokus coeruleus und führen zu Lockerung, Schläfrigkeit und Schlaf.[1]

Kannst du dir vorstellen, wie nützlich dieser Teil ist, wenn du etwas Neues erkennen oder lernen willst? Wie neue Erfahrungen zu einem starken Stimulans werden können, das die Gehirnaktivität anregt und dich mit freudigen Emotionen belohnt? Wie würdest du einen solchen Teil benennen und symbolisieren?

[1] Ernest Rossi, *The Psychobiology of Mind-Body Healing* (Norton, N.Y. 1986).

Viele Teile unseres Selbst sind mit den grundlegenden Überlebensbedürfnissen beschäftigt. Jener Teil, der den Appetit reguliert, ist einer der ältesten, da er seine Aufgabe auszuführen begann, kurz nachdem du geboren wurdest. Seitdem hat er eine ganze Menge dazugelernt, und er hat es gut gelernt, denn sonst würdest du noch immer das Eßverhalten deiner frühesten Kindheit zeigen. Bei den meisten Menschen gehören diese Teile nicht zur bewußten Persönlichkeit. Dennoch sind diese Teile vorhanden, sie sind Elemente unseres genetischen Erbes, der DNS-Struktur, die dafür gesorgt hat, daß wir uns zu nahezu menschlichen Wesen entwickelt haben. Unter anderem gibt es auch Teile, die genetisch wissen, wie man aggressives Verhalten nutzt und anwendet, gleich ob unser bewußtes Ich diese Teile akzeptiert oder nicht. Ein Großteil unserer Vorfahren (hier beziehe ich mich nicht nur auf ca. 60.000 Jahre Homo Sapiens, sondern auch auf die zahllosen Millionen Jahre tierischen Lebens) mußte ziemlich aggressiv, nach unseren Maßstäben sogar amoralisch sein, um überleben zu können.

Diese Informationen existieren immer noch in unserer DNS, genauso wie die Erinnerungen an zahllose Äonen des Lebens, in denen das Bewußtsein zu einfach und zu primitiv war, um überhaupt Aggression zu empfinden. Die Verehrung der Ahnen, wie sie für gewöhnlich im Voodoo oder im Taoismus gefunden werden kann, ist keineswegs ein abstraktes Konzept. Willkommen zu deinen Ahnen! Die meisten von ihnen waren nicht einmal Menschen. Du kannst sie in jeder Zelle deines Körpers entdecken. Jede Zelle enthält die gesamte Erbschaft der Evolution unserer Art. Der Großteil dieser Informationen ist für das moderne Leben bedeutungslos. In der Tat resultieren viele unserer gegenwärtigen politischen Probleme aus diesem Erbe und aus der allzu menschlichen Tendenz, veraltete Methoden zur Lösung neuer Probleme zu verwenden. Aggression ist eine Art der Problemlösung, die in Millionen Jahren tierischen Lebens höchst effektiv gewesen ist. Es ist verrückt und geradezu paradox, daß wir die Gelegenheit haben, die aggressiven Teile in Frieden und Freude in unser Leben zu integrieren, wenn wir diese als Teil unseres genetischen Erbes anerkennen. Aggressionen können durchaus nützlich sein. Sie können uns die Kraft geben, Schwierigkeiten zu bewältigen, Widerstände niederzubrechen und ... zu tun (bitte erfinde ein paar Situationen, in denen dir ein ordentlicher Aggressionsschub weiterhelfen kann). Sie können aber auch ein wertvolles Signal sein. Wenn ich mich erschöpft und überanstrengt fühle oder mich meine Lebensumstände zu sehr einschränken, dann zeigt mir mein

Aggressionslevel, wieviel ich noch ertragen kann. Wenn du Aggression oder eine andere Emotion als Signal betrachtest, dann kannst du feststellen, daß es wirklich etwas bedeutet, wenn du gerade »knurrst«.

Menschen haben nicht auf dieselbe Art und Weise Aggressionen, wie sie Autos, Geld oder Läuse haben. Aggressionen sind keine Gegenstände, die man besitzen kann. Du könntest dich fragen: »Was sagen mir diese aggressiven Gefühle?«, und vielleicht wirst du feststellen, daß es einen Teil deines Tiefenselbst gibt, der dich durch sie beschützen will.

Was machst du, wenn du feststellst, daß du dich aggressiv fühlst? Fragst du dich tief in deinem Inneren, was dir dieses Gefühl sagen will? Oder gehst du einfach los und schlägst jemanden nieder? Oder tust du so, als wäre diese Aggression gar nicht vorhanden? Es gibt viele Möglichkeiten Aggressionen abzubauen, wovon die meisten zu unangenehmen Nebeneffekten führen. Weise Menschen wissen, daß auch Aggressionen, wie alle anderen starken Gefühle, ihren Sinn haben. Wäre es nicht besser, die Aggression als gutgemeinten Rat zu verstehen und sich den Rest des Tages einfach frei zu nehmen?

Wenn sich der Körper aggressiv fühlt, dann bedeutet dies, daß das Gehirn viele Neurotransmitter in den Blutstrom entlassen hat, die den Verstand dazu drängen, Kampf oder Flucht für geeignete Lösungen zu halten. Also warte und denke nach. Bevor du dich wieder friedlich fühlen kannst, mußt du mit all den Chemikalien zurechtkommen, die dir gerade das Bedürfnis vermitteln, etwas kaputt schlagen zu wollen. Eine gute Methode, mit einer

Überdosis Adrenalin fertigzuwerden, besteht darin, sie abzuarbeiten, sei es durch Laufen, Tanzen, lange Spaziergänge, Schreien, Musik oder die Praxis von Kampfkünsten der wilderen Art. Die meisten Kampfkünstler werden erstaunlicherweise zu ziemlich sanften Menschen, wenn ihre aggressiven Teile gelernt haben, daß sie sich jede Woche im örtlichen Dojo austoben können. Vergleiche dies mit den »Neues-Zeitalter-Denk-positiv«-Leuten, die Aggression zu transzendieren versuchen, indem sie so tun, als gäbe es sie gar nicht. Wer seine Aggressionen oder andere starke Gefühle verdrängt, verliert oft genug die Fähigkeit, Gefühle jeder Art auszudrücken. Wie viele von den positiv denkenden »Weiß-Licht«-Leuten können denn noch laut, wild, spontan, fröhlich oder verrückt sein? Und wie stehen die Chancen, eine Krankheit zu heilen, wenn man nicht offen zugeben kann, daß diese Krankheit überhaupt existiert? Aggression ist keine Krankheit, sie ist nur ein Gefühl, das für unsere Vorfahren nützlich war, um gewisse Strategien des Kampfes, der Hierarchie oder des Balzverhaltens durchzusetzen. Krankheit ist das, was passiert, wenn Menschen ihr genetisches Erbe mißbrauchen oder versuchen, es ganz und gar zu verdrängen.

Hier kommen wir zu der Tatsache, daß die Teile des Geistes jede Methode anwenden werden, die zum gewünschten Resultat führt. Tief in ihrem Inneren haben alle menschlichen Wesen ein Bedürfnis nach Aufmerksamkeit und Sympathie. Auch das ist Teil unseres genetischen Erbes. Die Affen, die uns vorausgingen, waren soziale Tiere, die in kleinen Gruppen lebten. Schon ein Baby lernt, daß es Aufmerksamkeit und ein gewisses Maß an Liebe erhält, wenn es lange und laut genug schreit. Ein Kleinkind hingegen lernt, daß Schreien die Aufmerksamkeit, nicht aber unbedingt die Sympathie erregt. Demzufolge muß es eine Reihe von alternativen Verhaltensweisen entwickeln. Später lernt das Kind, daß Aufmerksamkeit sowohl durch positives, sozial akzeptables Verhalten als auch durch negative

Verhaltensweisen erzielt werden kann. Beißen, Kneifen oder das Fehlverhalten deiner Wahl werden zwar Aufmerksamkeit, aber ziemlich wenig Liebe erregen. Charme, Interessen, freundliche Gesten, Talente und soziales Verhalten sind wesentlich effektiver, wenn es darum geht, die Liebe einer Person zu gewinnen. Dies muß jedoch erst gelernt werden. Kinder, die sich fehlverhalten, sind nicht notwendigerweise »böse«, »falsch« oder »gestört«; oft liegt es einfach daran, daß sie die einfachste Strategie verwenden, die ihnen zur Verfügung steht, um die Aufmerksamkeit zu erhalten, die sie begehren. Die Gewohnheit sagt ihnen, daß dieses Strategie immer funktioniert hat, und da sie nicht die Freiheit haben, eine bessere Methode auszuwählen, verwenden sie eben die alte Strategie, die wenigstens funktioniert, auch wenn sie viele unangenehme Nebeneffekte besitzt.

Wir alle haben Teile in unserem Geist, die es uns ermöglichen, Aufmerksamkeit und Liebe zu erregen. Diese Teile erfüllen ihre Aufgabe, ohne daß wir es bewußt merken. Es gibt viele Menschen, die laut abstreiten würden, daß sie etwas wie Liebe brauchen, auch wenn gewisse Teile ihrer Natur hart daran arbeiten, diese Liebe zu gewinnen.

Diese Funktion (das Bedürfnis nach Liebe) ist etwas, das uns allen gemeinsam ist. Dennoch ist das tatsächliche Verhalten, das wir anwenden, um dieses Bedürfnis zu erfüllen, von Person zu Person höchst unterschiedlich. Unser Baby, unser Kleinkind oder unser Kind weiß normalerweise nicht, daß es Aufmerksamkeit und Liebe will, schon gar nicht auf bewußter Ebene. Manche Menschen haben Hunderte von Methoden entwickelt, um Liebe und Sympathie zu gewinnen, während sich andere immer noch mit Methoden abquälen, die sie bereits im Alter von fünf hinter sich lassen hätten sollen.

Dann gibt es noch jene Leute, die sich streiten und anbrüllen, obwohl sie in Wirklichkeit nur Liebe und Sympathie wünschen. Normalerweise ist dies nicht die beste Methode, aber wie die Dinge so liegen, kennen sie oft keine bessere. Die Teile ihres Tiefenselbst, die Liebe wollen, verwenden ganz einfach eine Methode, die funktioniert. Wenn sie eine bessere Methode kennen würden, würden sie diese sicherlich anwenden. Wie Grinder und Bandler in *Neue Wege der Kurzzeit-Therapie* hervorgehoben haben, versuchen Menschen im großen und ganzen immer die beste Entscheidung zu treffen. Wenn jemand Beschimpfungen ausstoßen muß, um Sympathie zu erregen, dann hat diese Person wahrscheinlich keine bessere Wahlmöglichkeit, um ein völlig natürliches Bedürfnis zu erfüllen.

Alles Verhalten ist erlernt. Wir alle haben verschiedene Bedürfnisse und verschiedene Methoden, um diese Bedürfnisse zu erfüllen. Einige dieser Methoden sind gut, andere sind nur ausreichend, aber auf ihre Art und Weise werden sie alle funktionieren. Solche Methoden funktionieren aus Gewohnheit. Wir wissen, daß sie funktionieren, da sie immer funktioniert haben. Diese Methoden bestimmen unser Verhalten, das, wenn es zur Gewohnheit wird, die Illusion einer vorhersagbaren, kontinuierlichen Persönlichkeit erschafft. Selbst problematisches Verhalten, wie irrational es auch erscheinen mag, folgt der grundsätzlichen Idee, daß es für irgend etwas gut ist. Was tun wir, wenn wir ein solches problematisches Verhalten verändern wollen? Als erstes treten wir mit jenen Teilen des Selbst in Verbindung, die das problematische Verhalten gewohnheitsmäßig produzieren. Dann können wir alternative Methoden entwickeln, um die zugrundeliegenden Bedürfnisse zu erfüllen, Strategien, die das gewünschte Resultat durch eine effektivere Verhaltensweise herbeiführen. In diesem Zusammenhang sind die Bücher von Bandler und Grinder *Neue Wege der Kurzzeit-Therapie*, *Therapie in Trance* und *Reframing* empfehlenswert. Diese Werke geben nützliche Anhaltspunkte, wie die zauberische Praxis »Wir beschwören einen Geist« verbessert werden kann.

Bis jetzt haben wir uns mit »Geistern« und »Teilen des Geistes« beschäftigt. Da ich jedoch das Zauberhafte an der Magie nicht reduzieren möchte, biete ich hier eine weitere Interpretation an: Wenn ein einfacher und gläubiger Katholik die Heilung einer Krankheit wünscht, dann wendet er oder sie sich nicht an einen Arzt oder Therapeuten, der an einen Teil des Geistes, genannt Immunsystem, glaubt, noch an einen Schamanen, der an heilende Geister glaubt, sondern an einen katholischen Heiligen, von dem bekannt ist, daß er bei dieser Krankheit hilft. Der Heilige wird durch Gebete, Emotionen, Vorstellungen und Opfergaben angerufen, und wenn das Ritual gut durchgeführt worden ist, dann wird der Heilige die Wunderheilung bewirken. Dies ist der einzige Grund, warum Heilige überhaupt populär sind. Nun ist der Katholizismus in Wirklichkeit eine pantheistische Religion, da er Hunderte von Heiligen kennt, von denen jeder darauf spezialisiert ist, ganz bestimmte Wunder zu wirken. Wenn du z.B. eine sichere Reise wünschst, dann wäre es angebracht, einen Talisman des Heiligen Christophorus in deinem Auto zu befestigen. Es ergibt jedoch keinen Sinn, den heiligen Christophorus anzurufen, wenn man ein Kartenspiel gewinnen, Lepra heilen oder ein gebrochenes Herz kitten will.

Dieselbe Praxis läßt sich auch im tibetischen Buddhismus beobachten, in dem es einen zentralen Buddha gibt, der von Tausenden kleinerer Buddhas, von Arhats, Avatars und speziellen Variationen derselben, umgeben ist. Dasselbe gilt für den zeremoniellen Taoismus. Im mystischen Taoismus mag das Tao zwar »all-eins«, »keines« und »namenlos« sein, doch im zeremoniellen oder magischen Taoismus gibt es ein System von Tausenden höchst spezialisierter Geister, das den Verstand übersteigt. Um mit einem bestimmten Problem zurechtzukommen, wendest du dich einfach an den Spezialisten, in dessen Aufgabenbereich dieses Problem fällt.

In der Magie können wir eine Menge lernen, wenn wir alle Arten dieser Geisterspezialisten kennenlernen. Jeder Geist, der mit dem Ganzen in Einklang gebracht wird, entspricht einem Selbstaspekt, der geheilt und ganz wird. In gewissem Sinn brauchen wir sowohl den monotheistischen Standpunkt, der die Einheit des Systems hervorhebt, wie auch die pantheistische Einstellung, die sich an der Vielfalt erfreut. Wenn du einen ganzheitlichen Effekt wünschst, behandle den Geist als eins. Wenn du einen spezifischen Effekt wünschst, dann gehe zu dem Spezialisten, der dafür verantwortlich ist. Beide Modelle sind auf ihre Art nützlich. Wenn wir uns die »Teile des Geistes« als Gruppe von Spezialisten vorstellen, die ihre Arbeit ausführen, mag es gelegentlich Probleme geben, etwa wenn wir nicht wissen, wer der richtige Spezialist für eine bestimmte Verhaltensweise ist. Ein anderes Mal kann es vorkommen, daß diese Spezialisten zu engstirnig werden und sich gegenseitig ins Handwerk pfuschen. Manchmal kann es auch Reibungen geben, wie es oft der Fall ist, wenn sich Leute zwischen verschiedenen Wahlmöglichkeiten hin- und hergerissen fühlen. In solchen Fällen wäre es am einfachsten, Geister zu konsultieren, die als »Meta-Teile«, d.h. als Teile, die verschiedene Spezialisten koordinieren, bezeichnet werden können.

Hast du dich jemals gefragt, was das »unbewußte Selbst« ist? Wenn du dich fragst: »Liebes Tiefenselbst, würdest du mich an meine Träume erinnern?«, wer hört dann zu? Wer erhört deine Anfrage? Wer ist dieses unbewußte Selbst, das wir zu begreifen versuchen? Für die meisten Menschen gleicht das Unbewußte der Büchse der Pandora. Wenn du den Deckel öffnest, wer weiß, welche Schrecken aus der Tiefe aufsteigen werden? Solche Menschen trauen ihrem Tiefenselbst nicht, und durch denselben Mund traut auch ihr Tiefenselbst ihnen nicht besonders. Per Definitionem umfaßt das Unbewußte in erster Linie diejenigen Teile unserer Natur, die uns nicht bewußt sind. Niemand weiß, was das Unbewußte wirklich ist, und wenn wir dennoch irgendeine Metapher verwenden, um es zu beschreiben, dann werden wir feststellen, daß es darauf reagiert und unseren Erwartungen zu entsprechen versucht. Wenn du einer der armen Narren sein solltest, die glauben, daß das Unbewußte ein Abfallhaufen aus neurotischen Impulsen, verdrängten Ängsten, wüsten Instinkten und primitiven Überlebenstrieben ist (eine Einstellung, die von vielen freudianischen Therapeuten geteilt wird), dann wird dein Unbewußtes diesem Glauben entsprechen und Erfahrungen herbeiführen, die diesen Glauben bestätigen. Wenn du freilich dein Unbewußtes »Gott« nennst, dann wirst du feststellen, daß du in einer ganz anderen Welt lebst, voll Glaube, göttlichem Segen, Enthusiasmus und vielleicht auch Wundern. Solltest du dein Unbewußtes als »inneren Genius«, als »Dämon« oder als »Heiligen Schutzengel« bezeichnen, dann wirst du Inspiration und Hilfe empfangen und dich am Ausdruck deiner selbst in Kunst, Liebe und Magie erfreuen.

Es scheint, als würde sich das Unbewußte, was immer dieses auch sein mag, mehr oder weniger so verhalten, wie wir es erwarten. Frage mich nicht warum, frage dich selbst! Das Tiefenselbst Dr. Freuds z.B. mag ein positives Feedback, also Freude, empfangen haben, wann immer es einen interessanten neuen Instinkt, eine Neurose oder ein Tabu fand, um den guten Doktor geschäftig und zufrieden zu halten. Da sich Freud für das wissenschaftliche Studium der Neurosen begeisterte, hielt ihn sein Unbewußtes bei Laune, indem es mehr und mehr davon zum Vorschein brachte. Schon bald begann Dr. Freud überall Neurosen zu entdecken, was keine Überraschung ist, wenn wir an die Gesellschaft denken, in der er lebte. Da wir alle dazu tendieren, das hervorzuheben, was uns interessiert, muß dies seine Realität zu einem ausgesprochen unangenehmen Traum gemacht haben. Das Tiefenselbst Dr. Jungs hingegen mag ein positives Feedback empfangen haben, wann immer es einen interessanten Symbolismus oder eine Mandalastruktur fand. Es wird deshalb nicht überraschen, daß die Welt für Dr. Jung schon bald von mysteriösen und faszinierenden archetypischen Mustern erfüllt war. Ganz offensichtlich war die Welt, die Dr. Jung für sich erschuf, eine wesentlich angenehmere Welt als die Welt von Dr. Freud.

Durch denselben Mund hat mein Tiefenselbst gelernt, daß es positives Feedback erhält, wann immer es zeigt, daß die Welt unter Willen verändert werden kann. So habe ich das Vergnügen, in einer Welt zu leben, in der die innere und die äußere Welt interagieren, kommunizieren und sich gegenseitig verwandeln, je nachdem wie es unserer Natur und den Umständen entspricht.

Wir alle machen das. Jeder von uns hat ein Tiefenselbst entwickelt, das gelernt hat, eine spezifische Realität für uns zu erschaffen, genauer gesagt jene Realität, die das bewußte Ich erwartet und durch das Feedback von Zweifel, Glaube, Schmerz, Freude usw. verstärkt. Wir alle haben gelernt, durch unseren Glauben eine Welt zu erschaffen. Dies ist die Welt, von der wir glauben, daß sie real ist. In diesem Sinne ist jedes menschliche Wesen ein großer Zauberer. Jeder von uns erschafft seine eigene Welt und läßt diese so überzeugend erscheinen, daß er oder sie selbst von der Illusion getäuscht wird. Wir haben gelernt, eine Welt zu erschaffen, und dann vergessen, daß ihre Realität unser eigenes Werk ist. Doch wir können uns erinnern!

Würdest du es wagen, an eine bessere, veränderbare Welt zu glauben, eine Welt voll des unbekannten Potentials und der Freude? Würdest du es wagen, den vielen Aspekten deines Selbst, bekannt oder unbekannt, zu vertrauen, die Welt und dich von innen heraus zu heilen und zu verwandeln? Hast du den Mut, das »Göttliche«, den »Dämon«, die »Geisterhelfer« oder all die »Teile deines Selbst« zu entdecken, mit ihnen zu sprechen und gemeinsame Lösungen zu finden? Die Antwort ist einfach. Ich glaube, daß hinter all diesen Bezeichnungen ein gemeinsames Phänomen verborgen liegt, das für mein Verständnis zu groß ist. Jeder dieser Namen, Titel und Metaphern ist eine Zugangsmöglichkeit. Möglicherweise kommst du, welche Bezeichnung du auch verwendest, mit demselben wunderbaren Phänomen in Kontakt, doch wird dein Kontakt genau so sein, wie du ihn dir vorstellst. Der Rest ist einfach Übung.

Die meisten Anfänger auf dem Gebiet der Magie bringen psychologischen Theorien nicht viel Sympathie entgegen und haben deshalb auch nicht viel Spaß daran, mit ihrem Unbewußten zu sprechen, da dieses bekanntlich allerhand verdrängten Schrecken enthält. Viel leichter fällt es da, den Göttern zu vertrauen, und tatsächlich wirkt die Kommunion oft Wunder. Götter sind schließlich Teil eines Glaubenssystems, in dem Wunder geschehen können. Ein Atheist hingegen fände es wesentlich leichter, an »Teile des Geistes« oder an einen »inneren Genius« zu glauben und mit diesem zu kommunizieren. Diese Glaubensstruktur läßt wahrscheinlich keine Wunder zu, aber sie hat einige Vorteile, auf die ich hier nicht weiter eingehen möchte. Tue dir den Gefallen und überlege sie dir selbst.

Bei den nördlichen Magar in Nepal ist es üblich, daß junge Schamanen eine Gruppe von Geisthelfern erhalten, die mit Nahrung und Flüssigkeiten in Bambusrohren eingeschlossen sind. Dieses Geschenk ist kein leichtes. Solche Geister (sie umfassen normalerweise die »Schlange«, das »Wildschwein«, den »Stillen Hund« und verschiedene andere), sind sehr wild und überwältigend. Der junge Schamane muß lernen, mit ihnen zu leben. In den ersten Monaten machen diese Geister eine Menge Ärger. Da sie weder zahm noch leicht zu kontrollieren sind, können die verschiedensten Ausbrüche stattfinden. Oft genug fällt der Schamane in eine Besessenheitstrance und muß verschiedene tierische Bedürfnisse mit sich in Einklang bringen. In der Besessenheit wird eine Menge roher Energie und Emotion entladen. Im Lauf der Zeit gewöhnen sich dann die menschlichen und die tierischen Aspekte des Geistes aneinander, sie lernen sich kennen und schätzen. Sie lernen sich gegenseitig zu verwandeln und ein solides Fundament magischer Kooperation zu setzen. Wenn sie sich aneinander gewöhnen, offenbaren die Geister, daß sie Freunde und Selbstaspekte sind. In diesem Stadium verliert die Besessenheit ihren Schrecken. Was uns im Ritual besessen macht, ist nur eine weitere Maske des Selbst. Louis Martinie hat dies im *Cincinnati Journal of Magick* brillant ausgedrückt:

> Besessenheit durch Loa, Dämonen, Engel usw. ist kein Thema. Womit die meisten von uns kämpfen, ist die Besessenheit durch das, was normalerweise als Persönlichkeit bezeichnet wird. In dem Maße, in dem wir uns mit unserer Persönlichkeit identifizieren, sind wir durch diese einschränkende Definition des Selbst besessen. Was die meisten Menschen an ritueller Besessenheit fürchten ist, daß die Kontrolle der Persönlichkeit über das Selbst geschwächt werden könnte. Mag sein, daß es ein kleiner Käfig ist, aber man ist zumindest daran gewöhnt. Rituelle Besessenheit ist eine Möglichkeit, um sich von den Beschränkungen einer zutiefst festgefahrenen Persönlichkeit zu befreien.[1]

Für den Schamanen sind Götter und Geister Freunde. Sie kommen, um die Arbeit zu unterstützen und an der Freude des Festes teilzuhaben. Der Wildschweingeist z.B. hat die Fähigkeit, Dinge zu entdecken, die unter der Erdoberfläche verborgen sind. Wenn dieser Geist den Schamanen besessen macht, dann kann es sein, daß der letztere auf allen Vieren herumzulaufen beginnt und laut grunzend und schnaufend die Erde durchwühlt, bis das Gesuchte zum Vorschein kommt. Der Schlangengeist

[1] Louis Martinie, *Pangenic Occultism* (in: *Cincinatti Journal of Magick*, Vol. VII, 1989).

hingegen ist in den Tunneln und Wasserwegen unseres Systems daheim. Ein Schamane, der vom Schlangengeist besessen ist, wird möglicherweise zu zischen und sich zu schlängeln beginnen. In diesem Zustand kann er oder sie das Fließen der Flüssigkeiten und Energien regulieren, Störungen in der Strömung beheben und verborgene Gifte aussaugen. Vogelgeister wiederum sind oft in der Divination begabt. Der Schamane, der von einem Vogelgeist besessen ist, kann sich mit dem Wind erheben und in die Lüfte steigen. Aus gesunder Distanz betrachtet, sind viele menschliche Probleme leichter zu verstehen. Der »Stille Hund« hingegen hat eine ähnliche Funktion wie der ägyptische Anubis oder die Wölfe Wotans: Er reist zwischen den Welten. Ein Schamane im »Stillen-Hund«-Bewußtsein kann durch die Welten des Traums und der Imagination reisen, hinein in Bereiche, die dem menschlichen Bewußtsein verschlossen sind.

Normalerweise leben und arbeiten Schamanen mit mehreren Schutzgeistern. In der praktischen Magie wird es den Geistern erlaubt, sich zu erheben und die Kontrolle zu übernehmen. Im Zustand der Besessenheit handeln die Geister durch den Körper des Schamanen, sie offenbaren das Unbekannte, tun das Unmögliche, bewirken die Magie und die Heilung. Im psychologischen Modell könnte man behaupten, der Schamane habe verschiedene Teile seines Unbewußten dazu veranlaßt, Handlungen zu vollbringen (z.B. eine Heilung, einen magischen Akt, einen Zauber), die das bewußte Ich nicht vollbringen könnte. In diesem Zusammenhang ist das bewußte Ich weise, wenn es einen Schritt zurücktritt und die Kontrolle jenen Aspekten des Tiefenselbst überläßt, die den Schamanen besessen machen, um ihre Aufgabe zu erfüllen. Dies würde implizieren, daß Heilungsmagie von Schamanen unterstützt wird, aber von den Göttern und Geistern des Systems bewirkt wird. Dabei geht es weniger um die Geister des Heilers als vielmehr um die Geister des Patienten, da es diese sind, die die Krankheit überhaupt zugelassen haben. Wir erinnern uns an Ericksons Überzeugung, daß die Heilung aus dem Unbewußten kommt. Der Therapeut ist völlig unwichtig, sagte Erickson und wies darauf hin, daß die Arbeit des Therapeuten in erster Linie darin besteht, eine Atmosphäre zu schaffen, in der die Heilung wie von selbst geschehen kann.

Die Schutzgeister im Schamanismus funktionieren ähnlich wie die »Meta-Teile«, die wir zuvor erwähnt haben. Wo die Teile des Geistes bestimmte Funktionen erfüllen und das Verhalten regeln, werden sie von Meta-Teilen koordiniert.

Im magischen System des Abra-Melin ist der Hauptkoordinator unter dem Namen »Heiliger Schutzengel« (*Holy Guardian Angel*, kurz *HGA*) bekannt, der dazu tendiert, in idealisierter und oft anthropomorpher Gestalt zu erscheinen. Den Kontakt zum heiligen Schutzengel des Abra-Melin-Systems herzustellen, ist eine ziemlich leichte Aufgabe, zumindest theoretisch. Das ganze System kann in den Worten »rufe oft an« und »entflamme dich im Gebet« zusammengefaßt werden. Um das Wissen um die Konversation mit dem »Heiligen Schutzengel« zu erlangen, wird dem Magier empfohlen, daß er sich von der Welt zurückzieht. An einem abgelegenen Ort betet der Magier zum *HGA*, daß dieser erscheinen und sich offenbaren möge. Im ersten Monat wird dies einmal täglich durchgeführt, im zweiten Monat zweimal täglich. Dieser Zeitplan wird fortgesetzt, Monat für Monat, bis der Magier oder die Magierin den gesamten Tag damit verbringt, sich dem Schutz und der Kommunion des Engels zu widmen. Natürlich ist diese Art von Yoga dazu imstande, alle Arten von Wahnsinn zu erzeugen. Bis zu dem Zeitpunkt, an dem sich der Engel offenbart, sollte der Magier oder die Magierin derart gereinigt sein, daß er oder sie sich in einem angemessenen Zustand befindet, um mit dem Engel zu kommunizieren. Gleichzeitig haben die Monate der andauernden Disziplin und des brennenden Enthusiasmus dafür gesorgt, daß sich der Engel leuchtend und strahlend, voll Kraft und Bewußtsein, manifestiert. Es könnte also behauptet werden, daß der Magier im Abra-Melin-System einen Engel erschafft, um den wahren Willen zu verkörpern, während der Engel einen Adepten erschafft, der imstande ist, diesen wahren Willen auszuführen. Das Erscheinen des Engels ist übrigens selbst ein Teil der Botschaft. Der Engel symbolisiert durch seine Form den wahren und bisher unbekannten Willen des Adepten.

Das Abra-Melin-System nicht das einzige, in dem an die Existenz von Schutzgeistern geglaubt wird. In den nordisch-germanischen Kulturen glaubten die Menschen, daß sie von einem unsichtbaren Tiergeist begleitet würden, der »Fylgia« genannt wurde (das Wort *fylgia* kommt von »folgen«, da einem die Fylgia folgt oder umgekehrt). Die Fylgien, die aus der nordischen Literatur bekannt sind, erschienen als Wölfe, Bären, Luchse, Drachen, Adler oder Löwen. Diese Tiere waren die Beschützer ihrer menschlichen Kameraden. In Zeiten der Gefahr konnte man sich darauf verlassen, daß sie Rat gaben, sei es durch Visionen, Träume, Omen, rituelle Besessenheit oder irgendeine Form der Wahrsagung. So wild sie auch waren, die Fylgien waren dafür bekannt, daß sie eine tiefere Weisheit als ihre menschlichen Partner besaßen. Einige Fylgien waren in der Magie und in der Verwendung von Zaubersprüchen sehr bewandert, was es ihnen ermöglichte, Synchronizitäten, Zufälle und andere Wunder zu bewirken. Zu Kriegszeiten würden einige Fylgien ihren menschlichen Freunden übermenschliche Fähigkeiten verleihen. Der »Berserkergang« etwa bezieht sich auf den alten und ehrenwerten Brauch, auf dem Schlachtfeld von einer Fylgia besessen zu sein. In solchen Trancezuständen wurde das menschliche Bewußtsein von einer Flut der Gewalttätigkeit und tierischen Raserei überwältigt, was dem kleinen quiekenden Ego keine Gelegenheit gab, zu zweifeln, zu verzweifeln oder zu fliehen. Die Berserker (was wörtlich »in Bärenhäuten« bedeutet) waren für ihre Wildheit, ihre unmenschlichen Reflexe und ihre Fähigkeit, Wunden unbemerkt zu ertragen, bekannt.

Ein weiteres interessantes Beispiel kann in den chinesischen Kampfkünsten gefunden werden. Viele moderne Kampfsysteme entwickelten sich aus der uralten taoistischen Praxis: »Verwandle dich in ein Tier und finde heraus, was dabei geschieht.«

Die Praxis des Wu Shu beinhaltet die Bewegungen, das Verhalten und das Bewußtsein von Tieren wie Drachen, Schlangen, Tiger, Kranich, Panther, Adler, Gottesanbeterin, Hirsch, Spinne, Bär, Schildkröte, heiliger Affenkönig, Schwalbe, Phoenix und zahllosen anderen Wesen. In den alten Tagen des schamanischen Taoismus war es eine übliche Praxis, solche Wesen anzurufen und sie körperlich in Tanz, Ritual und Magie zu verehren. Aus diesen einfachen Anfängen entwickelten sich Hunderte verschiedener Stilarten und Techniken. Heute sind viele dieser Systeme technisch so hochentwickelt, daß die Freuden des Tierbewußtseins längst vergessen sind.

Es sollte jedoch darauf hingewiesen werden, daß sich im Taoismus nicht alle Tierformen auf wirkliche Tiere beziehen. Einige von ihnen, wie der Drache, das Qi-Lin, der Phoenix oder der betrunkene Affenkönig, existieren nur auf der Ebene der Imagination. Es sind unmögliche Tiere mit der Fähigkeit, unmögliche Dinge zu tun. Menschen, die mit solchen Geistern leben, wie es auch euer bescheidener Autor tut, neigen dazu, gelegentlich eher paradox und verrückt zu sein. Solltest du nun meinen, daß die Tiere des Wu Shu nur dazu gut sind, schnelle Reflexe zu kultivieren oder hart zuzutreten, dann bist du im Irrtum. Der Taoismus ist eine lebensbejahende Philosophie. Die Tiergeister waren oft in Wahrsagungen, Ritualen, Zeremonien und Exorzismen hilfreich, sie inspirierten zu Tänzen, Körperübungen, Atemübungen, sexuellen Aktivitäten und anderen Vergnügungen.

Diese und ähnliche Spielarten der Tierformenmagie sind in den westlichen Kulturen seit langer Zeit vergessen. Was vom heiligen Schutztier übrig blieb, ist die verzerrte Vorstellung von der alten »Vettel«, einer Hexe mit ihren Hilfsgeistern, Kröten, Fröschen, Fledermäusen, Katzen, Spinnen, Raben usw., und die schreckliche Legende vom Werwolf, der durch die Wälder streift und dort in höllischer Ekstase heult. Ähnliche Legenden der Formverwandlung (oder eher der Bewußtseinsveränderung) können in den meisten Kulturen dieser Erde gefunden werden.

Ist es für Menschen natürlich, Tierbewußtsein zu entwickeln? Viele Kinder haben ihre Lieblingstiere, die sie voll Freude und Hingabe imitieren. Versuche doch einmal, mit einem Kind »Tiger« zu spielen. Du wirst schon bald bemerken, daß es wesentlich leichter ist, das Spiel zu beginnen, als es zu beenden. Dieses einfache Spiel ist äußerst wirkungsvolle Magie. Viele Kinderspiele sind reine Magie, da sie die Realität programmieren, die kommen wird, eine unbewußte Magie, die so natürlich und enthusiastisch ist, daß ihr wenige ernsthafte Okkultisten gleichkommen können. Du wirst überrascht sein, wie perfekt die Rolle erlebt wird und welche überwältigenden Kräfte und Triebe zur Oberfläche gelangen.

Genug der Theorie. Laßt uns etwas tun. Wie wirst du deine Tiergeister erwecken? Das Unbewußte ist kein Supermarkt. Du kannst nicht einfach hineinspazieren, dir ein paar Haustiere aussuchen, die in dein Wohnzimmer passen, dazu das Dosenfutter, eine gute Leine und ein Versicherungszertifikat. Die Tiere, die du brauchst, sind wilde Tiere, und wilde Tiere lieben es, mit wilden Menschen zusammenzusein. Wenn du nicht wild genug bist, bleibst du am Ende an einem Ochsen, einem Schaf oder einem Pudel hängen, wie es vielen Beamten und Politikern ergeht. Wenn man sich überlegt, wie viele Magier rationale, vernünftige und intellektuelle Gelehrte sind, dann könnte man schon annehmen, daß eine gewisse Dosis Wildheit der okkulten Umgebung einiges an Gutem tun würde.

Das folgende Muster wird dir helfen, deinen Ruf auszusenden. Fühle dich frei, es nach Belieben zu verändern. Worauf es ankommt, ist nicht die Technik, sondern die Hingabe, die du aufbringen kannst. Deine Aufgabe ist es, mit Wildheit zu rufen, mit Gefühl und mit Leidenschaft. Du kannst darauf vertrauen, daß dein Tiefenselbst die Verwandlung herbeiführen wird.

Zunächst könntest du ein paar Stunden damit verbringen, dir Gedanken darüber zu machen, wie es wohl sein wird, wenn du mit einem oder mehreren Tiergeistern zusammenlebst. Deine Vorstellungen werden natürlich falsch sein, aber sie werden zumindest dein Interesse signalisieren. Du kannst den Prozeß durch verschiedene Methoden unterstützen. Du könntest z.B. eine Sigil herstellen, die dein Tiefenselbst darum bittet, dir die Tiergeister zu zeigen. Du könntest dich daran erinnern, welche Tiere es waren, die du als Kind geliebt hast. Du könntest dich in einen sanften Trancezustand begeben und dein Tiefenselbst bitten, dir zu helfen die Tiergeister zu rufen. Du könntest beten und deinen Ahnen Opfer darbringen, den zahllosen Generationen von Lebensformen, die vor dir gewesen sind und deren Erbschaft in deinen Genen, in jeder Zelle deines Körpers, fortlebt. Viele Menschen finden schon in dieser Phase Kontakt zu einem Tier. Dieser Kontakt ist oft eine flüchtige Vision oder eine Traumbegegnung. Solche Visionen sind wie Gesten. Ein Bewohner der anderen Seite sagt »Hallo« und schickt dir einen Gruß. Das heißt aber nicht, daß du es schon geschafft hast! Ein guter und solider Kontakt verlangt wesentlich mehr Hingabe, was heißt, daß du einiges schaffen mußt:

1. Vorbereitung: Zu allererst solltest du deinen Realitätstunnel, d.h. deine Identität, öffnen, um für etwas Neues empfänglich zu sein. Die einfachsten Wege, dies zu tun, sind Verwirrung, Erschöpfung und Ekstase. Wähle einen guten Tag für diese Arbeit. Gehe in den Wald oder aufs Land hinaus. Suche dir einen ungestörten Ort, an dem du die Elemente erleben kannst. Die Tiergeister gedeihen durch Naturkontakte und durch körperliche Aktivität. Sie lieben das Heulen des Windes, die Geschwindigkeit des Querfeldeinlaufens, die Weite des Himmels, die wogende Bewegung der Bäume und die Lust des lebendigen Fleisches. Eine solche Umgebung ist zwar förderlich, aber nicht notwendig. Wenn du gut bist, dann kannst du die nötige Erschöpfung auch bei dir zu Hause hervorrufen, etwa durch Tanz oder sexuelle Aktivität. Im großen und ganzen macht eine unzivilisierte Umgebung den Ruf einfacher.

2. Finde einen Ort, an dem du dich wohlfühlst. Dies muß nicht unbedingt in der Wildnis sein. Wir haben diese Arbeit einmal in einem öffentlichen Park durchgeführt. Nach einer Weile waren wir dazu imstande, die verwirrten Leute zu ignorieren, und erzielten gute Resultate. Im Notfall könntest du ja so tun, als würdest du für das Jahrestreffen der Verrückten üben. Du solltest dich etwas müde und ein bißchen hungrig fühlen. Dies sind körperliche Gefühle, die Tiere gut verstehen. Wenn dir danach ist, bereite den Ort vor, indem du z.B. Räucherwerk und Nahrungsmittel aller

Art arrangierst. Wenn es dir gefällt, könntest du eine Wegkreuzung oder ein Torsymbol auf den Boden zeichnen, mit Mehl, Samen oder Asche. Etwas Meditation kann dir helfen, deinen Geist zu klären.

An dieser Stelle würde ich gerne darauf hinweisen, daß du in der Natur ein Gast bist. Es gibt heutzutage eine Menge esoterischer Touristen, die von einem sogenannten Kraftort zum nächsten eilen, sich einen Kick von den uralten Energien holen und dann wieder verschwinden, ohne auch nur »Dankeschön« zu sagen. Diese Nutzung eines Energiefeldes, ohne Respekt für seine Persönlichkeit, nenne ich »Kraftortprostitution«. Ein Ort der Kraft, und diese sind viel häufiger zu finden, als die meisten esoterischen Touristen vermuten würden, ist nicht einfach eine Batterie, die allen offensteht. Wo Kraft ist, dort ist auch Bewußtsein. Dieses Bewußtsein wurde durch all die Wesen, die an diesem Orte arbeiteten, lebten und liebten, geschaffen. Durch die Priester, die den Ort weihten und die sich dem Ort weihten, durch die Mythen und die Folklore, die die Energien des Ortes in einfachen Geschichten bewahrten. Wenn du deine Magie an einem Ort der Kraft betreibst, auch wenn es nur ein einfacher Flecken ist, auf dem ein paar Bäume stehen oder durch den sich ein kleiner Bach windet, dann würde es dir guttun, vor und nach der Arbeit einige nette und freundliche Worte an die Geister des Ortes zu richten. Ein kleines Gebet und eine Opfergabe werden den Naturgeistern sagen, daß du als Freund kommst.

3. Jetzt zur »Action«: Nimm dir ein Musikinstrument, z.B. eine Glocke, einen Gong, ein Tamburin, eine Trommel oder ein paar Rasseln. Spiele einen einfachen Rhythmus und sende deinen Ruf in die Welt hinaus. Dies sollte ziemlich einfach sein. Nach all den Stunden von Gebetsübungen hoffe ich, daß du mir jetzt ein klares und überlegenes Lächeln zeigst: »Ach, ist das alles?«

Natürlich ist es das nicht. Um zu den Tiergeistern zu beten empfiehlt es sich, mit diesen kongruent zu sein, da sie anders den Ruf nicht erkennen oder verstehen würden. Vergiß also die poetische Sprache und die subtilen Definitionen. Diese Art der Anrede mag bei Göttern funktionieren, sie funktioniert aber nicht bei Tieren. Tiere reagieren auf Emotionen, auf Leidenschaften, auf den Hunger des Rufens. Sie geben keinen Pfennig auf irgendeinen intellektuellen Zugang.

Ich erinnere mich an eine Anrufung, in der der Beschwörende nur aus dem Kopf heraus sprach. Wunderbare Worte, brillant und vernünftig, gut ausgedrückt und ein wahres Vergnügen zuzuhören. Leider passierte trotzdem nichts. Also verstärkte er seine Anstrengungen. Da passierte immer noch nichts. Er redete weiter. Dann wurde er wütend und versuchte, die Tiere herbeizubefehlen. Immer noch passierte nichts. Da begann er sich wie ein Narr zu fühlen, was ihn noch wütender machte. Dann, als er so richtig wütend war, erschien ein Tiger. Tiger interessieren sich nicht besonders für vernünftige Argumente, aber Wut ist etwas, das sie sehr gut verstehen.

Vielleicht wirst du keine Wut brauchen, um diese Arbeit durchzuführen. Deine Worte können einfach und primitiv sein, und du kannst sie wiederholen, so oft es dir gefällt. Wenn du fühlst, was du sagst, und in deiner Sprache Kraft liegt, der Hunger nach Vereinigung und die Lust auf Erfahrung, dann werden dich die Tiere erhören und kommen.

4. Dies kann eine Weile dauern. Was tust du also? Du verstärkst deinen Ruf. Bleibe dabei, rufe laut und voller Leidenschaft. Spiele dein Instrument und beginne zu tanzen. Der Trick dabei ist, daß du dich getraust, wild zu werden. Schreie, tobe, trample auf dem Boden herum, hämmere auf deine Trommel und mache weiter so. Rufe weiter. Stelle dir vor, wie dein Ruf sich ausdehnt, wie er sich über die ganze Welt und jenseits des bekannten Universums erstreckt. Rufe weiter, gehe in die Erschöpfung hinein und darüber hinaus. Dies ist keine Zeit für halbherzige Gesten. Lege all deine Kraft in das Rufen und mache weiter und weiter. Mache weiter mit dem Rufen, Tanzen und Lärmen, bis du vergißt, daß du dich etwas sonderbar fühlst, bis dein Körper zittert, bis dir der Schweiß über das Gesicht läuft und dein Denken zu wirbeln beginnt.

Die Kraft und die rohe Energie, die von dir ausgehen, werden die Tiere anziehen. Schon bald wirst du dich in einer lauten und herzhaften schamanischen Trance befinden. Wenn dir danach zumute ist, schließe deine Augen.

5. Irgendwann wirst du in deiner Vorstellung Tiere sehen. Rufe weiter. Einige von ihnen werden sich nur für kurze Augenblicke zeigen, andere hingegen werden relativ solide erscheinen. Sei jedoch gewarnt: Einige der Tiere, die du siehst, sind vermutlich nichts als Wunschdenken. Woran erkennst du also das richtige Tier? Wunschdenken erzeugt selten eine vollständige Repräsentation, zumindest nicht während eines solchen intensiven Trancezustands. Weiters berührt Wunschdenken keine starken Gefühle. Wenn du also merkst, daß du dein Tier auf distanzierte und

intellektuelle Art und Weise betrachtest oder dein Ego kleinliche Gedanken des Besitzes oder Stolzes entwickelt, dann ist der sogenannte Tiergeist nicht real genug. Typische Symptome sind der Irrglaube, das Tier würde einem gehören (könnte es nicht auch umgekehrt sein?), und der bedauerliche Zug, sich damit wichtig zu machen. »Stolz« ist eine ausschließlich menschliche Emotion. Ein wirklicher Tiergeist wird dein Ego zum Quieken bringen, da er wesentlich stärker als dein bewußtes Ich erscheint und die Kontrolle über dich zu erlangen droht. Ein solches Tier kann nicht kontrolliert werden, du mußt dich mit ihm einigen.

6. Als nächstes kommt jener Schritt, der oft am schwierigsten erscheint. Nicht genug, das Untier zu konfrontieren, du mußt es auch noch integrieren. Ich kannte einmal eine Frau, die durch diesen Prozeß ging. Sie rief und hatte das Glück, eine schnelle Antwort zu bekommen. Durch Wolken von Räucherwerk erschien eine Fledermaus. Die einfachste Art und Weise, ein Tier zu integrieren, besteht darin, es in den Körper hineinzulassen, es zu tanzen und spielerisch darzustellen, so gut man eben kann. Dies erschien ihr allerdings schrecklich. Die Fledermaus versuchte, in sie hineinzukommen, und sie versuchte, die Fledermaus abzuwehren. Innerhalb weniger Augenblicke wurde der guten Frau völlig übel und sie übergab sich. Von der Fledermaus hat sie seitdem nie wieder gehört.

Es gibt einen gewissen Unterschied zwischen dem Sammeln von Hilfsgeistern und dem Sammeln von Briefmarken. Es ist nicht leicht, einem Tiergeist zu erlauben, in den eigenen Körper einzudringen und die Kontrolle zu übernehmen. Unsere kulturelle Konditionierung besagt, daß wir die Kontrolle aufrechterhalten müssen, wie illusionär oder einschränkend diese Kontrolle auch sein mag. Hier sind unsere kulturellen Prägungen ein entschiedener Nachteil.

In anderen Kulturen, z.B. im westindischen Voodoo, ist rituelle Besessenheit eine sozial akzeptable Verhaltensform. Die Person, die von einem Gott besessen wird, übt eine wichtige Funktion in der Gesellschaft aus und wird dafür geachtet. Hinzu kommt, daß sich die Tiere normalerweise auf tierische Art und Weise vergnügen. Einige mögen in einer sanften Stimmung sein, aber andere können dich gehörig aus dem Gleichgewicht bringen. In einigen schamanischen Traditionen stellen sich die Tiergeister dadurch vor, daß sie den Schamanen verschlingen. Später übergeben sie sich, spucken die Knochen und Körperteile wieder aus und setzen sie neu zusammen, bis der Schamane wieder zum Leben erwacht. Man könnte dies als »Rekonstruktion einer angemesseneren Persönlichkeit« beschreiben. Es ist dies eine der Formen schamanischer Wiedergeburt. Solche Praktiken sind vor allem in Sibirien verbreitet.

Wie ist es, ein Tier zu leben und zu tanzen? Wie ist es, wenn ein Kind spielt, es sei ein Tier? Einige kommen in Fahrt, wenn sie sich vorstellen, daß das Tier in ihren Körper eindringt und innerhalb ihres menschlichen Fleisches lauert. Dann beginnt sich das Tier zu bewegen, es fängt an zu rennen, zu springen, zu schreien und zu tanzen. Andere stellen sich ein leuchtendes lebendes Tier vor und beobachten sich dabei, wie sie sich in dieses Tier verwandeln. Dies könnte z.B. durch zwei Bilder geschehen, die übereinander projiziert werden, so daß du beide gleichzeitig sehen kannst. Wenn diese dissoziierte Vision attraktiv aussieht, z.B. groß, lebendig, klar und farbig, dann hole sie nah an dich heran und gehe in sie hinein, in voller Assoziation. Wie fühlt sich das an? Nun konstruiere eine Vorstellung, in der du von dem Tier noch mehr besessen bist. Assoziiere damit. Wiederhole diesen Vorgang, bis du zufrieden bist.

Früher oder später wird dich das Tier bewegen. Dieser Prozeß kann sehr drastisch verlaufen. Deinem Ego mag es vielleicht nicht gefallen, die Kontrolle zu verlieren, aber da du ohnehin deinen Geistern vertrauen wirst, könntest du gleich jetzt damit beginnen. Anfangs ist es nicht ganz leicht, Tier und Mensch miteinander in Einklang zu bringen, so daß es vorkommen kann, daß dein Körper ein wenig herumgeworfen wird. Gehe einfach mit! Die menschliche Bewußtheit kann durchaus erhalten bleiben, vorausgesetzt du mischst dich nicht ein. Das Tier tut seinen Willen. Du kannst es beobachten, aber du solltest dich nicht einmischen.

7. Zum Abschluß frage das Tier, ob es damit einverstanden ist, mit dir zu leben und zu wirken. Bitte es, am Großen Werk mitzuwirken und dir in Zukunft in deinen Veränderungen und Verwandlungen beizustehen. Dies ist ein wesentlicher Schritt. Von nun an wird das Tier sein Bestes geben, um euren gemeinsamen wahren Willen zu verwirklichen. Es wird dir neue Einsichten und Erfahrungen eröffnen, neue Selbstaspekte werden aus der Tiefe aufsteigen und neue Wahlmöglichkeiten werden deine Realität erweitern. Vor allem aber wird es dir zeigen, daß es wesentlich mehr in deinem Selbst gibt als die menschliche Persönlichkeit, die du zu sein glaubtest.

8. In den folgenden Wochen solltest du dem Tier jede Menge Spaß ermöglichen. Häufige Verwandlungen und häufiges Tanzen werden den

Kontakt stärken und die Trance leichter und eleganter machen. Frage das Tier, was es mag. Finde heraus, welche Stimmungen und Bedürfnisse es hat, wie es Probleme löst und vor allem, welche Funktion es erfüllt.

Dies ist alles, was ich dir sagen kann. Die Erfahrung wird dir den Rest offenbaren. Ein weiterer wichtiger Punkt ist dies: Ein Tier ist nicht genug. Was wir brauchen, sind Wahlmöglichkeiten. Es gibt zwar einige sogenannte Schamanen, die versuchen, die Sicherheit aufrechtzuerhalten, indem sie sich auf ein einziges Tier beschränken, doch die meisten praktizierenden Höllenbeschwörer arbeiten mit mehreren Tieren. Einige Urwaldzauberer in Brasilien singen ein ganzes Dutzend Tiere in ihren Bauch hinein. Jedes davon repräsentiert einen sinnvollen und wertvollen Weg, mit der Welt umzugehen. Mythische europäische Schamanen, wie Dr. John Doolittle, haben dasselbe mit wunderbaren Resultaten getan.

Warum sich beschränken? Wenn die Tiere frei kommen, kannst du selbst herausfinden, wie viele in dir wohnen möchten. Zugegeben, die ersten Wochen des Kontakts können ziemlich wild und überwältigend sein. Du und deine Tiere müssen sich aneinander gewöhnen, d.h. Teile deiner Persönlichkeit werden verwandelt. Es wird mehr Wahlmöglichkeiten und dadurch mehr Freiheit für dich selbst geben. Die anfängliche Erschöpfungstrance war nur nötig, um die Tore zu öffnen und die Energie für die Kontaktaufnahme zu liefern. Solch drastische Maßnahmen sind nicht mehr nötig, wenn du und das Tier Freunde geworden sind. Schon bald wirst du feststellen, daß die Zusammenarbeit um so leichter wird, je weniger Widerstand du leistest. Dies ist keine Frage des »Entweder-oder«-Denkens: Wir sind nicht entweder Mensch oder Tier. Zwischen diesen beiden Extremformen gibt es einen weiten Spielraum von möglichen, und oft sehr angenehmen Trancezuständen.

Ich möchte noch darauf hinweisen, daß sich die Tiergeister am Körper erfreuen. Die Tiere freuen sich an Bewegung, an Tanz, an Festlichkeiten und an körperlicher Liebe. Wenn du deinen Tieren einen Gefallen tun willst, tue etwas Gutes für deinen Körper. Wenn ich zu intellektuell werde, wenn ich zu viel denke, rede oder schreibe, dann wecken mich die Tiere auf. »Komm«, sagen sie, oder wenn es sein muß, dann schreien sie auch: »Ab in den Wald!«

Ich hoffe, daß deine Geister dasselbe für dich tun werden.

Kapitel 11

Erdung und Manifestation

Die Themen, die ich in »Visuelle Magie« dargelegt habe, sind schon bald an den Bereichen der Vision und der Imagination vorbeigegangen, um sich auf einige meiner liebsten Besessenheiten zu beziehen: die Verbindung zwischen den namenlosen Äonen mit ihrer Baumweisheit, ihrem einzigartigen Schamanismus und ihrer Liebe zur direkten Inspiration durch die Geister und die wortlosen Äonen, die da kommen werden und die sich einfach auf das beziehen, was du aus diesen Theorien und Praktiken machen wirst. Ich hoffe, dir haben die Techniken gefallen und du hast sie nützlich gefunden, um die Art von Magie zu verbessern, die deinem Willen entspricht. Ob du mit meinen Ideen übereinstimmst oder nicht, dieses Buch wird seine Aufgabe erfüllt haben, wenn es dir den Mut gibt, einzigartige neue Methoden der Magie zu entwickeln, die deiner eigenen Entwicklung und der Evolution der Strömung entsprechen. Eines Tages können diese neuen Methoden andere in der Strömung ernähren. Wenn du andere durch denselben Mund ernährst, nährst du dich selbst.

Im Maat-System, so glaube ich, arbeiten wir gezielt daran, die Formierung einer einzelnen Tradition zu vermeiden. Was Maat braucht, sind vielfältige Blickpunkte, und diese sollten so unterschiedlich wie möglich sein. In einer Welt voller möglicher Blickpunkte brauchen wir nicht eine einzelne Erklärung, sondern eine vielfache Erklärung. Maat oder »Wahrheit« findet sich jenseits einzelner Systemen, einziger Dogmen oder einzigartiger Wege zum Glück, die angeblich alle zufriedenstellen. Freiheit beginnt mit der Erkenntnis, daß wir in gewisser Hinsicht alle ein ähnliches Gehirn, einen ähnlichen Körper und eine ähnliche Umgebung besitzen, während andererseits jeder von uns einzigartig ist.

Die Freude der Vereinigung

Wenn du einfach imitierst, was du in diesen Seiten findest, wirst du von diesem Buche nicht besonders profitieren. Wenn du aufgrund dieses Buches versuchst, mich zu imitieren, wirst du vielleicht ein paar technische Fähigkeiten erlangen, aber das ist auch schon alles. Wenn es dir dieses Buch allerdings ermöglicht, deine eigene einzigartige Interpretation von visueller Magie zu entwickeln, dann kann es sein, daß ich eines Tages von deinen Erkenntnissen zehren werde. So bleibt die Magie am Leben. Dies führt zu einem Punkt, der mir sehr wichtig ist.

Was hat dir dieses Buch gegeben?

Hast du deine Sinneswahrnehmung verbessert, deine Imaginationen, deine Fähigkeit, mit Sigillen, Trancen und Gebeten umzugehen? Hast du bemerkt, wieviel von der Welt du selbst geschaffen hast? Hast du diese Welt zu einer besseren Welt gemacht? Hast du mehr von deinen Selbstaspekten entdeckt, die so oft vor dem bewußten Ich verborgen sind? Was machst du damit? Wie erdest du deine Arbeit, deine Freude, deine Inspiration? Was geschieht mit deinen Visionen, nachdem du dich an ihnen erfreut hast? Wie drückst du aus, was du erlebt hast? Vielleicht erinnerst du dich an meine Bemerkungen über das Erden. Die einfache Geste, sich zu Boden fallen zu lassen und überschüssige Energien in die Tiefe abzugeben, hat mehrere Parallelen. Eine Geste erdet Energie, eine andere erdet Bewußtsein.

Viel Hexen und Magier verwenden eine Metapher, um ihre spirituelle Evolution zu beschreiben. Sie sagen, sie erklimmen den »Berg der Initiation«, von dem im allgemeinen angenommen wird, daß er ein Hügel mit vielen Pfaden ist, die zu einem gemeinsamen Gipfel führen. Sei es wie es sei, die Metapher neigt dazu irrezuleiten. Im Zen-Buddhismus wird die ernste Frage gestellt: »Was machst du, nachdem du auf einen zehn Meter hohen Stamm geklettert bist?« Was machst du, nachdem du auf einen dieser Berge der Initiation geklettert bist? Was machst du, wenn die Kundalini zum Höhepunkt aufsteigt, wenn dein Bewußtsein Kether erreicht, wenn du am Ziel angekommen bist, für das du dich einst auf die Reise begeben hast? Was machst du, nach neun langen Nächten am windigen Baum? Du kannst nicht immer dort oben bleiben!

Und so kehren wir zurück. Hinab zur Erde, wie Prometheus, der das himmlische Feuer in einer hohlen Röhre in die Tiefe trug. Du hast gelernt zu empfangen; willst du auch lernen, wie du geben kannst?

Was würde mit deiner Verdauung geschehen, wenn du dich immerzu mit Nahrung vollstopfen und es dabei vermeiden würdest, gelegentlich die Toilette aufzusuchen? Ich weiß, dies mag geschmacklos erscheinen, aber es ist nicht halb so geschmacklos wie das, was mit all den Hexen und Magiern geschieht, die sich selbst mit immer mehr Kraft, mehr Visionen, mehr Freude, mehr Wissen, mehr Einsichten, mehr Geheimnissen, mehr Titeln, mehr Erleuchtungen, mehr Graden, mehr Diplomen, mehr Erfolg und mehr, immer mehr, vollstopfen. Wenn man nach immer mehr Nahrung verlangt, sei es die strahlendere Vision, die mächtigere Energie, die wahre Tradition, der absolute Orgasmus, das endgültige Geheimnis oder die nächstbeste Initiation, dann kann man leicht vergessen, welche Verpflichtung wir der Welt gegenüber haben. Solche Menschen leiden an magischer Verstopfung, und da sie der Freude und dem Wunder keinen angemessenen Ausdruck verleihen können, schwellen sie an und vergiften sich selbst.

Esoteriker behaupten gerne, daß sie mit dieser oder jener Strömung arbeiten, was eine zutreffende Beschreibung ihrer Arbeit sein mag oder auch nicht. Meist implizieren solche Behauptungen Ideen von Territorium und Eigentum. Soweit ich weiß, ist eine Strömung kein Ding, das man besitzen kann, sondern eher ein Zustand der Bewegung und der Verwandlung. Eine Strömung wird nicht besessen, gehortet und in keinen Portionen an die treuen Gläubigen verteilt. Eine Strömung auszustrahlen heißt nur, sich selbst genügend leer oder abwesend zu machen, damit sich die Strömung durch die gesamte Persönlichkeit manifestieren kann. Dies ist nicht unbedingt ein praktischer Rat. Erinnerst du dich, wie Kraft in die Erde entlassen wird? Dasselbe gilt für Visionen, Informationen, Verwirklichung und Intelligenz. Bewußtsein wird durch Kommunikation geerdet, und dies vor allem durch das Medium der Kunst. Kunst kann sich in Bildern oder Worten manifestieren, im Schreiben von Gedichten, in der Malerei, in der Bildhauerei, in der Kochkunst, in Musik, Tanz, Schauspielerei, Gruppenerfahrungen, Festen, Straßentheater und all den modernen Kunstformen wie Filmemachen, Installationen oder Computerprogrammierung.

All dies sind Werkzeuge, um unsere Erfahrungen anderen mitzuteilen und umgekehrt. Nema sagte das folgende über Kunst und Kommunikation:

> Bewußtsein mitzuteilen, kann durch die Ausübung von Kunst geschehen. Ein Vorzug der Kunst als Hilfsmittel zur Verfolgung des Großen Werks ist ihre Fähigkeit, das Publikum zu bewegen und zu verändern, indem sie

die verbalen Zensoren des unbalancierten Ego umgeht. Kunst beschwört im Betrachter eine Reaktion herauf.

Ein guter Künstler/eine gute Künstlerin weiß genau, welche Reaktion er/sie in welcher Reihenfolge und/oder Kombination beschwören will. Er/sie ist auch dazu fähig, die nötigen Reize zu präsentieren, um dies zu erreichen. Jedes Medium der Kunst hat seine Stärken und Schwächen. Gleich welches Medium verwendet wird, ein talentierter Priester/eine talentierte Priesterin kann die große Tatsache unserer Einheit ohne zu predigen und ohne Didaktik vermitteln. Kunst zeigt eher, als daß sie erklärt. Alle großen Künstler/innen agieren als Priester/innen, ob sie sich als solche betrachten oder nicht.[1]

Die Kommunion durch Kunst beginnt zu funktionieren, wenn der Magier oder die Magierin eine Art des Kontakts zum Schutzengel in Tiphareth gefunden hat und sich über seinen oder ihren wahren Willen klar wird. Dieser Wille drückt sich in Kunst aus und das erste Kunstwerk des neugeborenen Adepten ist grundsätzlich die eigene Persönlichkeit.

Wenn wir unseren wahren Willen erkennen, erschaffen wir für uns selbst Persönlichkeiten, die diesen wahren Willen ausführen können. Dies wird als »künstliches Ego« bezeichnet, eine Identität, die geschaffen wurde, um bestimmte Dinge vollbringen zu können. Die Identität, die du zu leben gewählt hast, die Realität, in der du zu leben gewählt hast, ist das wichtigste Kunstwerk, mit dem du dich jemals beschäftigen wirst. In Einklang mit dem wahren Willen zu leben zeigt der ganzen Welt, daß es möglich und wünschenswert ist, dies zu tun. So wirst du zu dem, was Nema als »lebenden Talisman für die gesamte Menschheit« bezeichnet. Dies ist nicht so sehr eine Leistung, als vielmehr ein Akt der Hingabe. Selbst liebt Selbst, und alles, was man ist und hat, wird der Strömung zur Verfügung gestellt. Diese Handlung ist keineswegs einzigartig. Genauso wie es eine unendliche Zahl von Abgründen gibt, in die man stolpern kann, so gibt es auch eine unendliche Zahl von Persönlichkeiten, die man entdecken, erforschen und anwenden kann, um den wahren Willen zu verwirklichen. Das magische Ego muß immer wieder neu gestaltet werden. »Die Wahrheit trägt tausend Gesichter«, besagt ein altes Sprichwort, »und jedes einzelne davon ist falsch.«

Sich selbst in ein Kunstwerk zu verwandeln, ist nicht das Ende des Prozesses. Jede Identität, die man erschafft, ist nichts weiter als ein Schritt auf der Reise. Masken werden geschaffen, getragen und weggeworfen, ganz

[1] Nema, *The Priesthood. Parameters and Responsibilities* (Black Moon, Cincinnati 1985).

so, wie die Reise es erfordert. Die Maske oder Identität deiner Kindheit wurde nutzlos, als du in die Pubertät kamst. Die Maske der Pubertät ist für den Erwachsenen nutzlos. Solange das Leben weitergeht, wird es keine endgültige Maske geben. Der Magier/die Magierin erschafft kontinuierlich Identität und beweist dadurch, daß Identität und Realität frei gewählt und erschaffen werden können, ganz so, wie es dir beliebt und dem Willen deines Tanzes entspricht. Es ist ein Teil des Erdung, in Einklang mit dem Reichtum unserer magischen Visionen zu leben und diesen inneren Visionen zu erlauben, ihre Verwandlung in der äußeren Welt zu bewirken.

Was den Abstand zwischen dir und mir überbrückt, ist Kommunikation. Um andere zu bewegen, lernen wir, was uns bewegt, und teilen das Geheimnis all jenen mit, die gewillt sind zuzuhören. Dadurch wird Kommunikation zu einem Sakrament, zu einer Vereinigung von Intelligenz mit Intelligenz. Das Kind dieser Vereinigung ist ein neuer Bewußtseinszustand.

Wenn du gelernt hast, Visionen zu erleben, dann lerne auch, sie zu malen. Erlaube deiner inneren Stimme, in der Außenwelt zu sprechen. Drücke deine inneren Gefühle in Tanz, Haltung, Gesten, Berührungen und Liebe aus. Vielleicht kannst du zum Ausdruck bringen, was dich innerlich bewegt, und deine tiefsten Geheimnisse offenbaren – dann wirst du deine Magie mit der ganzen Welt teilen.

Bibliographie

Agrippa von Nettesheim, Heinrich Cornelius: *De Occulta Philosophia* (Antwerpen 1531. Reprint: Graz 1967).

Andreas, Connirae & Steve: *Change your Mind and Keep the Change* (Real People Press, MOAB 1987).

Bandler, Richard: *Using your Brain for a Change* (Real People Press, MOAB 1985).

Bandler, Richard & Grinder, John: *Frogs into Princes; Trance Formations; Reframing; The Structure of Magic 1 & 2* (Real People Press, MOAB).

Bardon, Franz: *Der Weg zum wahren Adepten* (Bauer Verlag, Freiburg 1956).

Crowley, Aleister: *Buch Vier – Magick* (Edition Ananael, Bad Ischl 1995) und alles andere.

Custor, Frater: *Sigilography* (in: *Phoenix Rising*, Vol. I No. 2 (Derby 1982).

Duden Bd. 7, Etymologie (Mannheim 1989).

Edda. Übersetzung von Simrock (Cotta, Stuttgart 1896).

Erickson, Milton H.: *Teaching Seminar with M.H.E.* (Brunner/Mazel, NY 1980); *N* (Irvington, N.Y. 1979); *Hypnotic Realities* (mit E. Rossi, N.Y. 1976).

Fischer, Susanne: *Blätter von Bäumen.* (Zweitausendeins, Frankfurt 1982).

Frazer, Sir George: *The Golden Bough* (MacMillan, London 1922).

Fries, Jan: *Helrunar* (Edition Ananael, Bad Ischl 1997).

Golther, Wolfgang: *Handbuch der Germanischen Mythologie* (Magnus, Kettwig 1987).

Grant, Kenneth: *The Magical Revival* (Muller, London 1972); Images and Oracles of Austin Osman Spare (Muller, London 1975); Nightside of Eden (Muller, London 1977); Aleister Crowley and the Hidden God (Muller, London 1973), Cults of the Shadow (Muller, London 1975).

Gregorius, Gregor A.: *Die magische Praxis der Pentagramm-Magie* (Fraternitas Saturni, Berlin 1963).

Halifax, Joan: *Shamanic Voices* (Penguin 1979).

Holdstock, Robert: *Lavondyss* (1988).

Martinie, Louis: *Pangenic Occultism* (in: *Cincinnati Journal of Ceremonial Magick Vol. VII*, 1989).
Mathers, S. L. MacGregor: *The Book of the Sacred Magic of Abra-Melin the Mage* (London 1901).
Mühlbauer, E.: *Weisheit aus Sand* (in: *Esotera II*, Bauer Verlag 1989).
Nadolny, Sten: *Die Entdeckung der Langsamkeit* (Piper, München).
Nema: *The Priesthood. Parameters & Responsibilities (in: Cincinatti Journal of Magick* 1983 & Black Moon 1985).
Oppitz, Michael: *Schamanen vom blinden Land* (Syndikat, Frankfurt 1981).
Paracelsus: *Die Geheimnisse* (Dieterich, Leipzig 1941).
Rösing Ina: *Dreifaltigkeit und Orte der Kraft: Mundo Akari* Bd. 2 (Greno, Nördlingen 1988).
Rossi, Ernest: *The Psychobiology of Mind-Body Healing* (Norton, N.Y. 1986).
Saso, Michael: *The Teachings of Taoist Master Chuang* (Yale University Press 1978).
Sieg, H.: *Baum und Strauch dir ewig heilverbündet* (Rowohlt, Stuttgart 1939).
Spare, Austin Osman: *Das Buch der Freude; Der Brennpunkt des Lebens* (in: *Gesammelte Werke,* Edition Ananael, Wien 1990); *Automatic Drawing* (in: *Form, Vol. I, No. 1*, London 1916).
Springer, Sally: Left Brain, Right Brain. (in: *Scientific American,* 1984).

Für eine gute Demonstration der »Tierform« Kung Fu, siehe *The Snake in the Eagles Shadow* mit Jacky Chan (erhältlich auf Video).

Index

Im selben Verlag erschienen:

Jan Fries

HELRUNAR

Ein Handbuch der Runenmagie

Nach »Visuelle Magie« legt Jan Fries mit »Helrunar« das vielleicht umfassendste und innovativste Handbuch zum Thema Runenmagie vor. Fries beschreibt die Runen als paneuropäische magische Ursprache, die sich aus den heidnischen Glaubensvorstellungen unserer steinzeitlichen Vorfahren entwickelt hat. Neben einer ausführlichen Darstellung der magischen Frühzeit unseres Kontinents beschreibt der Autor die verschiedenen Runenalphabete, ihre Verwendung in magischen Inschriften, Zaubersprüchen und Gedenksteinen, und geht in einem Kapitel über Runen und Faschismus auch auf deren Mißbrauch im 20. Jahrhundert ein. Im Hauptteil des Buches widmet sich Jan Fries dem praktischen Umgang mit den runischen Kräften, der Lenkung der Körperenergien, Techniken des Vokalgesangs sowie verschiedenen Methoden der Sigillenzauberei und der Arbeit mit den sogenannten Seidr-Trancen. Ein ausführliches Lexikon aller Runenzeichen, samt deren Interpretationen mit zugehörigen Körperstellungen und Gesten, sowie Neuübertragungen des Altenglischen, Altnordischen und Altisländischen Runengedichts beschließen dieses praxisorientierte und zugleich sachlich höchst fundierte Werk, das sowohl für den Anfänger wie auch für den fortgeschrittenen Runenpraktiker geeignet ist.

352 Seiten, durchgehend illustriert, kartoniert & goldgeprägt

ISBN 978-3-90113413-5

EDITION ANANAEL

Im selben Verlag erschienen:

Jan Fries

SEIDWÄRTS

Schütteltrancen, Siedezauber, Schlangenmysterien

Mit diesem Werk legt der Autor von *Visuelle Magie* und *Helrunar* ein umfassendes Handbuch zu magischen Trance- und Besessenheitstechniken vor. Inspiriert von der nordischen Tradition des „Seidr", die den Mythen zufolge der Menschheit von Odin gelehrt wurde, beschreibt Jan Fries jene tranceinduzierenden Techniken, die mit einem leichten Schwingen und Schaukeln des Körpers eingeleitet und in vielen schamanischen Kulten bis zu einem ekstatischen Schütteln und Sieden gesteigert werden. In diesen auch als "Siedetrancen" bezeichneten Erregungszuständen können die Kommunikation mit dem eigenen Unbewussten hergestellt, Visionen erlangt oder magische Akte vollbracht werden. Fries zeigt, dass diese Technik bereits in der Frühzeit der Menschheit in vielen Kulturen verbreitet war und gibt einen umfangreichen Überblick über ihre Manifestation in verschiedenen magischen Traditionen wie Schamanismus, Mesmerismus, den alten Drachenkulten und der dunklen Seite des europäischen Heidentums.

360 Seiten, 48 Illustrationen, kartoniert und goldgeprägt.

ISBN 978-3-90113419-7

EDITION ANANAEL